Wilhelm Gössmann
Annette von Droste-Hülshoff
Ich und Spiegelbild

Wilhelm Gössmann

Annette von Droste-Hülshoff

Ich und Spiegelbild

Zum Verständnis der Dichterin
und ihres Werkes

Droste Verlag Düsseldorf

Bildnachweis:
Ein Teil der Abbildungen ist entnommen
dem Band »Annette von Droste-Hülshoff«
von Karl Schulte Kemminghausen und
Winfried Woesler.

Fotografien Seiten 41, 153 und 192
Elisabeth Nüttgens.

CIP-Kurztitelaufnahme der Deutschen Bibliothek

Gössmann, Wilhelm:
Annette von Droste-Hülshoff : Ich u.
Spiegelbild ; zum Verständnis d.
Dichterin u. ihres Werkes / Wilhelm Gössmann.
– Düsseldorf : Droste, 1985.
ISBN 3-7700-0678-X

1. Auflage Februar 1985
2. Auflage Dezember 1985
© 1985 Droste Verlag GmbH, Düsseldorf
Schutzumschlagentwurf: Helmut Schwanen
Gesamtherstellung: Poeschel & Schulz-Schomburgk, Eschwege
ISBN 3-7700-0678-X

Inhalt

Vorwort

9

I.

Zum literarischen Verständnis der Droste
Die Biographie der Droste als Zugang zu ihrer Dichtung
Dichterisches Schreiben und Autorbewußtsein
Poetisierung und Alltagswelt

13

II.

Dichterisches Selbstverständnis
»Das Spiegelbild«

31

III.

Trunkenheit und Desillusion
Das poetische Ich der Droste
Biographisches Ich und poetisches Ich
Literarische Formen der Trunkenheit
Desillusion und Wirklichkeit

39

IV.

Politisches Zeitbewußtsein der Droste
Der Öffentlichkeitsanspruch ihrer Dichtung
Zeit und Zeitverständnis
Zeitkritik und Gesellschaftskritik

64

V.

Das »Geistliche Jahr« als Confessio
Das Verhältnis zur Frömmigkeitsliteratur
Der Confessio-Begriff nach Augustinus
Die Grundstruktur des »Geistlichen Jahres«

89

VI.

Geisterfahrung
»Am Pfingstsonntage«
Das Phänomen der Schichtung
Der Bewegungsgang
Sprachliche Eigenart
Bildanalyse
Die Gestimmtheit
Deutung des Schöpferischen
110

VII.

Die Briefe der Droste
Eine Kunst des persönlichen Erzählens
Die Droste und ihre Briefpartner
Die Geschichten in den Briefen
128

VIII.

»Die Judenbuche«
Eine Geschichte der Nicht-Heimkehr
Bisherige Deutungen
Imaginatives Erzählen – imaginatives Verstehen
Die Thematik der Heimkehr
150

IX.

Schreiben – worüber man Bescheid weiß
Landschaft Westfalen
Sehnsucht und Unruhe als Seelenzustand
Heimat als literarisches Programm
Charakterisierung der westfälischen Gegenden
Die Suche nach einem Mittelpunkt
165

X.

Konservativ oder liberal?
Heine und die Droste
Zu früh geboren

Deutschlandkritik
Der Stand der Emanzipation
Die literarische Position: konservativ – liberal
Die letzten Krankheitsjahre
189

Schlußbetrachtung:
Die Modernität der Droste
215

Daten zum Leben Annette von Droste-Hülshoffs
221

Überblick zur Entstehung der Dichtungen
224

Anmerkungen
227

Literaturverzeichnis
239

Vorwort

Annette von Droste-Hülshoff – wie bekannt sie auch ist, wird sie deshalb auch schon in ihrem literarischen Anspruch verstanden? Literaturgeschichten und Lesebücher beachten sie gebührend. Für zwei Orte ist sie literarische Galionsfigur: für Münster und Meersburg. Die Droste-Gesellschaft sorgt sich um ihr Werk und dessen Verbreitung. Gedächtnisstätten pflegen ihr Andenken. Literarische Preise machen mit dem Abstand von Jahren auf sie aufmerksam. Und doch scheint das Bild, das von der Droste tradiert wird, im allgemeinen festgelegt zu bleiben: Adelsfräulein, Westfälin, katholisch, konservativ und das sie würdigende Emblem von Deutschlands größter Dichterin.

Für die Vermittlung der Droste ist philologische Grundlagenarbeit erforderlich, wie sie im Zusammenhang mit der Erstellung der Historisch-kritischen Ausgabe betrieben wird. Darüber hinaus muß die literarische Lektüre, das ästhetische Verständnis ihres Werkes gefördert werden. Hierzu möchten diese Untersuchungen über die Droste beitragen. Zentraler Bezugspunkt ist das lyrische wie erzählerische Ich, mit dem sich die Dichterin ein Spiegelbild ihrer eigenen Welt erschafft. Der poetische Umsetzungsprozeß interessiert und die darin gelegenen Möglichkeiten eines heutigen Leserbewußtseins. Durch die Einbeziehung der biographischen wie auch zeitgeschichtlichen Bedingungen, die Abgrenzung zu einem Dichter wie Heine oder die Verweise auf die Rezeption in der heutigen Frauenliteratur wird das Werk der Droste aus der Isolation herausgelöst und in die historischen wie gegenwärtigen Zusammenhänge gestellt. Auf frühere Arbeiten wurde zurückgegriffen, anderes neu geschrieben, um zu einem abgerundeten Verständnis der Droste zu kommen, von der Lyrik über das Geistliche Jahr, die Briefe bis hin zur Erzählprosa. – Dank schulde ich der Droste-Forschungsstelle für Hinweise und Einsicht in noch unveröffentlichtes Material.

Wilhelm Gössmann

Annette von Droste-Hülshoff
Daguerreotypie, etwa 1845

Annette von Droste-Hülshoff
gezeichnet von Adele Schopenhauer 1838

I
Zum literarischen Verständnis der Droste

Bei Annette von Droste-Hülshoff, die nach der Kunstperiode schrieb, wie Heine die Zeit der Klassik und Romantik charakterisiert hat, ist der poetische Umsetzungsprozeß entscheidend für das Verständnis ihres Werkes. In ihren Dichtungen geht sie von alltäglichen Lebenserfahrungen aus, überbietet sie und gewinnt dadurch ein neues Realitätsbewußtsein. Sie ist, stärker als man bisher annahm, mit den geschichtlichen Umbrüchen, den literarischen Strömungen, den ästhetischen Erlebnisformen, den politischen wie religiösen Wertvorstellungen ihrer Zeit verquickt. Aber sie übernimmt nicht nur, sie wandelt vielmehr ab, erfindet, formuliert Neues. Dies gilt insbesondere auch von ihrem Umgang mit der tradierten Sprache in Lyrik und Prosa. Erst wenn die für den Gestaltungsprozeß wesentlichen Einsichten nicht nur theoretisch gewußt, sondern am dichterischen Text der Droste selbst wahrgenommen und vom Leser in seine Erfahrungswelt, kritisch oder zustimmend, einbezogen werden, kommt literarisches Verständnis auf.

Die Biographie der Droste als Zugang zu ihrem Dichtungsverständnis

Der einfachste Zugang zum Gesamtwerk eines Dichters ist sicherlich die Biographie.[1] Dadurch wird der Leser mit der Herkunft, den Lebensbedingungen und meist auch den Schreibanlässen eines Autors vertraut. Literatur erscheint so als Äußerung einer schöpferisch wirksamen Person. Sobald man den Lebenslauf näher kennenlernt, verliert das dichterische Werk, vor allem wenn es schon der Literaturgeschichte angehört, seine historische Fremdheit: vom Schreibenden zum Geschriebenen.[2] In ihrer Dichtung befaßt sich die Droste vor allem mit dem, was sie kennt, meist schon lange kennt, von Kindheit an, oder was ihr durch eigene Erfahrungen allmählich bewußt geworden ist. Es gibt exotische Abschweifungen, um die Phantasie anzuspannen, aber auch hier wirkt die persönliche Lebenswelt ein. Bei allem, was die Droste geschrieben hat, ist sie mit ihrer Person in hohem Maße beteiligt. Schon aus diesem Grunde ist ihre Biographie wichtig.

Die Droste hat früh zu dichten begonnen, aber bis auf geringe Ausnahmen, wozu der erste Teil des »Geistlichen Jahres« gehört, war es ein vergebliches Suchen nach einer ihr gemäßen Form, nach der ihr gemäßen Thematik. Sie mußte erst die eigene Biographie für ihre dichterische Sprache entdecken. Einmal aufgefunden, hat sie diesen Fundort ausgeschöpft und nicht wieder verlassen. Aus den Briefen der Droste wissen wir, wie sehr sie sich bei ihren frühen Dichtungen von Freunden beraten ließ. Dies hörte auf, als sie ihre sprachliche Eigenart erkannt hatte. Nicht einmal Schücking, mit dem sie sich am intensivsten austauschte, durfte später in ihren Manuskripten ohne ihr Einverständnis korrigieren. Es ist das Glück der Identität im formulierten Wort, das die Droste erreicht hat, wozu es allerdings vieler Vorstufen bedurfte, sogar eines dichterischen Dilettantismus, der zu überwinden war.

Wenn man weiß, daß die Droste im Münsterland als Tochter einer Adelsfamilie auf Schloß Hülshoff geboren wurde und hier in der ersten Hälfte des vorigen Jahrhunderts ihr Leben verbracht hat, abgesehen von längeren Besuchen in Meersburg am Bodensee, so vermitteln sich sogleich landschaftliche wie geschichtliche Vorstellungen, vielleicht auch Vorurteile gegenüber einem konservativ eingestellten Adel und einer regional eingegrenzten Heimat. Man geht an die Lektüre mit vorgeprägten Einstellungen und Erwartungen, die sich dann bestätigen oder korrigieren lassen. Es entsteht ein Prozeß der Auseinandersetzung zwischen Wissen und literarischer Erfahrung, worin ein großer geistiger Reiz liegen kann.

Über die eigene Familie hinaus ist es bei der Droste ein relativ kleiner Freundeskreis gewesen, von dem ihr Leben und Werk wichtige Impulse erhielt: die Freundeskreise in Münster, die freundschaftlichen wie verwandtschaftlichen Kontakte im Paderborner Land und im Rheinland und nicht zuletzt das Freundschaftsverhältnis zu Levin Schücking, wodurch sie zum damaligen Literaturbetrieb mehr oder weniger wichtige Kontakte bekam. Solche Daten der äußeren Biographie können schon Hinweis sein auf geistige Vorgänge und künstlerische Entscheidungen, auf eine innere Biographie, von der das dichterische Werk bestimmt ist.

Vergleiche zu den Frauen der Romantik, die eine Generation vor der Droste lebten, können biographische Aufschlüsse geben, die zum literarischen Verständnis weiterführen. Bei Caroline Schlegel und Bettina von Arnim war es der literarische, die Öffentlichkeit einkalkulierende Brief; bei der Droste herrschte das private Briefeschreiben vor, ohne literarische Intention von ihr. Daran kann man schon erkennen, daß es bei der Droste eine größere Trennung zwischen dem Alltagsleben und ihrer dichterischen Existenz gegeben hat. Die Romantikerinnen tendierten zu vielfältigen Formen literarischer Geselligkeit, die Droste beschritt den Weg zur inneren Unabhängigkeit und geistigen Eigenständigkeit; dort die literarische Atmosphäre, der Versuch, durch Kunst des Lebens inne zu werden, hier die lebenslange Bemühung um ein eigenes gültiges dichterisches Werk.

Auch die Art ihrer Erziehung, die die Droste außerhalb der Schule im Privatunterricht erhielt, führt zum Verständnis ihrer Dichtung hin. Ein breiter Literaturkanon, vor allem klassische Literatur, wurde in der Familie gepflegt, auch wurde musiziert und gezeichnet, nicht, um sich für einen Beruf auszubilden, sondern um der eigenen adeligen weiblichen Bildung willen.[3] Das Dichten der Droste ist im Anfang nichts anderes als Ausdruck eines allgemeinen Bildungsinteresses. Sie durfte sich literarisch betätigen, aber ohne den Anspruch auf eine freie unabhängige Existenz als Schriftstellerin. In ihrer adeligen Umgebung hatte man Angst vor dichtenden »Blaustrümpfen«, die aus den traditionellen Vorstellungen ausbrachen.

Annette blieb unverheiratet und blieb dadurch, den Zeitumständen entsprechend, in ihrem sozialen Stand von der Familie Droste-Hülshoff lebenslang abhängig. Da in Adelskreisen die Versorgungsprobleme individuell, wenn auch mit gewissen familiären Auflagen gelöst wurden, verfügte die Droste über eigenes Geld, so daß sie trotz allem einen eigenen Spielraum besaß. Einen Beruf hat sie nie ausgeübt, obschon sie oft in die Rolle einer privaten häuslichen Krankenpflegerin schlüpfen mußte. Da sie selbst nur über eine schwächliche Gesundheit verfügte, langjährig krank war, blieb sie noch zusätzlich auf die Familie angewiesen.[4]

Nur in ihrer Dichtung verschaffte sie sich allmählich eine vollkommene Unabhängigkeit, gewann darin das so eigenständige Lebensgefühl. Hier ist auch der Grund zu suchen, weshalb ihre Dichtung – im Gegensatz zu ihrem äußeren Lebenslauf – so modern zukunftsträchtige Züge annahm. Eine Beurteilung der Droste allein aus ihren konservativen Bindungen und Lebensumständen heraus verfehlt das literarische Verständnis ihres Werkes, legt sie auf Anschauungen fest, die ihrem dichterischen Selbstbewußtsein nicht entsprechen. Wer die Droste zu lesen beginnt, geht gern von biographischen Daten und Hinweisen aus. Hierzu gehört auch die Aura von Gedenkstätten. Nicht nur das Schloß Hülshoff, wo sie geboren, ebenso das Rüschhaus, in dem sie nach dem Tode ihres Vaters zusammen mit der Mutter und der Schwester Jenny lebte, auch die alte Meersburg, das Grab und das Fürstenhäuschen, das sie sich von ihrem ersten Honorar gekauft hat, können Ausgangspunkt für eine literarische Beschäftigung mit der Droste sein.

Das Interesse an der Biographie und den Lebensumständen eines Dichters verfolgt den Sinn, daß Literatur aus der Authentizität dessen verstanden wird, der sie geschrieben hat. Dabei entsteht jedoch das Problem, daß dieser Zugang zum dichterischen Werk im Biographischen stecken bleiben kann, auf die biographischen Voraussetzungen hin reduziert wird, mit anderen Worten: Es kann so sein, daß der dichterische Umwandlungsprozeß in seiner spezifisch ästhetischen Aussage nicht erfaßt wird. An die Stelle der Dichtung tritt dann die biographische Erklärung, die soziologische Analyse, die psychologische Wertung. Natürlich kann Literatur Stoff liefern für die verschiedenen Wissensgebiete, aber das primäre Interesse sollte doch das literarische Verständnis sein.

Der Begriff der inneren Biographie – im Gegensatz zur Biographie allgemein – führt schon näher an das literarische Verständnis heran. Man hat bei der Droste von einer Biographie der Texte gesprochen, ihr Leben als eine noch nicht völlig entzifferte Handschrift bezeichnet.[5] Der Begriff der inneren Biographie ist im Prinzip auf jeden Autor anwendbar, insbesondere jedoch auf jene, die in einer Umgebung, in einer politischen Situation leben, von der sie sich innerlich abgrenzen müssen, mit der sie sich nicht oder nur teilweise identifizieren können.

Dies traf für die Droste zu. Sie paßte sich zwar an, stellte sich äußerlich auf die Forderungen der Familie ein, übernahm Meinungen und Ansichten des westfälischen Adels, und doch verfolgte sie in ihren Dichtungen eine andere innere Zielrichtung, was dann auch dem Rang ihrer Dichtung zugute kam.

Innere Biographie meint persönliche Reaktionen, lebensmäßige Entscheidungen und Reflexionen, meint Bewußtsein bis in die nicht bewußten Schichten und Widersprüche hinein. Was äußerlich eine

Bagatelle ist, kann zu einer jahrelangen inneren Lebenserschütterung werden. Bei der Droste braucht man nur an die Bökendorfer Jugendkatastrophe zu erinnern, die sich im Beziehungsfeld zu zwei Freunden abspielte. Für sie hinterließ diese frühe, unerledigt gebliebene Liebesgeschichte ein nie ganz überwundenes Schuldproblem, was sich in ihren persönlichen, aber auch in ihren geistlichen Gedichten niedergeschlagen hat.

Die innere Biographie der Droste spiegelt sich in ihren Briefen, mehr aber noch in ihren Dichtungen selbst. Briefstellen als Hinweis zum Verständnis der literarischen Werke, die Dichtungen hinwiederum als Dokument innerseelischer Vorgänge: In dieser Wechselwirkung kann man sich der dichterischen Subjektivität der Droste nähern.

Dennoch sind die Dichtungen der Droste nicht auf ihre innere Biographie zu reduzieren oder als Ausdruck derselben zu verstehen. Aufgrund des Gestaltungsprozesses haben nicht nur ihre Prosastücke, sondern auch ihre Gedichte eine von ihrer Person unabhängige Aussage erhalten. Das lyrische wie das erzählerische Ich in den einzelnen Werken steht für sich selbst ein, gewährleistet einen aus sich gültigen literarischen Verstehensraum. Würde man Dichtung und innere Biographie gleichsetzen, dann wäre die Dichtung nichts anderes als die sprachliche Begleiterscheinung des Lebenslaufes. Ein Dichtungsverständnis, wie man es bei der Droste vorfindet, verlangt Nähe, aber auch Distanz zum Alltags-Ich, was ebenso für ihre innerseelischen Vorgänge gilt. Auf diese Weise wird die Selbständigkeit der Literatur gewahrt, und sie erhält doch gleichzeitig eine von der Dichterin ausgewiesene Authentizität.

Hier liegen die Kriterien, die bei der Beurteilung und Auswahl der dichterischen Werke der Droste weiterhelfen können. Was aus der inneren Erfahrung hervorgegangen ist und beim sprachlichen Gestaltungsprozeß die biographischen Voraussetzungen transzendiert hat, solche Texte überzeugen heute mehr als diejenigen, die das 19. Jahrhundert bevorzugte. Damals suchte man, besonders in bürgerlichen Kreisen, nach Bestätigung der Vorstellungen über Familie, Kirche und der darin gelegenen Moral. Erst wenn man zu unterscheiden lernt zwischen Dichtungen, die ein allgemeines Bildungsgut spiegeln und jenen anderen, die bisher Nicht-Formuliertes formulieren, wird der literarische Rang der Droste deutlich.

Schon an den frühen Dichtungen der Droste ist zu erkennen, wo sie
bloß rezipiert und wo sie spontan ihr eigenes Ich ins Spiel bringt. In
dem Dramenfragment »Berta« gibt es schon Passagen, in denen sie
das Problem des Dichters reflektiert. Das Anfangsgespräch zwischen
den beiden Schwestern, eine biographische Spiegelung von ihr selbst
und ihrer Schwester Jenny, wie sie auch sonst öfter in den Dichtungen
der Droste vorkommt, stellt zwei verschiedene Standpunkte heraus:
weibliche Selbstbeschränkung und Mut zur uneingeschränkten Auseinandersetzung, mit allen Konsequenzen, die daraus folgen.

Berta:
Mein Geist ist unstet, und hinweggezogen
Wird er gewaltsam wie von Meereswogen.

Cordelia:
Zu männlich ist dein Geist, strebt viel zu hoch
Hinauf, wo dir kein Weiberauge folgt;
Das ist's, was ängstlich dir den Busen engt
Und dir die jugendliche Wange bleicht.
Wenn Weiber über ihre Sphäre steigen,
Entfliehn sie ihrem eignen bessern Selbst ...

Berta:
Ich hab' auch meine, schönen, zarten Bilder,
Doch trag' ich in dem vollen Herzen sie,
Und nicht auf Schirmen und buntfarb'gen Kleidern.
Bei meiner Harfe leisen, süßen Tönen
Dann ziehen sie in langer Reih' vorüber
Und laben mir das Aug' des innern Sinns.

Cordelia:
O, deine Harfe, o, die mordet dich,
Und tönt mit ihren silberhellen Saiten
Dir diese Träume in dein banges Herz!

(II, S. 384-386)

Bei ihren ersten Schreibversuchen wurde die Droste sich klar darüber, daß Dichten eine äußerste Herausforderung darstellt, ein kontinuierliches Durchhaltevermögen verlangt. Und doch sieht sie ihr Dichten jenseits von Wille und Anstrengung in der Unruhe des Innern begründet. Wenn sie zur Charakterisierung solcher Eigenschaften von männlich spricht, so hängt dies von den damaligen Vorstellungen des Weiblichen ab. Öfter ist die Droste in die Rolle eines Er, eines Mannes, in ihren Dichtungen geschlüpft, um jene Intensität auszudrücken, die sie in sich verspürt hat. Während ihres Lebens hat sie indessen auszugleichen versucht zwischen der Totalität des dichterischen Anspruchs und einer Form der Bescheidung, die sie vor dem Selbstruin bewahrte, dem allerdings so mancher Dichter des 19. Jahrhunderts erlegen war.

Allzuoft hat man bei der Droste nur auf ihre Selbstbeschränkung hingewiesen und dabei übersehen, von welcher dichterischen Erregtheit ihre Person bewegt war. Ihre Briefe sprechen es unumwunden aus. Deshalb seien einige Passagen zitiert, in denen die Droste über ihr dichterisches Schreiben nachdenkt. Es sind Probleme der Einsamkeit, der Bilderflut, der Zeitbedrängnis, des Korrigierens, obschon sie fast alles im Kopf vorkonzipierte, und des damaligen, auch für die Droste unentbehrlichen Literaturbetriebs.

Ihr Autorbewußtsein entwickelt sich aufgrund von Schreiberfahrungen. Dazu eine Briefstelle aus dem Jahre 1835:

Seit mein Bruder ein höchst glücklicher, umlärmter und umschrieener Familienvater geworden ist, hat er einen unbilligen Haß auf alle Einsiedler geworfen und hält die Einsamkeit für das größte aller Erdenübel. Ich nicht – vielmehr habe ich mich ihr in den sieben Jahren, die ich nun hier [gemeint ist das Rüschhaus] verklausnert, mit großer Einseitigkeit ergeben. So geht's erst aufgeblasen, dann eingeschrumpft, aus der Scylla in die Charybdis; doch ich muß aufhören, denn ich beginne ungerecht zu werden, und zwar gegen einen mir allzu werten Gegenstand, gegen mich selbst; . . .
Als ich zu schreiben anfing, war mir's leid, daß meine Zeit so beschränkt wär; jetzt freut mich's, ich bin sehr bewegt, aber nicht fröhlich; die Gedanken und Bilder strömen mir zu, aber sie sind wie scheu gewordne Pferde, die nur um so unerbittlicher dahinrasseln, je kräftiger und kühner ihre angeborne Natur ist. Ich habe mir viel Gewalt angetan, solange ich schrieb; hätte ich mir den Zügel gelassen, Sie hätten gesagt mit dem Festus: »Paulus, Paulus,

du rasest, dein vieles Wissen macht dich unsinnig«; vielleicht halten Sie mich schon halb dafür, weil ich von mir selber sage, was ich höchstens denken sollte; doch der Himmel bewahre mich, daß ich Ihnen je einen Gedanken verberge, d. h. daß ich ihn absichtlich verschlucke, wenn er einmal auf der Zunge ist. Dies ist der Tod aller Freundschaft. Aber ich bin lange sehr leidend gewesen, und jetzt, seit zwei Tagen, mit einem Male ganz wohl, aber ungemein aufgeregt und nervenschwach und großer Phantasie, Gefühls- und Gedankenanspannung nicht nur fähig, sondern gezwungen dazu; gebe ich mich hin, so treibt's mich um wie der Strudel ein Boot, oder wie der Wind die Heuflocken treibt; will ich ruhn, so summen und gaukeln die Bilder vor mir wie Mückenschwärme. Wollte ich jetzt dichten, so würde es vielleicht das Beste, was ich zu leisten vermag; indessen besser ist's, ich mache die Augen zu und versuche zu schlafen. *(Briefe I, S. 153/154)*

Das Problem der Ablenkung, durch familiäre und gesellschaftliche Verpflichtungen, wird thematisiert, nicht ohne den für die Briefe so bezeichnenden humorvollen Unterhaltungston:

Kommen sonst Besuche, da kann ich es halten, wie ich will: erscheinen, fortbleiben, alles, wie es mir der Geist einbläst, Zerstreuung und Einsamkeit, wie ich nur auf dem Finger pfeife. Ein wahres geistiges Schlaraffenleben, zwar erst seit einigen Wochen im Schwange, aber doch lange genug, um mich aus dem Grunde zu verderben; denn die bösen Gewohnheiten wuchern bei mir aus dem Samen und aus der Wurzel. In Rüschhaus habe ich Tag für Tag die Besuche empfangen, Berichte der Dienstboten angehört und mich meiner Mutter sehr wiederholtem Anrufen persönlich gestellt. In der Tat, ich war dessen so gewohnt, daß ich nicht muckste, in der Hälfte eines Verses abzubrechen, was mich manchen guten Gedanken oder manchen eben gefundenen Reim gekostet hat. Ja! damals war ich brav, aber jetzt? *(Briefe I, S. 160)*

Die Situation des Schriftstellers kommt zur Sprache:

Ich ergab mich in den Willen Gottes und sah mein Werk schon an als bloß geschrieben zu meiner eigenen Beschäftigung auf dem Lande. Es gibt nichts Entmutigenderes, als diese langen Klagereden der Schriftsteller längs dem Rhein über ihre gegenwärtige Stellung zur Lesewelt und den Buchhändlern. Nur wenige finden einen Verleger, die meisten lassen ihre Werke vorläufig liegen oder ruinieren sich durch Herausgabe auf eigne Kosten; der ungeheure Vorteil aus den Übersetzungen soll an allem schuld sein. Ich glaubte es gern, und mein Selbstvertrauen gewann nicht dabei.

... Besser ein satter Handwerker als ein mittelmäßiger halbverhungerter Maler oder Poet. Und nichts schrecklicher, als den Weg vor sich versinken sehen und nicht umkehren können.

(Briefe I, S. 168 f.)

Über die Mühe des Schreibens, der Reinschrift wie des Korrigierens, wird oft genug lamentiert:

Sobald ich aber allein bin, habe ich den festen Vorsatz, jene beiden endlos gezupften und geplagten Gedichte endlich einmal zur Ruhe zu bringen. Hätten sie Gefühl, mich dünkt, sie müßten ganz simpel geworden sein von all dem Korrigieren, ich glaube, mitunter ist's auch so! Diese nächste Revue soll die strengste, aber sie soll auch die letzte sein; alles soll wieder vorgenommen werden, die ältesten und verworfensten Lesearten, und denn will ich mich abwenden und sehen nicht zurück, damit ich nicht auf meiner poetischen Bahn, wie Lots Weib zur Salzsäule versteinert, ewig auf demselben Fleck stehn bleibe, allen korrigierenden Seelen zum warnenden Beispiel. *(Briefe I, S. 211)*

Mehr noch als in ihren Briefen hat die Droste in Gedichten, während ihrer gesamten Schaffenszeit, über das Selbstverständnis des Dichters nachgedacht und sich dabei mit alten wie neuen Vorstellungen auseinandergesetzt.[6] Über die biographischen Äußerungen hinaus sind gerade solche Texte ein verläßlicher Zugang zum Verständnis ihres Werkes.

In der literarischen Epoche der Droste – nach der Klassik und Romantik, im Biedermeier und im Vormärz – wird die Tradition von Dichtergedichten aufrechterhalten, zum Teil mit neuen Impulsen, zum Teil auch nur epigonal. Die unterschiedlichsten Bilder vom Dichter leben im Bewußtsein der Schreibenden und Lesenden: Seher, Märtyrer, Prediger, Agitator, Bewahrer, Zeitkritiker, Naturdichter, Unterhalter, Humorist. Annette von Droste-Hülshoff hat sich in erstaunlicher Breite mit dieser Thematik beschäftigt und ihr eigenes dichterisches Selbstverständnis daran entwickelt.

Allzu lange hat man geglaubt, daß das, was die Droste über den Dichter sagt, mit ihr identisch sei. Eine solche Gleichsetzung oder direkte Übertragung verkennt die tatsächliche Position, die sie für sich einnimmt. Die Droste geht in allen ihren Dichtergedichten von einer vorgegebenen Dichtervorstellung aus, läßt sie auf sich wirken, spielt sie meist bis zur äußersten Form durch, um dann jedoch offen zu lassen, wie sie als Dichterin über sich selbst denkt.

Das literarische Selbstverständnis wird dabei von unterschiedlichen Fragestellungen eingekreist, ohne daß eine genaue Fixierung erfolgt. Die Droste schreibt von einem bestimmten Zeitpunkt an nicht mehr aufgrund dichterischer Vorbilder, sondern folgt ihren eigenen Erfahrungen. Sie möchte, daß keine tradierten, zu ihrer Zeit diskutierten Dichterbilder das eigene Dichten überlagern oder fremdbestimmen. Die Dichtergedichte sind Konfrontation und innere Auseinandersetzung.

Würde man die einzelnen Aussagen in den Dichtergedichten unvermittelt auf das dichterische Selbstverständnis der Droste übertragen, so müßte man darin eine fatale Selbststilisierung sehen. Gerade im »Geistlichen Jahr« gibt es Bilder und Gestalten, die einen ungemein hohen Anspruch des Dichterischen verkörpern.[7] Solche Vorstellungen überträgt die Droste nicht ohne weiteres auf ihre eigene dichterische Tätigkeit. Sie weist vielmehr darauf hin, nimmt gewissermaßen daran teil. Es kommt nur zu partiellen Identifikationen.

In ihren Dichtergedichten arbeitet die Droste häufig mit dem Stilmittel des Gegensatzes, wobei dieses Prinzip sich meist schon am Aufbau des Gedichtes ablesen läßt. In dem späten Gedicht »Das Wort« ist es der Unterschied zwischen dem dichterischen Verständnis des Wortes und dem religiösen, ein Problem, wovon das gesamte Werk geprägt ist. Hierbei wird insbesondere die Wirkung bedacht, die nicht mehr in den Händen des Autors liegt. Bei den allegorischen Übertragungen auf das Wort ist das Bild des Samenkorns recht überzeugend. Es wird als »schlummertrunkenes Körnlein« gesehen, das wuchert und Wurzeln treibt:

> Und Worte sind es doch, die einst
> So schwer in deine Schale fallen,
> Ist keins ein nichtiges von allen,
> Um jedes hoffst du oder weinst.
>
> (II, 7)

Von solchen Vorstellungen, so kann man schließen, ist das dichterische Selbstverständnis der Droste betroffen: einerseits unbekümmert schöpferisch sein, andererseits doch um einen Anspruch wissen, der erfüllt werden soll.

In »Dichters Naturgefühl« wird einem ursprünglich erscheinenden Naturgefühl ein konsumierender Umgang mit der Natur entgegengestellt. Das Abwägen und Ausspielen in dem Gedicht verbieten es, die literarische Position der Droste einseitig zugunsten eines ursprünglich erscheinenden Naturgefühls auszulegen. Dem steht die Härte des Schlusses entgegen. Das ästhetische Naturgefühl und noch mehr das triviale, wird beide Male von der Realität eingeholt:

> – hastig fuhr ich an die Stirne:
> »Wie, eine Mücke schon im Mai?«
> Und trabte zu der Schlucht hinaus,
> Hohl hustend, mit beklemmter Lunge.

(I, 152)

Das dichterische Selbstverständnis wird so zum Problembewußtsein: Wie leicht trivialisiert sich ein rein ästhetisches Naturgefühl! Was leistet es gegenüber der Realitätserfahrung? Vom Trivialen hat sich die Droste in der Lyrik frei geschrieben. Von der Realität des Lebens, den sozialen wie persönlichen Kümmernissen, fühlte sie sich in ihrer erzählenden Prosa immer von neuem herausgefordert.

In dem bekanntesten Dichtergedicht Annette von Droste-Hülshoffs »Der Dichter« steigert sich die Aussage zu einem persönlichen Geständnis. In den Anfangsstrophen wird ein Dichterbild vorgestellt, wie es, so die Vorstellung der Droste, dem Literaturbetrieb zugrunde liegt. Bildungsbeflissenheit wird dokumentiert, um schließlich mit den Bildern von Lampe und Feuer, von Perle und Juwel eine Tiefenschicht zu benennen, die Erschrecken auslöst. Die Aufgabe des Dichters, wenn er sie wahrnimmt, ist selbstverzehrend und für die eigene Existenz bedrohlich. So folgert die Droste. In der Rolle des Herausgebers in dem Fragment »Bei uns zulande auf dem Lande« heißt es: »Bei Gott! es muß ein angstvolles Metier sein, das Schriftstellern, und ich gönne es keinem Hunde.« (II, 329)

Weitergeführt wird diese Problematik in dem zum »Dichtergedicht« gehörenden Gedicht »Locke nicht, du Strahl aus der Höh«. Die letzte Strophe gilt allgemein als intensivste Selbstaussage der Droste. Im Bild einer vegetativen Metapher wird Selbstbedrohung als Zeichen der Heilung gedeutet:

Und du, flatternder Fadenstrauß,
Du der Distel mystische Rose,
Strecke nicht deine Fäden aus
Mich umschlingend so lind und lose,
Flüstern oft hör' ich dein Würmlein klein,
Das dir heilend im Schoß mag weilen,
Ach, soll ich denn die Rose sein,
Die zernagte, um andre zu heilen?

(II, 21)

Das »Ach« der vorletzten Zeile sollte man demnach als Hinweis dafür ansehen, daß die Identifikation – wie sehr sie sich anbietet – im letzten doch offen bleibt: Anziehung und Distanz in einem paradoxen Bild.[8]

Fügen wir noch einige andere Dichtergedichte an. Im Gedicht »Der zu früh geborene Dichter« wird literaturgeschichtlich argumentiert, zwischen einer vergangenen und einer gegenwärtig-künftigen Epoche. Darin liegt auch eine persönliche Klage, sich allzu lange Zeit beim konventionellen Dichten aufgehalten zu haben und so den Anforderungen der Zeit nicht mehr genügend nachzukommen.

Eine zeitgeschichtlich härtere Auseinandersetzung erfolgt in dem Gedicht »An die Schriftstellerinnen in Deutschland und Frankreich«. Dieses Zeitgedicht ist eine kuragierte Auseinandersetzung mit der damaligen Frauendichtung; Ressentiment kommt auf, zumal die Droste als dichterisch tätige Frau davon betroffen war, daß die Frauendichtung ihrer Zeit ins Sentimentale oder Agitatorische abzusinken drohte.[9]

In dem Gedicht »Die rechte Stunde« erkennt die Droste, daß weder Gespräche, speziell Literaturgespräche, noch bloß stimmungshafte Erlebnisse zum Dichten inspirieren. Sie macht sich und anderen klar, daß Schreiben, literarisches Formulieren, der Zurückgezogenheit bedarf. Das unmittelbare Erlebnis muß quasi schon vorüber sein. Erst das nachträgliche Erinnern macht schöpferisch. Der Genius – die Droste spielt mit diesem antiken Begriff – steht bei ihr für das Angerührtsein durch die innere Sprache. In dieser klingt das Dichterische wider, wird Halbverstandenes bewußt, laufen Assoziationen ab, die dann erst eine endgültige sprachliche Form annehmen. So etwa wäre der Prozeß des Dichtens bei der Droste zu beschreiben.

Alltagswelt und poetische Selbsterfahrung, die darin liegende Spannung zieht sich durch das gesamte Werk der Droste. Trotz großer Unterschiede zwischen Lyrik und Prosa kann man sagen, daß überall der Vorgang der poetischen, der fiktionalen Umsetzung vorherrscht. Ihm ordnen sich die anderen übernommenen wie abgewandelten Darstellungsmittel unter, bekommen von hier ihre unverwechselbare Eigenart.[10] Den Vorgang eines solchen Dichtens hat die Droste öfter in ihren Briefen reflektiert. In Abgrenzung zu Amalie Hassenpflug, mit der die Droste in engem Kontakt stand, beschreibt sie ihren eigenen Stil als realistisch, wofür sie den Ausdruck des Naturgetreuen gebraucht, und zugleich als einen Prozeß der Fiktionalisierung, als Veredlung durch Poesie. Daß sie darunter nicht eine romantische Nachahmung versteht, macht die folgende Briefstelle mehr als deutlich:

Leider bin ich mit Malchen in allem, was Kunst und Poesie betrifft, (nicht einer) Meinung, da sie einer gewissen romantischen Schule auf sehr geistvolle, aber etwas einseitige Weise zugetan ist; dennoch ist jedes ihrer Worte tief gedacht und sehr beherzigenswert; sie wird mich aber nie in ihre Manier hineinziehn, die ich nicht nur wenig liebe, sondern auch gänzlich ohne Talent dafür bin, was sie verstockterweise nicht einsehn will. Sie wissen selbst, lieber Freund, daß ich nur im Naturgetreuen, durch Poesie veredelt, etwas leisten kann. Malchen hingegen ist ganz Traum und Romantik, und ihr spuken unaufhörlich die Götter der Alten, die Helden Calderons und die krausen Märchenbilder Arnims und Brentanos im Kopfe ... Da sie mich aufrichtig liebt und Großes mit mir im Sinne hat, so quält sie mich unermüdet und mit Bitten, die einen Stein erweichen sollten, von meinen Irrwegen abzulassen. Das ist eine harte Nuß!

(An Schlüter, Dezember 1838, Briefe I, S. 316 f.)

Realitätssinn und poetische Umsetzung, das sind die entscheidenden Kriterien. Hierzu gehören Traum- und Spiegelbilder, Irritationen und das idyllische Szenarium, um nur einiges zur Präzisierung zu nennen. Das Zusammenspiel von Poesie und Wirklichkeit macht den Reiz, die Faszination fast aller Droste-Texte aus.

Annette von Droste-Hülshoff ist sich bewußt, daß die Poetisierung, die den Wirklichkeitssinn fördern und weitertreiben soll, auch ins rein Dekorative abgleiten kann, so daß dann das Gedichtete um vieles schlechter ist als die Wirklichkeit selbst. In dem Gedicht »Das Eselein« hat die Droste solche Vorgänge der Lächerlichkeit ausgeliefert. Künstler, die statt zu »veredeln« bloß ausstaffieren, verfallen ihrer ironischen Kritik:

> Und wißt, seine göttliche Gabe war,
> Die schlechte Natur zu veredeln.
>
> *(I, 181)*

Wie die Droste poetisch umsetzt, dafür gibt es in ihrem Werk viele belegbare Stellen, besonders aufschlußreich ist das Gedicht »Die junge Mutter«, zu dem es in ihren Briefen eine real erzählte Vorgeschichte gibt.[11] Diese behält einen privaten Charakter, will Persönliches mitteilen und Anteilnahme erregen. Wir haben es hier mit einer nicht auf Kunst angelegten, aber doch eindrucksvollen Brieferzählung zu tun. Die Stoffanordnung ist bezeichnend. Zunächst wird nur vom Genesungszustand der Mutter berichtet, dann erst abschließend vom unerwarteten Tod des Kindes. Die Brieferzählung nimmt Rücksicht auf den Adressaten. So wird das Bedrückende aufgefangen, indem der erwartete gute Ausgang der Genesung vorweg genannt ist. Krankheitsgeschichten lassen sich dann gut erzählen, wenn sie Genesungsgeschichten sind.

Der Text erscheint wegen der treffenden Charakterisierung, trotz der nicht beabsichtigten Poetisierung als ausgesprochen kunstvoll. In seiner schlichten realitätsnahen Schilderung ist er vielleicht sogar literarisch qualitätvoller als der zum Gedicht umgestaltete Text.

Gegenüber der Brieferzählung arbeitet die Droste in dem entsprechenden Gedicht mit bewußt eingesetzten poetischen Stilmitteln. Der Erzähler berichtet nicht mehr objektiv über den Zustand der Mutter, sondern ist ihr bis in den inneren Monolog hinein nahe. An verschiedenen Stellen werden kleine Dialogszenen eingefügt, die beruhigen und den Zustand beschwichtigen. In dem Gedicht kommt es auf die innere Verfassung der Mutter an, die sich nach der Geburt und der schweren Krankheit nach ihrem Kind sehnt, das aber zu diesem Zeitpunkt schon tot ist. Im Leser wird ein traurig gestimmtes Mitgefühl geweckt; es entsteht eine idyllische Atmosphäre, bei der man sich allerdings fragt, ob sie der Situation gemäß ist. Distanzmotive werden ausgelassen: Ein unmittelbares Miterleben soll erhalten bleiben.

Die Intention der Poetisierung legt in dem Gedicht eine völlig andere Dimension frei als in der Brieferzählung. Dazu verhelfen zusätzliche bildhafte Erfindung: Die Nachtigall im Vogelbauer, die zwar wie die Mutter gefangen ist, aber ihre Kleinen bei sich hat, oder das Bild des zerrissenen mit Blumenranken wieder zusammengestickten Hochzeitsschleiers. Mit solchen Bildkomplexen, in denen Vorstellung und Realität sich vermischen, wird das Gedicht sinnbildlich transparent, was dem gesamten Duktus des Textes entspricht. Dieses Beispiel macht deutlich, daß der Vorgang der Poetisierung bei der Droste vielschichtig ist und darüber hinaus sogar eine Gratwanderung im Möglichen und Zulässigen sein kann.

Vergleicht man das Gedicht »Das Haus in der Heide« mit dem thematisch ähnlich gelagerten Gedicht »Das öde Haus«, dann kann man erkennen, daß es in der Lyrik der Droste einen Pendelschlag zur Idyllisierung und auch zum Schauerlichen hin gibt.[12] Beide Möglichkeiten der poetischen Gestaltung sind von der Dichterin vielfach abgewandelt worden. Brachte man früher ein besonderes Interesse für das Idyllische auf, so hat sich die Wertschätzung schon seit längerem verlagert.

In der Realität war das »Haus in der Heide« – solche Vorbilder bot das Münsterland – eine ärmliche Kate, die durch das ästhetische Sehen und Erleben ins Idyllisch-Schöne rückt, zu einem Goldgrund-Bild wird. Bei einer rein realistischen Einstellung könnte man von einer Verharmlosung früherer Armut und bäuerlicher Arbeit sprechen, womit dem Gedicht sicher Unrecht geschieht, da es nur eine Art Genrebild sein will.

In dem Gedicht »Das öde Haus« wird eine verfallende menschliche Behausung nicht durch konventionelle Bildvorstellungen verklärt, sondern durch ein Erlebnis-Ich in der schauerlichen Schicht des Verfallens, Verwesens und Verkommens aufgespürt. Es ist eine Poetisierung ins Unheimliche, die an keiner Stelle des Gedichts wieder zurückgenommen wird. Das Erlebnis-Ich erscheint, man kann es so sehen, wie das Ich einer Zauberin, fast wie das einer Hexe. Ein Wissen um verborgene Naturvorgänge kommt zum Vorschein. Wir erfahren den Zugang zu einer Vergangenheit, die noch im Vergehen begriffen ist, zu etwas tabuisiert Häßlichem, von dem dennoch der Reiz des Unerklärbaren ausgeht.

Bei der Droste muß man drei Ebenen der Poetisierung unterscheiden:

- Es wird die überkommene Welt sprachlich überhöht, durch Verse, Reime, konventionelle Metaphern. Wo dies bei der Droste geschieht, besonders in Gelegenheitsgedichten, in sozialer Problemlyrik und auch in den volkskundlich bestimmten Versepen, erreicht sie nicht ihre eigentliche dichterische Qualität.
- Es geht um Selbsterkundung und Wahrheitsfindung; die Dichtung wird zum Instrument, Erfahrungen auszusprechen und zu überprüfen. Hier hat das dichterische Werk der Droste auch seinen adäquaten Ausdruck gefunden, ist es Vorgriff auf noch nicht Formuliertes und Behandeltes geworden.
- Die Dichtung wird verstanden als Bewahrung von erfahrenem und überstandenem Menschenschicksal; sie ist Spiegel und Gedächtnis der Zeit. Vor allem in der Erzählprosa der Droste, aber auch in ihren Briefen ist diese Art des Schreibens mit einem großen Realitätssinn verbunden.

Auf ein Darstellungsmittel der Droste ist noch hinzuweisen: das Humoristische. Das »Geistliche Jahr« mit seiner harten geistigen Anstrengung und die »Judenbuche« mit ihrer unerbittlichen realen Erzählweise haben das Bild der ernsten Droste verfestigt. Aber schon Schücking hat in seinem »Lebensbild« auf das humoristische Talent hingewiesen. Die Freunde der Droste waren immer versucht, sie auf das Humoristische festzulegen, da sie die Dichterin in dieser Weise kannten und schätzten. Unwillig schreibt sie deshalb in einem Brief: »Man spannt hier wieder alle Stricke an, mich zum Humoristischen zu ziehen, spricht von ›Verkennen des eigentlichen Talents‹ et cet. Das ist die ewige alte Leier hier, die mich dann doch jedesmal halb verdrießlich, halb unschlüssig macht. Ich meine, der Humor steht nur wenigen und am seltensten einer weiblichen Feder, der fast zu engen Beschränkung durch die (gesellschaftliche) Sitte wegen, und nichts kläglicher als Humor in engen Schuhen.« (Briefe I, S. 372)

Diese Briefstelle muß mit einer anderen im Zusammenhang gesehen werden. Dort wird das Humoristische als eine literarische Spielform gesehen, die nicht für die eigene Person, sondern für ein reales oder nur vorgestelltes Publikum Geltung besitzt: »Es fehlt mir allerdings nicht an einer humoristischen Ader, aber sie ist meiner gewöhnlichen und natürlichsten Stimmung nicht angemessen, sondern wird nur hervorgerufen durch den lustigen Halbrausch, der uns in zahlreicher und lebhafter Gesellschaft überfällt, wenn die Atmosphäre von Witzfunken sprüht und alles sich in Erzählung ähnlicher Stückchen überbietet. Bin ich allein, so fühle ich, wie dieses meiner eigentlichen Natur fremd ist und nur als reines Produkt der Beobachtung unter besonders aufregenden Umständen in mir aufsteigen kann.« (Briefe I, S. 406 f.)

Geht man das Werk der Droste durch, so kann man feststellen, daß diese briefliche Selbstäußerung für ihr dichterisches Werk weitgehend zutrifft. Man findet kaum humoristische oder ironische Anspielungen auf die eigene Person, es sei denn, sie setzt sich dem Spiegel anderer aus. Das Humoristische braucht bei ihr ein reales oder nur gedachtes Publikum, ein gesellschaftliches Szenarium, in dem sich die Humoristik auswirken kann. Dann aber bekommt es nicht nur unterhaltende Momente, sondern auch gesellschaftskritische Bezugspunkte.

In dieser Form durchzieht das Humoristische das gesamte Werk der Droste und macht den Ernst oft erst erträglich. Im »Joseph-Fragment« steht der bezeichnende Satz: »So quälen wir uns oft umsonst, und unser Hergott lacht dazu.« (II, 374). In dem Gedicht »Die Schenke am See« wird die Beziehung zu Levin Schücking geradezu übermütig durchgespielt, wobei die Atmosphäre der Schenke und die Verhaltensweise des Wirts spaßhaft komisch einbezogen sind. Daß das Lustspiel »Perdu!« humoristisch verfährt, liegt auf der Hand. Die »Zeitbilder« wirken ironischer angelegt, wenn man die überzogenen Formulierungen darin tatsächlich ernstnimmt. In den Briefen und Gelegenheitsgedichten dient der Humor der Unterhaltung. »Szenen aus Hülshoff« haben eine lächerliche Selbstcharakterisierung, ein eigenartiges Selbstbildnis hinterlassen:

Mäßige doch deine Zunge –
Zwar sie läßt sich vieles sagen,
Aber dies darfst du nicht wagen,
Nenn sie Hexe und Kokette,
Aber nur nicht kleine Nette.
(II, 663 f.)

Die Vorstellungen der Droste sind in vieler Hinsicht von einer ästhetischen Grundeinstellung bestimmt, ähnlich wie es beim späten Friedrich Schlegel, bei Eichendorff oder Stifter der Fall ist.[13] Sie will Realität in Kunst umsetzen; aber nicht alles, was sie kennt, was sich ihr an Wirklichkeitserfahrung anbietet, will sie in Literatur verwandeln oder als Kunst erleben. Hierdurch unterscheidet sie sich von den Programmschriften der Romantik.

Ihre Auseinandersetzung mit der Religion geschieht zwar durch das Instrumentarium der Literatur, jedoch nicht in der Weise, daß sie frei, nur nach eigener Eingebung über den Glauben verfügt. Ihre Zeitkritik geht sicherlich aus einer ästhetischen Sensibilität hervor, nicht zuletzt aus einer konservativen Doktrin, hütet sich aber vor einer poetisierten politischen Utopie, sei es die Heimat oder ein aristokratisch regierter Staat. So entgeht die Droste auf allen Gebieten, die sie dichterisch dargestellt hat, einer rein ästhetischen Weltansicht.

Poetisierung und reale Alltagswelt – ein schier unauslotbarer Spannungsbogen in den Dichtungen der Droste, ob es sich um psychologische Vorgänge, zeitkritische Auseinandersetzungen, die dörflichen Zustände im damaligen Westfalen, mündlich überlieferte Sagenstoffe oder religiöse Themen handelt. Letzter Bezugspunkt ist dabei das poetisierte Ich der Dichterin selbst.

II
Dichterisches Selbstverständnis
»Das Spiegelbild«

Schaust du mich an aus dem Kristall,
Mit deiner Augen Nebelball,
Kometen gleich die im Verbleichen;
Mit Zügen, worin wunderlich
Zwei Seelen wie Spione sich
Umschleichen, ja, dann flüstre ich:
Phantom, du bist nicht meinesgleichen!

Bist nur entschlüpft der Träume Hut,
Zu eisen mir das warme Blut,
Die dunkle Locke mir zu blassen;
Und dennoch, dämmerndes Gesicht,
Drin seltsam spielt ein Doppellicht,
Trätest du vor, ich weiß es nicht,
Würd' ich dich lieben oder hassen?

Zu deiner Stirne Herrscherthron,
Wo die Gedanken leisten Fron
Wie Knechte, würd' ich schüchtern blicken;
Doch von des Auges kaltem Glast,
Voll toten Lichts, gebrochen fast,
Gespenstig, würd', ein scheuer Gast,
Weit, weit ich meinen Schemel rücken.

Und was den Mund umspielt so lind,
So weich und hülflos wie ein Kind,
Das möcht' in treue Hut ich bergen;
Und wieder, wenn er höhnend spielt,
Wie von gespanntem Bogen zielt,
Wenn leis' es durch die Züge wühlt,
Dann möcht' ich fliehen wie vor Schergen.

Es ist gewiß, du bist nicht ich,
Ein fremdes Dasein, dem ich mich
Wie Moses nahe, unbeschuhet,
Voll Kräfte die mir nicht bewußt,
Voll fremden Leides, fremder Lust;
Gnade mir Gott, wenn in der Brust
Mir schlummernd deine Seele ruhet!

Und dennoch fühl' ich, wie verwandt,
Zu deinen Schauern mich gebannt,
Und Liebe muß der Furcht sich einen.
Ja, trätest aus Kristalles Rund,
Phantom, du lebend auf den Grund,
Nur leise zittern würd' ich, und
Mich dünkt – ich würde um dich weinen!

(I, S. 141 f.)

Wie kaum ein anderes Gedicht kann »Das Spiegelbild« für das literarische Verständnis des Drosteschen Werkes grundlegend sein. Dieses Gedicht macht – in der Weise des Unvertrauten – mit dem dichterischen Selbstverständnis Annette von Droste-Hülshoffs vertraut. Die einzelnen Strophen zeigen, wie sich die Bespiegelung im Spiegel in eine faszinative und zugleich verstörte Innenschau verwandelt. Ähnliche Erfahrungen werden in den meisten Gedichten der Dichterin ausgesprochen.

Das Spiegelmotiv spielt in der Literatur seit je eine wichtige Rolle,[1] sei es das Spiegelbild an der Wand aus dem Schneewittchen-Märchen, das die Wahrheit offen heraussagt, sei es der spiegelnde Grund des Brunnens, in dem, der griechischen Sage nach, Naziß seine Selbstliebe bestätigt findet. Spiegel als Sinnbild der Weisheit und Gerechtigkeit, Spiegel aber auch als Widerschein des Schönen und des Stolzes, so ist dieses Motiv ein häufig wiederkehrendes Attribut in der Hand von Frauen. In der literarischen Epoche der Droste sind Spiegel und Spiegelungen – bis hin zum Doppelgänger, aufregende Darstellungsmittel, um das Untergründige in der Seele des Menschen aufzuzeigen.

Im Werk der Droste selbst ist das Spiegelmotiv zentral. Es reicht vom bloßen In-den-Spiegel-Schauen bis zu schemenhaften Wiedergängern oder seelenlosen Doppelexistenzen: Der Spiegel läßt das Unheimliche, das in der menschlichen Psyche ruht, hervortreten, kann dabei das menschliche Bewußtsein aufbrechen und die Ich-Erkundung fördern. Der jeweilige Grad an Wirklichkeit bleibt bei der Droste dennoch offen. Wir haben es bei ihr zunächst und vor allem mit ästhetischen Phänomenen zu tun.

Bevor der literarische Umsetzungsprozeß, der sich in dem Gedicht »Das Spiegelbild« vollzogen hat, deutlich gemacht wird, sollen drei Spiegelgeschichten vorgestellt werden. Die erste stammt von der Droste selbst und findet sich als kurze Mitteilung in ihren Briefen. Die beiden anderen sind von zwei modernen Autorinnen und drücken jeweils unterschiedliche Erfahrungen aus, die wie im »Spiegelbild« der Droste den menschlichen, den weiblichen Seelengrund aufzuspüren versuchen.

In einem Brief an Elise Rüdiger, zu der die Droste ein großes Vertrauen, insbesondere in ihren letzten Jahren gefunden hat, berichtet sie über die Ankunft ihrer Freundin Amalie Hassenpflug. Ihr gemeinsames Treten vor den Spiegel, weil Amalie ihr Haar ordnen wollte, wird wie eine alltägliche Begebenheit erzählt, und doch wird diese konventionelle Spiegelgeschichte zu einer Art Selbstbefragung.

Meine Briefe mögen auch ledern genug ausgefallen sein, und dieser wird eben nicht besser werden, Herzchen, denn ich weiß noch immer nichts, was Sie interessieren könnte, da Sie keinen von allen denen kennen, die jetzt die Apenburger Windstille in einen passablen Sturm umgesetzt haben; nur von Malchen Hassenpflug habe ich Ihnen schon erzählt. Sie hat mich lange warten lassen, und die Freude war groß bei der Ankunft. Sie ist doch gar lieb und schön! Mir war ordentlich wunderlich zumute, als sie die Treppe hinaufkam und ich das stolze noble Gesichtchen immer deutlicher erkannte, was, in diesem Augenblicke, durch eine Bewegung der Liebe und Freude schöner war als je. Wir gingen auf meine Stube und traten zusammen vor den Spiegel, weil sie ihr Haar ordnen wollte. Ich fuhr beschämt zurück, so miserabel nahm ich mich neben ihr aus. Ich sagte ihr dies auch, und sie antwortete, noch weinend vor Freude: »Du bist wohl toll! Ich denke eben, wie garstig ich neben Dir aussehe.« So blind macht die Freundschaft das gute Ding! Soll es einen nicht freuen, wenn man so geliebt wird? Denn dies war keine Ziererei, sondern ein unwillkürlicher Ausbruch, von beiden Seiten, so klar die Wahrheit leider nur auf einer Seite stand.

(Brief an Elise Rüdiger vom 1. 9. 1839, Briefe I, S. 381)

Manuskript aus dem »Geistlichen Jahr«, an dem man die Arbeitsweise der Droste, ihr Konzipieren und Korrigieren, erkennen kann, auch die Schwierigkeiten der Entzifferung. Die erste Strophe heißt:

> Ist es der Glaube nur, dem du verheißen,
> Dann bin ich tot.
> O Glaube! wie lebend'gen Blutes Kreisen,
> Er tut mir not;
> Ich hab' ihn nicht.
> Ach nimmst du statt des Glaubens nicht die Liebe
> Und des Verlangens tränenschweren Zoll:
> So weiß ich nicht, wie mir noch Hoffnung bliebe;
> Gebrochen ist der Stab, das Maß ist voll
> Mir zum Gericht.
>
> (Am Pfingstmontage)

Ingeborg Bachmann, mit der man in der deutschsprachigen Literatur die moderne Frauenliteratur beginnen lassen kann,[2] hat in ihrem letzten Erzählband »Simultan« eine Geschichte vorgelegt, in der die Selbstbefangenheit, die Konzentration auf das eigene Ich Ausgangspunkt zu einer neuen Form von Selbständigkeit sein könnte, ein Verstehen aus sich selbst und nicht aus der bloßen Zuordnung zu einem Mann. Das Narziß-Motiv, auf die Frau angewandt, wirkt nach.

Sie löste sich, immerzu in den Spiegel sehend, zuerst ein paar Wickler am Hinterkopf, dann noch zwei vorne an den Schläfen und war überrascht, als die steifen Locken ihr jetzt auf die Wangen herabhingen und ihr ein anderes Gesicht gaben als mit dem ausgekämmten Haar. So sollte sie aussehen! Das war es! Schmal, puppenhaft, mit diesen zwei Locken vorne, die künstlich aussahen, vielleicht lauter solche Korkenzieherlocken, ein ganz ausdrucksloses maskenhaftes Gesicht einrahmend, wie jetzt. Sie zog fasziniert einen Wickler nach dem anderen heraus, es war ihr gleichgültig, was Herr Karl danach sagen würde, ihr Herz fing an zu jagen, sie befeuchtete sich die Lippen und flüsterte sich etwas zu. Sie sah unwahrscheinlich aus, märchenhaft, geheimnisvoll, sie war ein solches Geheimnis, und wer würde sie je so sehen, dieses geoffenbarte Geheimnis eines Moments? Ich bin verliebt, ich bin ja richtiggehend verliebt in mich, ich bin zum Verlieben! Beatrix wünschte nur, daß die Person so schnell kein Glas Wasser finden würde, denn sie war zum erstenmal verliebt, und das gab es also wirklich, ein so starkes Gefühl in einem Menschen, daß man vor Lachen und Weinen, zwischen Lachen und Weinen, keinen Ausdruck fand, aber das war ja etwas Unglaubliches, wie in den Filmen, so romanhaft, ein Erdbeben war in ihr, und weil sie auch nicht mehr Worte wußte als andre, war es sicher Verliebtheit.[3]

Bei Virginia Woolf, der großen englischen Erzählerin, werden Lebenswirklichkeiten durch ihre Spiegelung im menschlichen Bewußtsein zu erfassen gewagt. In der Geschichte »Die Dame im Spiegel« ist ein Spiegel direkt zum Medium seelischer Enthüllung geworden. Die Erzählerin hat ihre Dame, die sie im Garten sieht, mit einer Fülle von poetischen Vorzügen ausstaffiert, die der Spiegel bei der Rückkehr in die Halle ihres Hauses, nicht bestätigt, eine psychische Entlarvung der Frau, vor deren Schonungslosigkeit ein Schriftsteller zurückschrecken müßte, um nicht zu diffamieren:

Endlich war sie hier, in der Halle. Sie blieb stehn. Sie stand vor dem Tischchen. Sie stand ganz still. Sogleich begann der Spiegel ein Licht über sie auszugießen, das sie unveränderlich zu machen schien; das, wie eine Säure, alles Unwesentliche und Oberflächliche wegzuätzen und nur die Wahrheit übrig zu lassen schien. Es war ein Schauspiel, das einen völlig gefangennahm. Alles fiel von ihr ab – Wolken, Kleid, Korb, Diamanten – alles, was man die Clematis und die Windenranke genannt hatte. Hier kam die harte Mauer zum Vorschein. Hier endlich war sie selbst. Sie stand nackt in dem unbarmherzigen Licht. Und es war nichts da. Isabella war völlig leer. Sie hatte keine Gedanken. Sie hatte keine Freunde. Ihr lag an niemand. Und ihre Briefe – alle nur Rechnungen. Schau, als sie dort stand, alt und eckig, geädert und gefurcht, mit ihrer hochrückigen Nase und ihrem runzeligen Hals, nahm sie sich nicht einmal die Mühe, sie zu öffnen.

Leute sollten keine Spiegel in ihren Räumen hängen haben.[4]

Im Kontext solcher Spiegelgeschichten liest sich das Spiegelbild-Gedicht der Droste vielschichtiger und moderner. Es hat Anlaß geboten zu tiefenpsychologischen Deutungen, wobei man nicht vergessen darf, daß zu seiner Entstehungszeit die Tiefenpsychologie als Wissenschaft noch nicht existiert hat. Solche Aspekte können die Abgründigkeit und Bedrohung einer menschlichen Persönlichkeit verifizieren; sie sind dazu geeignet, den Horizont literarischen Verstehens zu erweitern: Dichtung als Vorgriff auf wissenschaftliche Erkenntnisse. Sie können aber auch dazu verführen, dichterische Texte nur zur Bestätigung bestimmter Thesen zu degradieren. Eine psychoanalytische Deutung kommt zu folgendem Ergebnis:

»Die Betrachtung des menschlichen Angesichts gibt der Droste Anlaß zu einer Persönlichkeitsanalyse, wobei Fremdheitsgefühle entstehen und ein Teil des Ichs als unheimlich abgelehnt und entwertet wird. Das geht bis zur Aufspaltung in zwei selbständige Personen: Das Ich kritisiert das Selbst und möchte es wohl am liebsten nihilistisch erledigen, was aber nicht gelingen will; aber auch die Abspaltung als eine zweite Person gerät bloß bis zu einem gewissen Grade. Das Gefühl des Gegenseitig-füreinander-verantwortlich-Seins bleibt bestehen und so werden die fremden unheimlichen Mächte in der eigenen Brust schließlich, wenn auch schaudernd, einfach als eine reale Gegebenheit der menschlichen Psyche anerkannt.«[5]

Fragt man dagegen nach dem literarischen Verständnis, dann lassen sich vom Spiegelbild der Droste bestimmte, für dessen Übertragbarkeit wichtige Merkmale festhalten: Das Spiegelbild besitzt einen hohen Grad an Selbständigkeit. Es wird in seinem Gegenübersein ernstgenommen und zugleich in seiner traumhaften Realität belassen. Versuche der Identifikation wechseln mit Formen der Distanzierung ab. Das Gefühl innerer Verwandtschaft steht neben der Wahrnehmung des Fremden und Widersinnigen.

Das eigentliche Problem kommt erst dadurch auf, daß die Dichterin danach fragt, was dieses Spiegelbild überhaupt ist, was sie damit anfangen soll. Eine große Hilflosigkeit ist die Antwort. Eine Summe von Reflexionen wird durchgespielt und an der Erscheinung des anwesenden und zugleich sich entziehenden Spiegelbildes überprüft, vor allem an den Augen, ebenso an Mund und Stirn. Wie vage das Spiegelbild auch ist – es ist gleichsam der Spiegelfläche entwichen – der Versuch der Beschreibung und Konfrontation ist äußerst genau.

Im Zusammenhang mit der gesamten Dichtung der Droste kann man zu dem Schluß kommen, daß etwas von ihrem Spiegelbild in jedem Gedicht wiederzuerkennen ist. Es ist gleichsam das, was sich in jedem Gedicht spiegelt und im letzten nicht zu benennen ist. Daher die Verunsicherung. Die Betroffenheit, die das Spiegelbild auslöst, geht auch von anderen Gedichten aus:

O, schau mich an! ich zergeh wie Schaum,
Wenn aus dem Grabe die Distel quillt,
Dann zuckt mein längst zerfallenes Bild.
Wohl einmal durch deinen Traum!
(Am Bodensee, I, S. 74)

Mit dem Spiegelbild schaut die Droste im Grunde jeden an, der sich mit ihrer Dichtung beschäftigt, weckt in ihm das Bedrohliche und nicht weniger das Hilflose und Schutzbedürftige. Aus solcher Doppelheit entsteht literarische Erfahrung. Wie die Dichterin das Spiegelbild annimmt, davor erschrocken, aber auch angezogen, so könnten alle, die in den Spiegel ihrer Dichtung treten, zur Auseinandersetzung mit ihrer eigenen Existenz gelangen.

Es ist nicht das Ich des Verstandes, das urteilt, reflektiert und sich rechtfertigt, es sind die vielen Möglichkeiten des Seins, die im Innern des Menschen schicksalhaft schlummern und in der Dichtung bewußt werden: spionenhaftes Aufspüren, die Unwirklichkeit von Phantomen, ein fremdes Dasein. Dies und noch vieles mehr erhält Bedeutung für die Orientierung wie für die Irritation des Ich. Es wird herausgefordert, aber nicht festgelegt.

Im Gegensatz dazu viel verläßlicher das Alltags-Ich der Dichterin, des Lesers, in dessen Zuständigkeit das tatsächliche Leben abläuft. Das Spiegelbild schaut dort hinein, verunsichert es, verlangt aber Erlebnisbereitschaft und Verantwortlichkeit. Die real-irreale Beziehung von Alltags-Ich und Spiegelbild sorgt dafür, daß das Werk der Droste literarisch anspruchsvoll verstanden werden kann.

III
Trunkenheit und Desillusion
Das poetische Ich der Droste

Dichtung als Erlebnis – das gilt noch für die Droste, vor allem für ihre Lyrik. »Jedem Gedicht [...] liegt ein durchlebter seelischer Vorgang zugrunde, der auf die Innerlichkeit des Individuums im Gefühl zurückbezogen ist. Mag ein solcher Ablauf innerer Zustände nun hervorgerufen sein durch ein Einzelerlebnis, das von außen bestimmt ist, oder durch Stimmungen, die von innen unabhängig von der äußeren Welt aufsteigen, oder auch durch eine Ideemasse, sei sie geschichtlich oder philosophisch: immer bildet dieser Gefühlsverlauf den Ausgangspunkt für das Gedicht und den Gehalt, der in ihm zum Ausdruck kommt.«[1] So hat Dilthey das ästhetische Erleben grundgelegt, eng verknüpft mit der Subjektivität des Dichters.

Lyrik, als Erlebnislyrik ausgewiesen, verlangt Einstimmung, inneren Mitvollzug, eine Weile des Nachschwingens. Daraus ergibt sich der ästhetische Genuß. Aus diesem Grunde wehren sich nicht wenige, oft genug die Autoren selbst, das ästhetische Erleben durch literaturwissenschaftliche oder auch didaktische Analysen zu beschweren. Bei allem Respekt vor der persönlichen, erlebnismäßigen Aneignung kann dennoch die Reflexion über Lyrik nicht aufgegeben werden, insbesondere dann nicht, wenn in den Gedichten, wie bei der Droste, der Reflexionsvorgang selbst schon angelegt ist. Erst so wird Lyrik über die Unmittelbarkeit des Erlebens hinaus auch zu einem Medium ästhetisch vermittelter Einsicht.

Bei eingehender Beschäftigung mit den lyrischen Texten der Droste ist der Begriff des Erlebens durch den der Erfahrung zu ergänzen: Erfahrung als eine radikalere Form des Erlebens, bei der das erlebende Ich sich noch stärker mit der Außenwelt und der personalen Tiefenschicht auseinandersetzt. Jedenfalls konzentriert sich das lyrische Erleben der Droste auf ihre Ich-Aussage, die aus der Spannung von Trunkenheit und Desillusion zu erfassen ist, was im einzelnen zu begründen bleibt.

Die Bedeutung der Biographie für das Werk eines Dichters, speziell der Droste, ist keineswegs gering anzusetzen, vor allem dort nicht, wo die Subjektivität zur inneren Bedingung des Schreibens geworden ist. Es ist sinnvoll, zwischen dem biographischen Ich eines Dichters und dem poetischen Ich im Werk zu unterscheiden, wie geheim und vielfältig auch die Beziehungen sein mögen. Mißverständnisse kommen auf, wenn dieser Unterschied nicht beachtet oder wenn er verwischt wird. Das biographische Ich ist außerhalb der Dichtung zu suchen, vor allem in Briefen, sofern sie nicht literarisch fiktionalisiert sind.

Es bietet sich noch eine andere Unterscheidung an, die zwischen Autorbild und Autorbewußtsein. Das Autorbild der Droste ist durch ihre bisherige Rezeption geformt, in den einzelnen Zeitabschnitten und bei den Interpreten unterschiedlich. Das Autorbewußtsein ist dagegen die bewußte Schreibweise der Dichterin. Das poetische Ich, vorrangig in der Lyrik zu suchen, geht aus dem Schreibprozeß an sich hervor und unterscheidet sich bei der Droste oft genug von ihrem gezielten Autorbewußtsein.

Biographisches Ich und poetisches Ich gehören zusammen wie Bild und Spiegelbild, eine Thematik, die wohl bei keinem anderen Dichter so abgründig, magnetisch faszinierend dargestellt ist wie bei der Droste.[2] Ihr Gedicht Das Spiegelbild, das zu ihren wichtigsten literarischen Äußerungen gehört, läßt dies besonders deutlich erkennen.

Aber auch schon der Anfang ihres Fragment gebliebenen Frühwerkes Ledwina kennt die Doppelheit des Ichs:

Der Strom zog still seinen Weg und konnte keine der Blumen und Zweige auf seinem Spiegel mitnehmen; nur eine Gestalt, wie die einer jungen Silberlinde, schwamm langsam seine Fluten hinauf. Es war das schöne bleiche Bild Ledwinens, die von einem weiten Spaziergange an seinen Ufern heimkehrte. Wenn sie zuweilen halb ermüdet, halb sinkend still stand, dann konnte er keine Strahlen stehlen, auch keine hellen oder milderen Farbenspiele von ihrer jungen Gestalt, denn sie war so farblos wie eine Schneeblume, und selbst ihre lieben Augen waren wie ein paar verblichne Vergißmeinnicht, denen nur Treue geblieben, aber kein Glanz.

»Müde, müde«, sagte sie leise und ließ sich langsam nieder in das hohe, frischgrüne Ufergras, daß es sie nun umstand, wie die grüne

Blick von der Birnau auf den Bodensee,
dessen klarer Spiegel die Droste fasziniert hat.

Laubengang von Gut Bökendorf (bei Paderborn),
auch dunkel erlebte die Dichterin die Natur.

Einfassung ein Lilienbeet. Eine angenehme Frische zog durch alle ihre Glieder, daß sie die Augen vor Lust schloß, als ein krampfhafter Schmerz sie auftrieb. Im Nu stand sie aufrecht, die eine Hand fest auf die kranke Brust gepreßt, und schüttelte unwillig ob sich das blonde Haupt, wandte sich rasch wie zum Fortgehn und kehrte dann fast wie trotzend zurück; sie trat dicht an das Ufer und schaute anfangs hell, dann träumend in den Strom.

Ein großer, aus dem Flusse ragender Stein sprühte bunte Tropfen um sich, und die Wellchen strömten und brachen sich so zierlich, daß das Wasser hier wie mit einem Netze überzogen schien und die Blätter der am Ufer neigenden Zweige im Spiegel wie grüne Schmetterlinge davonflatterten. Ledwines Augen aber ruhten aus auf ihrer eignen Gestalt, wie die Locken von ihrem Haupte fielen und forttrieben, ihr Gewand zerriß und die weißen Finger sich ablösten und verschwammen, und wie der Krampf wieder sich leise zu lösen begann, da wurde es ihr, als ob sie wie tot sei und wie die Verwesung lösend durch ihre Glieder fresse und jedes Element das Seinige mit sich fortreiße.

»Dummes Zeug!« sagte sie, sich schnell besinnend, und bog mit einem scharfen Zug in den milden Mienen auf die dicht am Flusse hinlaufende Heerstraße, indem sie das Auge durch das weite, leere Feld nach heitern Gegenständen aussandte.   *(II, S. 267 f.)*

Der Anfang des Ledwina-Fragments besagt im Grunde alles, was zur Thematik von Trunkenheit und Desillusion gehört. Es ist das Einswerden von Spiegelbild und Ich, das den erregten, rauschhaften, beseligenden Zustand bewirkt. Dieser Zustand dauert nur eine gewisse Weile. Er geht über in Bedrohlichkeit, ruft durch Signale des Todes und der eigenen Sterblichkeit die innere Loslösung hervor. Dann aber kommt die selbstgesteuerte Desillusion: »Dummes Zeug!«, eine realistische Wendung aus der Alltagssprache, die in die Alltäglichkeit zurückführt. So wird zu dem vorhergehenden Erlebnis Distanz gewonnen, ohne daß es entwertet würde.

Im allgemeinen gewinnt Dichtung durch das biographische Ich eine Form der Authentizität, tritt Dichtung aus der Unverbindlichkeit in die Verbindlichkeit der Person, wobei ein Übertragungsrest übrig bleibt. Es ist nicht von ungefähr, daß die Lyrik der Droste, vor allem ihre besten Gedichte, erst dann anerkannt wurden, als man sich intensiver mit ihrer Biographie befaßte, mit einer Biographie, die bis in unsere Zeit hinein nicht nur von der Familie stilisiert worden ist.

Erst das volle Ernstnehmen sowohl der frühen Liebeserschütterung wie der Beziehung zu Levin Schücking machte auf die inneren Vorgänge ihrer Biographie aufmerksam, die sich in der Dichtung spiegeln.[3]

Auf den ersten Blick ist die Biographie der Droste harmlos, brav, konventionell, ohne Ausbruchversuche, ohne Genialität. Genau dies hat lange das so aufregende innere Verständnis ihres Werkes blockiert. Man darf also davon ausgehen, daß die Entdeckung des poetischen Ichs – mit allen Hintergründen und seelischen Abenteuern – wichtige Aufschlüsse über die Dichtung bringt.

Die Biographie ist Ausgangspunkt des poetischen Ichs, das sich jedoch loslöst und im Werk verselbständigt. Diese Differenz gilt es wahrzunehmen. Bei jedem Dichter, vor allem bei Lyrikern, ist eine solche Differenz vorhanden, bei der Droste besonders genau feststellbar.

Das poetische Ich, das Spiegelbild, ist das projiziert Aufregende und innerlich Anlockende. Oft genug täuscht es Identität vor, oft scheint es sogar so, paradox, als entspräche das poetische Ich viel mehr der inneren Lebensintention als das biographische. Dennoch – das poetische Ich ist nicht gleichzusetzen mit der Biographie. Das poetische Ich ist fiktional, ist ästhetisch erlebt, ist Dichtung, ist erträumtes, traumhaft wahrgenommenes Spiegelbild. Nicht vom biographischen Ich, sondern vom poetischen Ich, vom Autorbewußtsein, durch das das Werk seine Gestalt erhält, ist deshalb das Leserbewußtsein zu gewinnen. So kommt man zu einem literarischen Verständnis, zu einer literarischen Interpretation, die nicht werkimmanent verbleibt, sondern es wird die Authentizität, die das Werk durch die Biographie bekommen hat, mitberücksichtigt.

Nimmt man das biographische Ich als Norm für das poetische Ich der Droste, so muß man das Werk, vor allem die Gedichte nach dem Ablauf der Entstehung ordnen, wie es zum Beispiel Heselhaus getan hat.[4] Die Droste dagegen hat ihren Gedichten einen anderen Zusammenhang gegeben, abgesehen von den Heidebildern, die entstehungsgeschichtlich geordnet blieben.[5] Hierin kann man ein Suchen nach einem Stilprinzip des poetischen Ichs sehen, das sich von der Biographie löst und eigenen thematischen wie formalen Gesetzen folgt. Wenn die Philologen die Vorstellungen der Droste festhalten wollen[6], dann wird dadurch das poetische Leserbewußtsein vorgeprägt und eingeengt. Die Anordnung in ihrer ersten großen Gedichtausgabe muß man als ein mögliches poetisches Angebot sehen. Da viele Gedichte zu ihren Lebzeiten unveröffentlicht blieben oder einzeln erschienen, müssen wir uns selbst um poetische und nicht nur um biographische Zusammenstellungen bemühen.

Es gehört zur Eigenart der Droste, daß sie über ähnliche Gegenstände auch immer im ähnlichen Ton schreibt. In ihren Briefen hat sie selbst auf diesen Sachverhalt hingewiesen. Bei der Publikation ihrer Gedichte legte sie daher Wert darauf, Gedichte mit unterschiedlichen Inhalten zu mischen, so daß Variation, Spannung und Anreiz aufkommen sollten. Wenn wir uns auf Gedichte mit dem ähnlichen Ton der Trunkenheit beschränken, so bleiben wir in bestimmter Hinsicht einseitig, fassen nur einen Teil des poetischen Ichs, wenn auch – wie zu zeigen sein wird – dessen Spitze, die in die Mitte des dichterischen Selbstverständnisses weist.

Gegenüber dem biographischen Ich beruht das poetische Ich auf einer Fiktion, genauer ausgedrückt auf einer Fiktionalisierung des biographischen Ichs. Das Ich bleibt als Mittelpunkt, während die erlebte Welt sich umwandelt bzw. umgewandelt wird. Der neu gewonnene Zusammenhalt von Ich und umgestalteter Welt existiert für den Augenblick des Gedichts, ist im Gedicht festgehalten, um in der einmal erreichten Form fortwährend nacherlebbar und vermittelbar zu sein.

Dieser literarische Vorgang der Fiktionalisierung ist bei der Droste deshalb so auffällig, weil sie von Haus aus ein realistisches Wahrnehmungsvermögen besitzt, realistisch beobachtet und zu schreiben versucht. Im Gestaltungsprozeß nun löst sie sich davon, verändert die Wirklichkeit und schafft sie um. Das poetische Ich gibt es gar nicht für sich. Es entsteht jeweils neu in der Form der Spiegelung, im Formulieren des Gedichts.

Die Faszination, ein Gedicht zu formulieren, ist der Wunsch nach Existenz im poetischen Ich. Immer bietet sich der Trug an, selbst wie dieses poetische Ich zu sein. Immer kommt die Lockung auf, darin zu verharren, darin zu denken, aus dem poetischen Ich heraus zu handeln und zu lieben. Dagegen steht die Erkenntnis, daß dies unmöglich ist: Das menschliche Ich muß aus der Fiktionalität, die seelisch bereichert, geistig anspannt, Erwartungen hegt und weckt, in die Wirklichkeit zurückgeholt werden. Das erste bedingt Trunkenheit, das zweite bewirkt Desillusion.

Fast alle Gedichte, die von dieser Thematik bestimmt sind, enden im Aufweisen eines mitmenschlichen Bezuges: Lebensbeistand, Vertrauen, Güte, Dankbarkeit, Alltagssinn, Heiterkeit. Der zeitweilige Aufenthalt im poetischen Ich bedeutet nicht nur zeitweilige Trunkenheit, sondern ist auch menschlicher Gewinn über die gemachte Erfahrung hinaus.

Literarische Formen der Trunkenheit

Der Begriff der Trunkenheit läßt sich aus dem Gedicht »Im Grase« gewinnen. Die verschiedenen Momente kommen hier alle zusammen und rufen jene Stimmung und Gemütsverfassung hervor, die für die Trunkenheit kennzeichnend sind:

> Süße Ruh', süßer Taumel im Gras,
> Von des Krautes Arom' umhaucht,
> Tiefe Flut, tief, tief trunkne Flut,
> Wenn die Wolke am Azure verraucht,
> Wenn aufs müde schwimmende Haupt
> Süßes Lachen gaukelt herab,
> Liebe Stimme säuselt und träuft
> Wie die Lindenblüt' auf ein Grab.
>
> *(I, S. 436)*

Rein sprachlich gesehen kein poetisches Ich, nur Zustände, Empfindungen, Erfahrungen, seelische Erregung, ein Grundgefühl des Glücks. Das Ich, das redende Ich scheint ausgelöscht, obwohl gesprochen wird und durch das Sprechen Rausch und Trunkenheit erst bewirkt. Allzu leicht ist man verführt, die Dichterin irgendwo in der Heide sitzen oder ausgestreckt liegen zu sehen. Der Leser in der Verführung, ein Fotograf zu werden. Das Gedicht jedoch läßt einen sprachlichen Innenraum entstehen, der uns als Leser oder Zuhörer aufnimmt.

Aufgedeckt wird ein seelischer Zustand, der immer wiederkehren kann, wenn die Stunde günstig ist. Sie ist günstig, wenn alle Sinne angespannt sind und im Bewußtsein die Gedanken verschwimmen, also bei einer inneren Verfassung, die ungeklärt und von Zwielichtigkeit benommen ist. Nun der Mut, diesen Zustand voll auszukosten, ja sogar darin zu verharren. Die süße Ruh wird zum Taumel, die seelische Erregung steigert sich zur Trunkenheit. Weder Klarheit noch

Unklarheit, es bleibt das Gaukelspiel des Zwielichtigen, verheißungsvoll und verlockend zugleich.

In vielen Gedichten der Droste, meist in den Anfangsstrophen,
kehrt eine ähnliche Form der Trunkenheit wieder. Die Zwielichtigkeit
ist jeweils anders gelagert: hell und dunkel, wahr und falsch, krank
und gesund, magisch oder bloß äußerlich faszinierend. Bestimmte
Wörter bieten sich für den zwielichtigen Zustand der Trunkenheit an:
taumeln, gaukeln, saugend, Dunst, Dämmerung, sowie Vorgangsbe-
zeichnungen mit sinnlicher Anschaulichkeit und beschwörender Musi-
kalität.

Vergegenwärtigen wir uns einige Gedichte:

Der Hünenstein: Zur Zeit der Scheide zwischen Nacht und Tag –
Dämmerstunde – träumen – schwanken – Phantasie – wollüstig saugend an des Grauens Süße – des Blutes Takt – elektrisch – Sprach
ich Zauberformel? (I, S. 42-44)

Die Mergelgrube: melodisch – lauschte mit berauschtem Ohr –
horchte träumend auf der Luft Geharf – lau – klirren – rütteln –
schwirren – Dunst – unbewußt – schlummernd. (I, S. 45-48)

Durchwachte Nacht: glüh und schwer – schlummertrunken – mü-
des Schnauben – wunderliches Schlummerwachen – schlaff – schau-
kelnd – süßer nun – gaukelnd – im Blute Funken – das Leben quillt
aus schäumenden Pokalen. (I, S. 459-462)

Die tote Lerche: Glühe Funken – taumeln wie trunken – zucken –
Tränen – verflattern und versungen. (I, S. 432 f.)

Neben der Eingangsstrophe aus dem Gedicht »Im Grase« sind als
klassische Belegstelle für die Trunkenheit die letzten Strophen aus
dem Gedicht »Gemüt« zu nennen. Hier ist die Trunkenheit weniger
Ausdruck der Zwielichtigkeit, sie wird erfahrbar als Ursprung des
Schöpferischen im Menschen.

> Und gar wenn losch der Sonnenbrand,
> Und nun dein eigenstes Gewand,
> Morgana deines Sees, gaukelt,
> Ein Traum von Licht, um deinen Ball,
> Und zarte Schattenbilder schaukelt,
> Gefangne Geister im Kristall:
>
> Dann schläfst du, schläfst in eigner Haft,
> Läßt walten die verborgne Kraft,

Was nicht dem Himmel, nicht der Erden,
Was deiner Schöpfung nur bewußt,
Was nie gewesen, nie wird werden,
Die Embryone deiner Brust.

O lächle, träume immerzu,
Iris der Seele, Tropfen du!
Den Wald laß rauschen, im Gewimmel
Entfunkeln laß der Sterne Reihn,
Du hast die Erde, hast den Himmel,
Und deine Geister obendrein.

(I, S. 471 f.)

Solche Strophen sind für die Deutung des poetischen Erregungszustandes besonders wichtig. Sie können Fehldeutungen vermeiden helfen. Durch Metaphern wie Kristall, Tropfen, Iris kommt in das Gaukelspiel der Imagination ein hoher Grad an Klarheit. Die zum guten Teil unbewußt ablaufenden Vorgänge beruhen nicht bloß auf Assoziationen, sondern sind positive schöpferische Anstöße. Der Erregungszustand der Sinne wird als verborgene Kraft erfahren, als Spiegelung von Himmel und Erde. In der Grundbeschaffenheit des Gemüts liegt ein Vertrauen, so unkontrolliert in die eigenen Tiefenschichten hineinzuschwingen, den umlagernden Einflüssen nachzugeben. Bei aller Zwielichtigkeit, bei aller Faszination, die der Erregungszustand mit sich bringt, weiß die Dichterin um die schöpferische Kraft des Gemüts. Selbstzerstörerisches, Dämonisches und pathologische Fixierungen bleiben fern.

Man kann zusammenfassen: In der Trunkenheit liegt, bei aller Zwielichtigkeit, gleichzeitig ein hohes Maß an Vertrauen und latenter Klarheit.

Kann die poetische Trunkenheit, wie sie vor allem in den Naturgedichten der Droste auftritt, mit wissenschaftlichen Kategorien erklärt werden? Josefine Nettesheim hat in ihrem Buch »Die geistige Welt der Dichterin Annette zu Droste-Hülshoff« auf den Magnetismus, Mesmerismus und Galvanismus aufmerksam gemacht, wovon die Dichterin genaue Kenntnis gehabt haben muß. Sie schreibt:

Mesmer hatte den neuen Begriff der gravitas animalis vorgelegt und diese als ein physikalisches Fluidum, eine Strahlung, eine anorganische Kraft, als einen von den Gestirnen her durch den Kosmos hindurch wirkenden feinsten körperlichen Lichtstoff definiert, der, in alle Teile des Körpers eindringend, das ganze Gefüge der Nerven, das Sensorium, selbst die Nervenflüssigkeit unmittelbar angreife. Diese »Flut« wirkt also seiner Auffassung nach auf den menschlichen Körper. Mit solchen Vorgängen hängen nach seiner Ansicht besonders solche Krankheiten zusammen, die sich in irgendeiner Weise von kosmischen Konstellationen abhängig zeigen [...] Die Dichterin hat bekanntlich alle Phänomene, die im Magnetismus eine Rolle spielen, die aber zugleich als Vorgänge im naturnahen Volksleben bekannt waren, [...] dichterisch gestaltet: Vorgeschichte, Prophezeiungen, Mondsucht, Doppelgängertum, das heißt, okkulte Vorgänge [...] Die von Mesmer angedeuteten atmosphärischen Einflüsse erlebt sie bewußt und wie selbstverständlich.[7]

Die Droste hat als Dichterin aus der Romantik das Interesse für alle diese Naturphänomene übernommen, die in der exakten Wissenschaft keinen Platz mehr hatten und seither ein quasi frei schwebendes Dasein führten. Halb glaubte man noch daran, von der Vernunft her war man jedoch skeptisch. So wird es auch bei ihr der Fall gewesen sein. Bei aller Skepsis, die der Droste eigen war, blieb sie aber davon überzeugt, daß das menschliche Erleben in Bereiche vordringt, die der rein wissenschaftlichen Vernunft verschlossen sind, und daß gerade diese Bereiche zur Erschließung der Emotionalität unentbehrlich sind. An die Stelle der Wissenschaft hat deshalb die Dichtung zu treten. Indem sie das Ästhetische zum Medium ihrer Erfahrung macht, setzt die Droste die Tradition der Romantik fort.

Trotz allem ist ihre Affinität zu den Naturphänomenen nicht nur ästhetisch, nicht allein auf das Ästhetische reduzierbar. Wir können davon ausgehen, daß die Droste ein ursprüngliches, angeborenes Gespür für naturhafte und kosmische Einflüsse besaß. Nicht die Lektüre vermittelte ihr die naturkundlichen Erfahrungen. Sie besaß selbst eine hohe Sensibilität für klimatische Veränderungen, reagierte auf Witterungseinflüsse, auf die Schwüle vor dem Gewitter, auf die Stimmungen der Jahres- und Tageszeiten. Ihr angeborenes Gespür, als Glück und als Belastung empfunden, bildete sie durch dichterische Imagination aus, erweiterte es und versuchte es ästhetisch zu klären. Dieses Gespür gilt es ernst zu nehmen, schon allein deshalb, weil hieraus ein großer Teil ihrer besten Dichtungen hervorgegangen ist.

Ein kurzer Rückblick auf Hildegard von Bingen, der mittelalterlichen Mystikerin, von der die Heilkunde wichtige Impulse erhalten hat, soll dazu verhelfen, das naturnahe Unterscheidungsvermögen der Droste besser beurteilen zu können.

In ihrem Werk »Physica« hat Hildegard von Bingen die Überzeugung dargelegt, daß dem Menschen aus dem Belebten und Unbelebten der Natur heilende Kräfte wie auch schädliche Kräfte entgegenkommen. Er braucht sie nur zu erkennen, um sie für seine Physis nutzbar zu machen. Es handelt sich um Wirkung, die sich auf den ganzen Menschen erstreckt. So spricht sie von Kräutern, die ein frohes Gemüt, einen klaren Intellekt, einen guten Geist hervorrufen. Sie kennt Heilkräuter gegen die Traurigkeit. Sie empfiehlt Gewächse, die eine starke virtus, Lebenskraft, besitzen und sie anderen mitteilen können. Für sie gibt es zwischen der Seele und den naturhaften Dingen vorgegebene Entsprechungen, so daß sich die psychischen Vorgänge im Zusammenhang mit dem Naturgeschehen abspielen.

Ihre christliche Betrachtungsweise führte Hildegard von Bingen dazu, in der Natur nicht bloß die objektive Unschuld organischer Entwicklungen zu sehen. Das Problem des Dämonischen und Magischen beschwert ihre Naturphilosophie. Hierbei handelt es sich nicht um eine religiöse Naivität, sondern um eine Erkenntnis, die in allen alten Kulturen zu finden ist. Das Dämonische und Magische in der Natur bedeutet für sie Abfall und Gefahr. Wenn der Mensch sich in diesen Bereich hineingibt, so verläßt er die ihm zukommende Geborgenheit der Welt und zerstört die schöpfungsgemäße Ausrichtung.

Diese naturphilosophische Einsicht verlangt die Fähigkeit der Unterscheidung. Von der scientia bona, die dem Menschen hilft und ihn weiterbringt, ist die scientia mala zu unterscheiden, die den Menschen in der Welt untergehen läßt, ihn dämonisch verstrickt und nicht mehr in die Dimension des Schöpfers zurückführt. Man muß das Nein Hildegards zur Magie vor dem Hintergrund der im Abendland immer wiederkehrenden Versuche verstehen, der Natur über das Okkulte auf die Spur zu kommen, um so zu einem höheren Wissen zu gelangen.[8]

Bei der Droste dürfte das Gespür für die Natur ähnlich beschaffen gewesen sein. In ihren Dichtungen geht es jedoch nicht zuerst um ein metaphysisches Wissen mit brauchbaren Erkenntnissen, sondern um Selbsterfahrung. Das Ästhetische wird zum Selbstzweck, entscheidend ist für sie der Erlebnisraum der Dichtung.

Dem Naturverständnis der Droste liegen die Züge einer modernen dichterischen Subjektivität zugrunde. Und so geht sie auch einen Schritt weiter als Hildegard von Bingen. Was diese warnend abgelehnt hatte, dem Unheimlichen in der Natur nachzuspüren, das wird von der Droste mit dem Bewußtsein der Gefahr übernommen. Dem Unheimlichen geht sie, wo immer es aufkommt, bis an die Grenze der Preisgabe nach. Sie fühlt sich jedoch stark genug, dem Sog des Dunklen, Mythischen und Dämonischen nicht zu unterliegen.

Die Kraft hierzu findet die Droste aus dem christlichen Glaubensverständnis, wonach im Ich ungeahnte Kräfte des Vertrauens bereitliegen, wonach auch in der Natur als Schöpfung ein unzerstörbarer guter Kern enthalten ist. Wichtig ist, daß die Dichterin diese Haltung nicht nur aus dem Vorverständnis ihres Glaubens übernommen hat, sondern daß sich diese Erfahrung auch, trotz aller Krisenhaftigkeit, bei ihr lebensmäßig bestätigte.[9]

Das stärkere Nachgeben gegenüber dem Dunklen, Ungeklärten, ja sogar Unheimlichen geschieht bei der Droste, wenn man die einzelnen dichterischen Aussagen befragt, aus mehreren verschiedenen Gründen. Zunächst ist es ein Sich-Einlassen auf eine dichterische Lockung, dann auch die Befriedigung einer inneren Neugierde, die Lustgewinn verspricht. Darüber hinaus jedoch liegt die Hoffnung zugrunde, geistige Energien zu gewinnen, die man nur so und nicht anders bekommt. Es wird ein schöpferischer Zustand erwartet, in dem das sinnliche Wahrnehmungsvermögen sich steigert, ein seelischer Bewegungsablauf in Gang kommt, an dessen Ende Klärung und Einsicht stehen.

In den einzelnen Gedichten lassen sich unterschiedliche Aspekte dieses Zustands feststellen. Es gibt ein Zentrum des Erlebens, für das sich der Begriff der Trunkenheit anbietet. Hier ist das poetische Ich in Korrespondenz mit dem biographischen Ich voll präsent, verausgabt sich und gewinnt sich jedesmal wieder neu.[10] Davon sind jene faszinativen Vorgänge abzugrenzen, die bedrohlich oder sogar selbstzerstörerisch sind. Für solche Vorgänge braucht die Dichterin einen anderen Bezugspunkt als das persönliche Ich. Sie greift zur Form der Ballade oder zu der des Epos, um die Vorgänge objektivierter darstellen zu können. Daß dabei auch ihr persönliches poetisches Ich mitbetroffen bleibt, muß vorausgesetzt werden.[11]

Auf zwei unterschiedliche Aspekte ist einzugehen. Zunächst das Phänomen des Zweiten Gesichtes, das der Droste aus der unmittelbaren Umgebung ihrer westfälischen Heimat bekannt war. Die Ballade »Vorgeschichte« beginnt mit folgenden Strophen:

Kennst du die Blassen im Heideland,
Mit blonden flächsenen Haaren?
Mit Augen so klar wie an Weihers Rand
Die Blitze der Welle fahren?
O sprich ein Gebet, inbrünstig, echt,
Für die Seher der Nacht, das gequälte Geschlecht.

So klar die Lüfte, am Äther rein
Träumt nicht die zarteste Flocke,
Der Vollmond lagert den blauen Schein
Auf des schlafenden Freiherrn Locke,
Hernieder bohrend in kalter Kraft
Die Vampyrzunge, des Strahles Schaft.

Der Schläfer stöhnt, ein Traum voll Not
Scheint seine Sinne zu quälen,
Es zuckt die Wimper, ein leises Rot
Will über die Wange sich stehlen;
Schau, wie er woget und rudert und fährt,
Wie einer so gegen den Strom sich wehrt.

Nun zuckt er auf – ob ihn geträumt,
Nicht kann er sich dessen entsinnen –
Ihn fröstelt, fröstelt, ob's drinnen schäumt
Wie Fluten zum Strudel rinnen;
Was ihn geängstet, er weiß es auch:
Es war des Mondes giftiger Hauch.

(I, S. 210 f.)

Das Phänomen des Zweiten Gesichts wird in der Ballade wie ein ma-
gischer Naturvorgang gesehen, zugleich aber auch als dichterische
Imagination, von der die Seele voll in Beschlag genommen ist. Die
Bilder bohren sich ins Innerste, Vorstellungen, die einmal wirklich
werden sollen, die nach dem Volksglauben auch tatsächlich eintreffen.
Die Droste interessiert sich in diesem Gedicht gewiß für das Phänomen an sich, aber noch mehr für den dichterischen Nachvollzug. Darin
kann sie aufzeigen, daß man über bestimmte Vorstellungen nicht
mehr verfügt: eine Naturgabe als Last. Solche Erregungszustände
sind zwar faszinativ, ja sogar faszinativer als alles andere, aber von
Trunkenheit kann nicht die Rede sein.

Der andere wichtige Aspekt, der vom Begriff der Trunkenheit aus-
zugrenzen ist, wird in dem Epos »Des Arztes Vermächtnis« entfaltet.
An einigen Stellen kommt auch hier die Möglichkeit der Trunkenheit
auf, wird aber von schuldhaften, schicksalhaften Vorgängen blockiert.
Wenn es an einer Stelle in dem Versepos heißt:

> So ruhig wohl am dritten Schöpfungstag
> In ihrem ersten Schlaf die Erde lag,
> Wo Leben nur in Kräutern noch und Gras
> Ganz heimisch war die Scholle wo ich saß.
>
> *(I, S. 350)*

dann wird nicht nur die Sehnsucht nach Trunkenheit ausgedrückt,
sondern auch die Überzeugung ausgesprochen, daß in der Natur Ber-
gung und Geborgenheit liegen müssen.

Vielleicht ist es der Grundtenor dieses Epos, einmal deutlich zu machen, wie sehr die Identität mit dem poetischen Ich, wodurch Glück
hervorgerufen wird, von Schicksalsstößen bedroht ist und zerstört
werden kann. Die Natur scheint keine Geborgenheit vermitteln zu
können. Daraus rührt die Tragik. Der Einbruch des Schicksalhaften
in die Natur liegt in der Tatsächlichkeit einer Schuld begründet, daran
der Arzt, den die Dichterin seine Erlebnisse aufzeichnen läßt, als Mitwisser teilnehmen muß. Die Zwielichtigkeit von Wahr und Falsch
bleibt und gelangt nicht in die Dimension ersehnter Klarheit und er-
warteter Erlösung.

> Vertraut gestörter Seele Leiden,
> Die wahr und falsch nicht konnte scheiden.
>
> *(I, S. 333)*

> Ein frisches Wasserreis war ich, im Traume
> Von Blüte, Frucht und tausendjähr'gem Baume.
> Ein Flämmchen war ich, lustig angebrannt,
> Mein Sohn, nicht Schlacke wie du mich gekannt.
> Ach! damals hatte fremde Sünde nicht
> Gelegt auf meinen Nacken ihr Gewicht.
> Klar war mein Hirn, die Seufzer durften ruhn:
> So war's, so war's und anders ist es nun.
> Der dunkle Mann – das Bild das mich umkreist –

Ich sage nichts, mein Sohn, was du nicht weißt.
Zu Nacht mein Auge fand das deine offen,
Dein sorglich Ohr mein Ächzen hat getroffen,
Wenn Mißgeschick in Sünde mir zerfleußt,
Zur Gegenwait wird die Erinnerung.
Alt bin ich, krank, umdunkelt oft mein Geist,
Das kennst du nicht, du bist gesund und jung.

(I, S. 334)

Halten wir fest: Die Trunkenheit, die aus dem poetischen Ich
kommt, aus der glücklichen Übereinstimmung mit naturhaften wie
kosmischen Energien und Vorstellungen, ist von anderen Formen der
Faszination abzugrenzen. Man kann dort nicht mehr von Trunkenheit sprechen, wo die Freiheit aufhört und die Phantasie in einen un-
ausweichlichen Zwang gerät. Ebenso kann man nicht von Trunkenheit sprechen, wenn die Erfahrung von Schuld und Schicksal sich so
fixiert hat, daß es zu keiner seelischen Lösung kommt.

Trunkenheit ist eine besonders intensive Form des Naturerlebnis-
ses, das sich auf verschiedenen Stufen abspielt.

Die erste Stufe ist ein Betrachten, ein Wahrnehmen auch des Kleinen und Unscheinbaren. Es kommt zum Sich-Einlassen mit der Natur. Diese erscheint als das Schöne, Erfreuliche, das Beseligende,
nimmt die Sorgen und das seelische Niedergedrücktsein auf, gewährt
aus der Fülle ihrer Erscheinungen Gegenkräfte und weitet die emotionale Erfahrung. Am Ende steht die Trunkenheit, eine noch ungeklär-
te sinnenhafte Beglückung.

Die zweite Stufe läßt die Erfahrung des Dunklen, des Unheimlichen, des Vergänglichen und des Todes aufkommen. Die Trunkenheit
wird zur persönlichen Betroffenheit, sich selbst anzunehmen in seiner
Endlichkeit und Bedürftigkeit.

Die dritte Stufe ist die Desillusion. Sie tritt in dem Augenblick
ein, sobald das Erlebnis ausklingt. Sie wird aber auch bewußt von
der Dichterin herbeigeführt, sobald das Erlebnis im Dunklen und Dämonischen sich zu verlieren droht.

Die Trunkenheit, zu der das Naturerlebnis als ästhetisches Erlebnis
hinführt und aus der es wieder herausschwingt, ist nicht eine Imagination, die ohne Wirkung bleibt, ist nicht eine Stimmung, die vorüber geht, als wäre nichts geschehen. Auf den Vorgang der geistigen
Klärung wurde schon hingewiesen. Im Grunde vollzieht sich aber

noch mehr. Es wird sichtbar, daß das Ich an der virtus der Natur, an der Lebenskraft der Natur, teilnimmt, um den Begriff Hildegards von Bingen für diesen Sachverhalt aufzugreifen.

In den Gedichten der Droste ist dies am Gebrauch der vegetativen Metaphern näherhin nachweisbar. Man behauptet sicher nicht zu viel, wenn man sagt, daß die Droste die vegetative Metapher mit einem Reichtum und einer Vielfalt entfaltet hat, wie wir es bei kaum einem anderen deutschsprachigen Dichter finden.

Eine Vorstufe der vegetativen Metapher liegt in der einfachen Beschreibung von Sträuchern, Pflanzen, Gräsern, Blumen und Kräutern, um so ein Stück Natur oder Landschaft einzufangen. Der Zugriff ist die exakte Beobachtung, manchmal darüber hinaus noch ein botanisches Wissen, wie es zu ihrer Zeit in populär-wissenschaftlichen Büchern vermittelt wurde. Meist werden auch schon auf dieser Ebene andere Bewußtseinsschichten wach gerufen. Es entstehen neue, ungewohnte Bildzusammenhänge, die eine innere Anschauung bewirken.

Je intensiver das Naturerlebnis, desto imaginativer werden die vegetativen Metaphern. Von ihnen geht dann ein magnetisierender, die Psyche fesselnder Reiz und Einfluß aus. Die Wechselwirkung von Natur und Seele ist an einigen Metaphern direkt ablesbar: Welk das Münzkraut und mein Knab' genesen. (I, S. 443) Hier hat das Heilkraut seine Kräfte zugunsten der menschlichen Gesundung abgegeben. Die Naturbilder steigern sich zu den trunkenen Bildern des Träumens und der Imagination und machen den Austausch von Energien im Naturerlebnis sichtbar. Damit wird die Natur zu einer Stätte innerseelischer Anreicherung, zu einem Ort der Trunkenheit.

In der Legende vom »Verlorenen Paradies« hat die Droste dies am eindringlichsten ins Bild gesetzt. Hier läßt sie Eva, noch ganz in der Unschuld paradiesischer Natur, im Traum Schuld und Tod menschlicher Existenz vorwegnehmen. Es entsteht Trunkenheit, ausgelöst durch die Gewitterstimmung, eine Verwirrung zwischen schmerzlicher Süße und verbotenem Wissen, eine Erregung, die Leib und Seele betrifft:

> Im Auge brennend ein verbotnes Wissen;
> Wie scheinen heiß und hart des Mooses Kissen,
> Wie Dunstes trunken ihr das Paradies,
> Des Vogels Klage wie so schmerzlich süß,

Und wie so seltsam brennen ihr die Wangen! –
Fest hielt den vollen Rosenzweig sie, fest
Wie der Versinkende die Binse preßt
Oder den süßen Leib ein glüh Verlangen.
Ob sie entschlief? wohl endlich hat die Nacht
Ihr Ruhe, bleiern schweren Schlaf gebracht;
Nicht hat des Regens Rieseln sie erweckt,
Des Donners Rollen sie nicht aufgeschreckt,
Ihr Haar nur flatterte in Windes Tosen,
Und ihr am Busen zitterten die Rosen;
Wie eine Leiche lag sie, schmerzlich mild,
Zum erstenmal im Schlaf des Todes Bild,
Und als am Morgen sie die Wimper hob
Und zuckend von der Brust die Zweige schob,
Da war all ihrer Wangen lichter Schein
Gezogen in der Blumen Rund hinein,
In glüher Sehnsucht alle aufgegangen,
Zum Kusse öffnend all den üpp'gen Mund,
Und Eva kniete weinend, ihre Wangen
Entfärbt, und ihre Brust von Dornen wund.

(II, S. 24 f.)

Was sich in diesem Zustand ereignet hat, bleibt aufgespart in dem
Bild der Rose, die die Farbe des Blutes aufgesogen, die nicht mehr
dornenlos ist, sondern voller Dornen dem Menschen Schmerz zufügt.
Jedes Naturerlebnis, das bei der Droste in die Dimension der Trunkenheit reicht, nimmt Teil an dem Austausch zwischen dem menschlichen Leben und den vegetativen Kräften in der Natur.

Als Gegenbild zu der Erfahrung einer Welt, die wachsen und blü-
hen läßt, gibt es bei der Droste auch die Vision der Erde, die voller
Verödung und Zerstörung, auf der Leben nicht mehr möglich ist.
Dazu die entsprechenden Verse aus dem Gedicht »Die Mergelgrube«:

Vor mir, um mich der graue Mergel nur,
Was drüber sah ich nicht; doch die Natur
Schien mir verödet, und ein Bild erstand
Von einer Erde, mürbe, ausgebrannt;
Ich selber schien ein Funken mir, der doch
Erzittert in der toten Asche noch,

Ein Findling im zerfallnen Weltenbau.
Die Wolke teilte sich, der Wind ward lau;
Mein Haupt nicht wagt' ich aus dem Hohl zu strecken,
Um nicht zu schauen der Verödung Schrecken,
Wie Neues quoll und Altes sich zersetzte –
War ich der erste Mensch oder der letzte?

(I, S. 46)

Der Gegensatz von einer bewachsenen grünen Erde und einer erstor-
ben verödeten ist bei der Droste der Hintergrund für jede vegetative
Metapher. Es ist die Alternative von erfülltem und entzogenem Leben. Dabei kann gerade das Verdorrte oder sogar Morsche in para-
doxer Weise einen neuen Sinnbezug aufzeigen. Solche Bilder herrschen im »Geistlichen Jahr« vor. Der vertrocknete Feigenbaum steht
dort für den Entzug der Lebenskraft, ist zum Zeichen der Hoffnungs-
losigkeit geworden:

> Wie stehst du doch so dürr und kahl,
> Die trocknen Adern leer,
> O Feigenbaum!
> Ein Totenkranz von Blättern fahl
> Hängt rasselnd um dich her.
> *(Am Montage in der Karwoche, I, S. 605)*

Dagegen wiederum:

> Und dennoch kann das Mark gesund
> Und himmelwärts
> Kann treiben seinen Zweig des Baumes Herz.
> *(Am 20. Sonntage nach Pfingsten, I, S. 677)*

Oder:

> O, nur wer stand in glüher Wüstenei,
> Der weiß des grünen Blattes Wert zu schätzen.
> *(Am 27. Sonntage nach Pfingsten, I, S. 696)*

Im »Geistlichen Jahr« erscheint die Lebenskraft zweifach bedroht:
sowohl durch ein Überhandnehmen der »Säfte«, als auch durch deren
Entzug. Für das eine steht das Bild des wüsten Fiebertraums, in dem

es nicht zur Klarheit kommt, für das andere das Bild der Schling-
gewächse und Schmarotzerpflanzen.[12]

Von den Metaphern in den Naturgedichten dagegen geht immer
ein poetischer Zauber aus. In dem Gedicht »Meine Sträuße« beschreibt
die Droste, wie sie in der freien Natur wilde Sträuße gepflückt und
gefunden hat und diese mit ins Haus nahm. Überall stehen und hängen sie herum, halten Erinnerungen von Landschaften fest, wo sie
wuchsen, stimulieren die gewohnte Atmosphäre:

> So mochte ich still und heimlich mir
> Eine Zauberfalle bereiten,
> Wenn es dämmert dort, und drüben, und hier,
> Von den Wänden seh ich es gleiten;
> Eine Fei entschleicht der Kamelia sich,
> Liebesseufzer stöhnet die Rose,
> Und wie Blutes Adern umschlingen mich
> Meine Wasserfäden und Moose.
>
> *(I, S. 132 f.)*

Den bisherigen Ausführungen und Überlegungen, vor allem auch in
Bezug auf die vegetative Metapher, lag eine Frage zugrunde, die nun
expressis verbis gestellt werden muß. Von ihr hängt das Verständnis
der Trunkenheit ab und noch mehr die Einschätzung der Desillusion.
Es ist die Frage nach dem Verhältnis von ästhetischer Erfahrung und
damit verbundener Wirklichkeitserfahrung. Daß die Trunkenheit bei
der Droste nicht ein rein ästhetisches Phänomen ist, dürfte deutlich
geworden sein. Daß die ästhetische Erfahrung hingegen nicht auf eine
außer der Dichtung liegende Wirklichkeitserfahrung zurückgeführt
werden kann, ist ebenso einsichtig. Natur, Psyche und Kunst sind in
den Gedichten eine schier unlösbare Synthese eingegangen.

Fragen wir aber noch einmal nach Wirklichkeitsbezügen. Ist nicht
die Trunkenheit ein Rausch, ein glückhafter Zustand, der Ähnlichkeiten mit Zuständen aufweist, wie sie durch Opiate, durch Drogen,
bekannt sind? In der Lyrik Georg Trakls ist dies bekanntlich feststellbar. Bei der Droste bleibt das Traumhafte dagegen auf die Eigen-
bewegung des Psychischen angewiesen. Es werden menschliche Erfahrungen gemacht, Energien reichern sich an, die im Nachhinein, in
der Desillusionierung nicht wieder verlorengehen.

Fragen wir nach weiteren Wirklichkeitsbezügen: Ist die Trunkenheit mit Formen der erotischen Erregung gleichzusetzen? Das seelische

Empfinden, die emotionale Offenheit, das aufkommende Lustgefühl, vor allem das rhythmische Auf- und Abschwingen weisen durchaus auf erotische Grundstimmungen hin. Es fehlt allerdings ein Gegenüber, erotische Metaphern tauchen am Rande auf. Statt dessen gibt es, wie schon mehrfach angeklungen, Signale für Tod und Vergänglichkeit. Sie enterotisieren. Daß diese Signale sich dennoch mit einer erotischen Erfahrung verbinden können und nicht bloß Distanz gebieten, kann jene Passage aus dem Romanfragment Ledwina belegen, wo die Romanheldin im Zwang eines makaber trunkenen Traums in ein Grab einsinkt, um den toten Geliebten mit Blumen zu schmücken. (Vgl. II, S. 289-291)

Noch eine weitere Frage ist zu stellen: Ist die Trunkenheit im ästhetischen Naturerlebnis nicht im Grunde religiöser Art? Die Romantiker, vor allem Novalis, haben ihr Naturerlebnis so gedeutet. Bei der Droste ist der Gebrauch der vegetativen Metaphern nicht selten von religiöser Relevanz. Aber im Unterschied zu den Romantikern geht es bei ihr nicht um eine Verschmelzung mit der Natur, sondern eher um eine participatio, die Abgrenzung und Unterscheidung einschließt.[13] Die ausgesprochen religiöse Auseinandersetzung spielt sich bei ihr im »Geistlichen Jahr« ab. Hier aber ist die Auseinandersetzung nicht zuerst seelisch, sondern viel stärker geistig. Formen der Trunkenheit kommen dort so gut wie nicht auf. Die vegetativen Metaphern werden in diesem Werk zu paradoxen Zeichen, die Heil und Unheil ausdrücken.

Nach diesen Einschränkungen kann man durchaus darauf bestehen, daß die religiöse Dimension in der poetischen Trunkenheit latent immer präsent ist. Man braucht nur die bereits zitierte Strophe aus dem Gedicht »Meine Sträuße« mit der Strophe aus dem Gedichtfragment über den Dichter in Beziehung zu bringen.

> Und du, flatternder Fadenstrauß,
> Du der Distel mystische Rose,
> Strecke nicht deine Fäden aus
> Mich umschlingend so lind und lose,
> Flüstern oft hör' ich dein Würmlein klein,
> Das dir heilend im Schoß mag weilen,
> Ach, soll ich denn die Rose sein,
> Die zernagte, um andre zu heilen?
>
> *(II, S. 21)*

Die Trunkenheit ist dichterischer Natur. Es ist das Erlebnis, so formulieren zu können, daß die innere Sprache mit ihren Vorstellungen, Erinnerungen, Erwartungen gegenwärtig wird. Elemente des Traums, der Erotik, des Religiösen fließen ein. Mehr noch: Es geschieht die Entdeckung von Sinnlichkeit und Sinnenhaftigkeit, wie sie dem vegetativen Bereich des Lebens eigen ist.

Desillusion und Wirklichkeit

Die Desillusion ist bei der Droste ein Stilmittel, das ihr ermöglicht, das Verhältnis zwischen Poesie und Wirklichkeit wieder ins Lot zu rücken. Sie ist ein Gegenbegriff zur Trunkenheit, ohne daß durch die Form ihrer Verwendung das Naturgedicht einfach zerstört würde. Vor allem in den Gedichtschlüssen ist die Desillusionierung zu finden und dann wiederum bei jenen Gedichten, die von einem Überschuß an Faszination beherrscht sind.

Jeder Gedichtschluß bringt bei der Droste eine Ernüchterung, oft nur in der Form eines Resultats, einer abschließenden Feststellung oder Forderung. So endet ein Levin-Schücking-Gedicht mit den Versen:

> Nimm mich, wie Gott mich hat gemacht,
> Und leih mir keine fremden Züge!
> *(An einen Freund, II, S. 64)*

Das Gedicht »Mondesaufgang« kommt zu einer Form von Resignation und Lebenseinsicht:

> Bist, was dem kranken Sänger sein Gedicht,
> Ein fremdes, aber o ein mildes Licht.
> *(I, S. 463)*

Wie ein Aufbäumen und Beharren auf dichterische Intensität klingt der Schluß aus dem Gedicht »Lebt wohl«:

> Und jedes wilden Geiers Schrei
> In mir die wilde Muse weckt.
> *(I, S. 434)*

In den Gedichten des »Geistlichen Jahres« hat gerade der Schluß eine
wichtige Bedeutung: eine Beruhigung, ein Bitten oder Beten, ein Zu-
rückschwingen auf eine vernünftige Ebene, auf der man weiterleben
kann:

> O Herr! ich falle auf das Knie:
> Sei gnädig meiner letzten Stund!
> Das Jahr ist um!
>
> *(Am letzten Tag des Jahres Silvester I, S. 713)*

Auch der Schluß der Gedichte, bei denen das Stilmittel der Desillusionierung bewußt eingesetzt ist, müssen im Zusammenhang mit den
Gedichtschlüssen überhaupt beurteilt werden. Nur so vermeidet man
eine einseitige Wertung. Die beiden wichtigsten Stellen finden sich
am Schluß der Gedichte »Der Hünenstein« und »Die Mergelgrube«,
wobei das letztere die Desillusionierung zu einer ganzen Passage aus-
gebaut hat:

> Wie, Leichen über mir? – so eben gar
> Rollte mir ein Byssusknäuel in den Schoß;
> Nein, das ist Wolle, ehrlich Lämmerhaar –
> Und plötzlich ließen mich die Träume los.
> Ich gähnte, dehnte mich, fuhr aus dem Hohl,
> Am Himmel stand der rote Sonnenball
> Getrübt von Dunst, ein glüher Karniol,
> Und Schafe weideten am Heidewall.
> Dicht über mir sah ich den Hirten sitzen. . . .
>
> *(I, S. 47)*

> Ich war hinaufgeklommen, stand am Bord,
> Dicht vor dem Schäfer, reichte ihm den Knäuel;
> Er steckt' ihn an den Hut, und strickte fort,
> Sein weißer Kittel zuckte wie ein Weihel.
> Im Moose lag ein Buch; ich hob es auf –
> »›Bertuchs Naturgeschichte‹; lest ihr das?« –
> Da zog ein Lächeln seine Lippen auf:
> »Der lügt mal, Herr! doch das ist just der Spaß!
> Von Schlangen, Bären, die in Stein verwandelt,
> Als, wie Genesis sagt, die Schleusen offen;

60

Wär's nicht zur Kurzweil, wär' es schlecht gehandelt:
Man weiß ja doch, daß alles Vieh versoffen.«
Ich reichte ihm die Schieferplatte:»Schau,
Das war ein Tier.« Da zwinkert' er die Brau',
Und hat mir lange pfiffig nachgelacht –
Daß ich verrückt sei, hätt' er nicht gedacht! –

(I, S. 48)

Auf dem Höhepunkt der Trunkenheit, der Faszination eines Traumes, die Entstehen und Vergehen der Welt in eins übergehen lassen, in diesem Augenblick fällt das Knäuel Garn eines Schäfers in die Mergelgrube und läßt die Bannkraft des Traumes zerrinnen. Traum und Wirklichkeit stoßen aufeinander, weil das Knäuel Garn nicht zu einem Gegenstand des Traumes umgewandelt werden kann. Ein Ding aus der realen Welt zerstört die fiktionale Welt der Dichtung. Hierbei ist aber zu beachten, daß es der Dichterin einen ausgesprochenen Spaß macht, diesen Vorgang der Desillusionierung zu schildern. Es entsteht gleichsam eine neue Form von Dichtung.[14]

Der Schäfer, von dem das Garnknäuel stammt, wird dann selbst poetisiert: Er singt ein dreistrophiges Volkslied, das plätschert, ohne besonderen Tiefgang. In diesem Spiegel spiegelt die Dichterin sich. Die Desillusionierung zerstört einerseits die Bannung durch den Traum. Die dargestellte Alltagsvernunft ist andererseits aber nicht so hart und durchschlagend, daß die im Traum gemachten Erkenntnisse davor keinen Bestand hätten. Mit anderen Worten: Die Desillusionierung ist ein literarisches Spiel der Droste.

Trunkenheit und Desillusionierung sind keine gleichwertigen kontrastiven Begriffe. Die Trunkenheit besitzt ein Eigenrecht, wohingegen die Desillusionierung allein die Funktion hat, zurückzuholen aus der Traumwelt, letztlich vielleicht nur darum, daß ein neues Gedicht, eine neue Trunkenheit entstehen kann. Die Trunkenheit ist, so muß geurteilt werden, kein rein ästhetisches Phänomen, sondern schließt diffizile Wirklichkeitserfahrungen mit ein, die vor der Alltagsvernunft nicht zugrunde gehen müssen. Anders müßte die Desillusionierung aussehen, wenn sie sich auf Erlebnisse beziehen würde, die rein ästhetisch wären und sich von der Wirklichkeit gelöst hätten, gleichsam auf trivial gewordene Naturerlebnisse. Als Beispiel dafür sei eine Passage aus der »Harzreise« Heines angeführt:

Derweilen wir sprachen, begann es zu dämmern: die Luft wurde noch kälter, die Sonne neigte sich tiefer, und die Turmplatte füllte sich mit Studenten, Handwerksburschen und einigen ehrsamen Bürgersleuten samt deren Ehefrauen und Töchtern, die alle den Sonnenuntergang sehen wollten. Es ist ein erhabener Anblick, der die Seele zum Gebet stimmt. Wohl eine Viertelstunde standen alle ernsthaft schweigend, und sahen, wie der schöne Feuerball im Westen allmählich versank; die Gesichter wurden vom Abendrot angestrahlt, die Hände falteten sich unwillkürlich; es war, als stänen wir, eine stille Gemeinde, im Schiffe eines Riesendoms, und der Priester erhöbe den Leib des Herrn, und von der Orgel herab ergösse sich Palestrinas ewiger Choral. Während ich so in Andacht versunken stehe, höre ich, daß neben mir jemand ausruft: »Wie ist die Natur doch im allgemeinen so schön!« Diese Worte kamen aus der gefühlvollen Brust meines Zimmergenossen, des jungen Kaufmanns. Ich gelangte dadurch wieder zu meiner Werkeltagsstimmung, war jetzt im Stande, den Damen über den Sonnenuntergang recht viel Artiges zu sagen, und sie ruhig, als wäre nichts passiert, nach ihrem Zimmer zu führen.[15]

Die Ironie Heines desillusioniert ein bloß anempfundenes, literarisch nachempfundenes Naturerlebnis. Eine banale Wendung zerstört diese Stimmung und leitet über zum literarischen Geschwätz. Ohne Desillusionierung ertränke alles in poetischer Trivialität.

Durch den Seitenblick auf Heine wird deutlich, daß die Desillusionierung im Werk der Droste eine andere Funktion hat. Sie läßt das Erlebte bestehen, es ist Prüfstein für dessen Gültigkeit. Wie dies beschaffen sein kann, hat die Droste in dem Gedicht »Am Bodensee« dargelegt. Hier vollzieht sich eine Poetisierung der Landschaft, und zwar aus dem poetischen Ich der Dichterin heraus. Sie sammelt keine literarischen Klischees, sondern bringt ihre eigenen Erfahrungen von der Meersburg und dem Bodensee ins Spiel. Man spürt dem Gedicht an, daß die Dichterin den Bodensee beobachtet, sich ihre Gedanken über ihn macht, mit ihm ein Stück Leben zugebracht hat: ein hoher Grad an Vertrautheit. Und doch bleibt er als Gegenüber rätselhaft, bleibt als Imagination:

> Ich beuge lauschend am Turme her,
> Sprühregenflitter fährt in die Höh',
> Ha, meine Locke ist feucht und schwer!
> Was triebst du denn, unruhige See?

[...]
Wenn aus dem Grabe die Distel quillt,
Dann zuckt mein längst zerfallenes Bild
Wohl einmal durch deinen Traum!
(I, S. 73 f.)

In einem anderen Gedicht der Droste halten sich Faszination und Desillusion viel strenger die Waage, im Spiegelbild. Es kann nicht nur
zur Trunkenheit kommen, weil die umgebene Natur fehlt: keine
westfälische Heidelandschaft, kein Bodensee. Es kommt nicht zur Desillusion, weil diese von vornherein vorgegeben ist. Bild und Spiegelbild wie zwei Spione, die sich gegenseitig aufspüren und entlarven.
Auch in diesem Gedicht ist der Gedichtschluß, wenn auch vorsichtig
tastend, versöhnlich:

Ja, trätest aus Kristalles Rund,
Phantom, du lebend auf den Grund,
Nur leise zittern würd' ich, und
Mich dünkt – ich würde um dich weinen!
(I, S. 142)

Damit stehen wir wieder am Anfang unseres Problems: Das biographische Ich im Spiegel. – Vielleicht kann man abschließend sagen:
Wer dem poetischen Ich der Droste zu folgen bereit ist, kann spüren,
welche Möglichkeiten im Erleben stecken, welchen Spielraum die Emotionalität hat, in welchem Maße die Sinnlichkeit dem Menschen zu-
träglich ist. Ästhetische Erfahrung als Wirklichkeitserfahrung, ein Angebot, das die Droste bis heute macht.

IV
Politisches Zeitbewußtsein der Droste

Es scheint an der Zeit zu sein, Annette von Droste-Hülshoff aus ihrem Dornröschenschlaf, in den sie immer tiefer zu versinken droht, aufzuwecken, Dornröschenschlaf als politisch beruhigte Daseinswelt verstanden.[1] Ihre Gedichte bezeichnet man heute gern als Wachträume. Das ist gut und treffend. Lassen wir die von uns so oft nachgefühlten Träume der von uns so sehr geschätzten Autorin eine Weile auf sich beruhen und wenden wir uns dem Wachsein und dem Erwachen zu; das sind Wörter, die Annette mit Vorzug gebraucht, und wir erkennen, daß sie sich nicht auf ihre Innerlichkeit beschied, sondern Öffentlichkeit beanspruchte, eine gesellschaftskritische Öffentlichkeit, und damit aus einem politischen Zeitbewußtsein redete.

Die von ihr selbst hoch veranschlagten ›Zeitbilder‹[2], über die die Literaturwissenschaft meist mit schlechtem Gewissen hinwegsieht, sind Dokumente eines solchen Öffentlichkeitsbewußtseins. Noch liebt man an dieser Autorin des 19. Jahrhunderts – und soll es auch weiterhin – die zeitenthobenen gültigen dichterischen Verse. Aber mit ihrer Tendenzliteratur, mit der sie in die Meinungsmache der damaligen Zeit eingriff, kommt man nicht zurecht.

Ich muß von mir selbst sagen, daß ich die ›Zeitbilder‹ über Gebühr lange für platte Rhetorik gehalten habe. Das ist anders geworden. Und von diesen meinen neuen Leseerfahrungen möchte ich hier berichten. Wenn man heute zu anderen Wertmaßstäben kommen kann, dann liegt es nicht zuletzt daran, daß sich unter dem Druck eines gesellschaftskritischen Literaturverständnisses diese Texte anders lesen lassen. Zudem hat das Junge Deutschland und der Vormärz mit seinen politischen Themen und Zielsetzungen, denen Annette in nicht geringem Ausmaß verpflichtet war, eine zunehmende Aufwertung erfahren. Eine solche Konfrontation mit unserer Gegenwart sorgt dafür, daß das Werk Annette von Droste-Hülshoffs nicht zu einem lieb gepflegten Museumsgegenstand wird und unser eigenes Bewußtsein rückwärts konservativ festlegt.

Man muß sich das literarische Milieu vorstellen, in dem Annette stand. Da gab es Erzkonservatives, sowohl im Hinblick auf Regel-poetik wie auf ein total unpolitisches Dichterverständnis: dichten als Konzession an unverheiratete Adelsfräulein, als Freizeitbeschäftigung und gesellschaftliche Spielerei. Da gab es Romantik und Romanti-sches, Heimattümelei und Deutschtümelei, Respekt vor der großen literarischen Tradition der Klassik. Es gab auch die seit dem Pietismus so beliebte Verquickung von Religion und Dichtung, die wichtige Gattung des geistlich stimmigen Gedichts. Es gab auch das Bieder-meierliche mit Pantoffeln, Schlafrock, den versammelten Raritäten, eines alten Pfarrers Wochenprogramm, das ruhig und immer ähnlich abläuft.

Annette ist gut, man muß schon sagen, erstaunlich gut damit fer-tig geworden. Alle diese Bildungsapsekte kann man in ihren Werken wiederfinden. Sie gehören dazu und bereichern es. Aber das Beun-ruhigende, wovon sie getroffen, innerlich vielleicht sogar verletzt war, ging von den Ideen und Vorstellungen des Jungen Deutschland und vom Vormärz[3] aus. Sie zog sich davor nicht zurück, sondern sie stellte sich ihnen. Wenn sie es in ihren letzten Lebensjahren nicht mehr in der gleichen Weise tat, dann um jener ihr beschiedenen Einsamkeit willen, der sie nicht ausweichen wollte, vor der sie nicht ins Tages-geschäft der literarischen Öffentlichkeit fliehen konnte. Auch die Ge-dichte in den >Letzten Gaben< sind keine Flucht aus der Öffentlichkeit, sondern Antwort auf sie aus einer größeren Distanz. Zwischen Zeit-geist und Epigonentum mußte sie sich zurechtfinden und sollte sie sich und anderen eine Orientierung geben.

Wenden wir uns nun jenem Gedicht zu, das Annette für ihr lite-rarisches Programm am wichtigsten hielt. Es heißt: >Mein Beruf<. Sie hat es für die Ausgabe von 1844 bei der Anordnung ihrer Texte an die Spitze gestellt und damit zum Ausdruck gebracht, daß sie ihr Werk von diesem Gedicht aus verstanden wissen wollte. Man könnte es als Vorwort zu ihrem Gesamtwerk überhaupt bezeichnen. Nimmt man zu diesem Gedicht noch das in den »Letzten Gaben« erschienene über den Dichter hinzu, dann kennt man ihr literarisches Programm.

In meiner Analyse möchte ich diese beiden Texte auf ihre Moder-nität hin überprüfen. Gerade das Gedicht >Mein Beruf< ist vielschich-tig, das heißt: Es überlagern sich verschiedene ästhetische, vielleicht sogar auch verschiedene literatursoziologische Vorstellungen. Bei einer genauen Textanalyse muß man diese verschiedenen Schichten voneinander abheben, ohne sie wieder miteinander zu vermischen. Mein Bestreben ist es, die am stärksten progressive Schicht herauszuheben. Daß dabei manches andere außer acht gelassen wird, ist in diesem Zusammenhang nicht von Belang. Vielleicht darf ich einmal jene Zeilen aus diesem Gedicht herauslösen, in denen eine solche progressive Tendenz besonders faßbar wird:

>»Was meinem Kreise mich enttrieb,
>Der Kammer friedlichem Gelasse?«
>Das fragt ihr mich . . .

>Jetzt wo hervor der tote Schein
>Sich drängt am modervollen Stumpfe, . . .
>Jetzt ruft die Stunde: »Tritt hervor,
>Mann oder Weib, lebend'ge Seele!

>Tritt zu dem Träumer, den am Rand
>Entschläfert der Datura Odem, . . .

>Da rüttle hart: »Wach auf, wach auf,
>Unsel'ger, . . .

>So rief die Zeit, so ward mein Amt
>Von Gottes Gnaden mir gegeben,
>So mein Beruf . . .
>
>   *(I, S. 83 f.)*

Diese Zeilen – und vielleicht auch noch einige andere – machen den Raster dieses Gedichtes aus. Alles andere ist mehr oder weniger geistvolle Füllung bis auf den Schluß, in dem Annette von jener farblosen und des Duftes entäußerten Blume im Wüstensand spricht, die den frommen Tau sammelt und hütet. Diese Metapher bezeichnet jenen unveräußerlichen Anspruch von Meditation und Innerlichkeit, wodurch die gesellschaftskritische Geste nach außen, die politische Rhetorik von Zeitgeist und Erwachen, glaubwürdig wird. Diese Spannung von Meditation und Rhetorik ist kennzeichnend für die zeitkritischen Gedichte Annettes.

66

Schon die erste Zeile dieses Gedichtes ist Herausforderung und Selbstverteidigung, eine eindeutige Klarlegung ihres Standpunktes und ihrer Position. Sie redet gegen einen Widerstand, und dabei ist es zunächst gleichgültig, ob er aus ihr selbst kommt oder von außen. Daß in der ersten Zeile mit »meinem Kreise« nicht so sehr ihre aristokratische Lebensform gemeint ist, sondern eher das Leben der Frau, die nach gewohntem Verständnis im Verborgenen wirken, im häuslichen Umkreis bleiben soll, zeigt die im Manuskript getilgte Leseart dieser Zeile, wo es »meiner Spindel« hieß.[4] Damit ist aber auch das Bild von »der Kammer friedlichem Gelasse« eindeutig. Der Anfang des Gedichts besagt Abschied von der friedlichen Häuslichkeit. Schon in dem frühen Dramenfragment ›Berta‹ konnte man lesen:

> Zu männlich ist dein Geist, strebt viel zu hoch
> Hinauf, wo dir kein Weiberauge folgt; ...
> Wenn Weiber über ihre Sphäre steigen,
> Entfliehn sie ihrem eignen bessern Selbst;
> Sie möchten aufwärts sich zur Sonne schwingen
> Und mit dem Aar durch duft'ge Wolken dringen
> Und stehn allein im nebelichten Tal ...
> Doch glaube dieses Mal nur meinen Worten,
> Das gute Weib ist weiblich allerorten.
>
> *(II, S. 384)*

Schon an dieser Stelle möchte ich auf das Gedicht ›An die Blaustrümpfe‹ – oder wie es später heißt – ›An die Schriftstellerinnen in Deutschland und Frankreich‹ hinweisen: Annette hat sich auf die ihr eigene Art auf den Weg der Frauenemanzipation begeben. Nimmt man die entsprechenden Texte aus dem »Geistlichen Jahr« hinzu, dann kann man nachweisen, wie überzeugend ihre geistige Selbständigkeit war und wie legitim ihre innere Unabhängigkeitserklärung gegenüber herkömmlichen Auffassungen.

Annette nimmt in ihrem Gedicht ›Mein Beruf‹ den Kontakt zur Öffentlichkeit nicht unmittelbar auf, sondern über den Umweg des dichterischen Amtes. Sie verifiziert es ein wenig umständlich mit Vokabeln und Vorstellungen aus Schillers Gedicht ›Die Teilung der Erde‹. Das aber sind Bildrequisiten und, wie ich schon vorher sagte, geistvolle Füllungen. Entscheidend ist nur, daß sie für sich das Recht in Anspruch nimmt, in dieser Weise öffentlich sprechen zu dürfen.

Deshalb stehen auch am Ende der ersten Strophe die beiden wichtigsten Begriffe »Recht« und »Macht«, und es tut nichts zur Sache, daß
beide Begriffe durch die Bildungssprache der damaligen Zeit dichterisch und religiös verklärt auftreten: Mein Recht, so weit der Himmel
tagt, / Und meine Macht von Gottes Gnaden.

Wie sieht nun die Zeitanalyse in diesem Gedicht näherhin aus?
Sie wird in den einzelnen Strophen antithetisch entwickelt. Hier die
Feststellung vom toten Schein am modervollen Stumpfe und darauf
der Aufruf an Mann und Frau, mit ihrer lebendigen Seele dagegen
einzuschreiten. Rhetorisch gesteigert steht zu Beginn der zweiten
Strophe und an ihrem Ende das unausweichliche Wörtchen »jetzt«.
Gegen das Tote und Vermodernde will Annette das Lebendige gesetzt
sehen, was tatsächlich gelebt wird und nicht bloß rhetorische Phrase
bleibt. Eine andere Gefahr ist die des bloßen Träumens, die Einschlä-
ferung durch »der Datura Odem«. Sie meint damit jene Form des
Dichtens, die sich vor den Zeitproblemen drückt und dadurch un-
glaubhaft wird. Daß es bei Annette noch eine andere Form des
Traums gibt, in dem Dichten als Dichten kulminiert, braucht dabei
nicht vergessen zu werden.

Gegen den »Zauberbrodem« des Traumes, der nur etwas vor-
täuscht, steht die Härte des Wachrüttelns. Sobald Annette auf die
Zeitthematik zu sprechen kommt – und zwar in ihrem gesamten
Werk – fällt immer ein Wort wie »wach«, »erwachen«, »wacht auf«.
Sie spürt die Gefährlichkeit eines Dichtens, das sich im Innern ver-
schließt und keinen Beitrag in die eigene Zeit hinein leistet. Somit
ist es nicht verwunderlich, daß der wichtigste Begriff in diesem Gedicht der der Zeit ist, worunter die Zeitproblematik der eigenen Gegenwart verstanden wird. Der Beruf des Dichters, den sie übernommen hat, der ihr zugefallen, ist mit der Zeitproblematik unauflöslich
verknüpft.

> So rief die Zeit, so ward mein Amt
> Von Gottes Gnaden mir gegeben,
> So mein Beruf . . .

Wie im Gedicht ›Mein Beruf‹, so hat Annette auch in ihrem Gedicht
über den Dichter die sprachliche Form der Ihr-Anrede bevorzugt. Wer
ist damit gemeint? Es sind die Leser, ihre möglichen Leser und Kritiker gemeint, also – modern gesprochen – das Publikum. Annette

hat darunter gelitten, daß es ein Bildungspublikum war, das über alles Bescheid weiß und in der Seele doch nichts mehr durchträgt. In dem Dichter-Gedicht kommt es ihr nun darauf an, sich im Hinblick auf das Publikum einen geistigen Freiheitsraum zu schaffen. Sie will nicht – wiederum modern gesprochen – konsumiert werden. Sie will auch nicht bloß bewundert werden, sondern viel eher Verständnis und Einsicht erreichen. Sie will ihr Leserpublikum bewußtseinsmäßig verändern, aus dem bloß oberflächlichen Verständnis zu einer Intensität hin erziehen, die auch den Schmerz und das Leid wahrnimmt.

Das Bild des Dichters ist in der nachklassischen und nachromantischen Zeit überstrapaziert. Wer zur Zeit Annettes das »Amt« des Dichters übernimmt, ist überfordert, will er sich nicht in Scharlatanerie verkleiden. Indem sie weiß, wieviel vom Wort des Dichters zu ihrer Zeit noch abhängt, kommt sie keineswegs zur Resignation, sondern überanstrengt sich bis zur Preisgabe. Aus einer solchen Lebenseinstellung erhofft sie nicht nur Klärung für sich selbst, sondern auch für ihre Umwelt und gewiß auch für ihre Nachwelt. Der Weg Annettes in die Öffentlichkeit und Zeitkritik wird nicht, wie bei Freiligrath und vielen anderen, durch mehr oder weniger billigen Journalismus erkauft. Sie ist unentwegt bestrebt, die Kostbarkeit geistiger Erfahrung allen, die sich darum bemühen, mitzuteilen. Die hohen Worte wie Auftrag, Sendung, heilende Kraft des Dichters, haben hier ihren unpathetischen Ort.[5] Annette erhofft sich eine Öffentlichkeit, in der die Menschen möglichst viel über sich selbst erfahren.

Zeit und Zeitverständnis

Mehr als bekannt ist von Annette das Natur-Gedicht. Vor allem die Heidebilder sind ein beliebter Gegenstand allgemeinen Interesses. Auf das genau beobachtete, nacherlebte und sogar mit höchster Intensität durcherlebte Landschaftsbild kann hier nicht näher eingegangen werden.[6] Aber ebenso wichtig wie das Natur-Gedicht ist für unsere Autorin das Zeitgedicht, womit nicht ohne weiteres schon ihre Zeitbilder gemeint zu sein brauchen. Es ist sogar so, daß das Zeitgedicht mit seinen Erfahrungen von Vergangenem, Gegenwärtigem und künftig noch Ausstehendem auf das Natur-Gedicht eingewirkt hat.[7]

Um Annettes politisches Zeitbewußtsein bestimmen zu können, müssen wir einige Zeitgedichte genauer betrachten. Dabei sollte man jedoch nicht vergessen, daß mit Vorliebe bei ihr Zeitmetaphern, genaue Zeitangaben, Stunden und Minuten, Tages- und Nachtzeiten in ihren Gedichten, Balladen und auch in ihrer Prosa angegeben werden. Es ist hier nicht möglich, alle diese Stellen aus ihrem Werk zusammenzufassen. Für besonders aufschlußreich halte ich ihre Gedichte ›Spätes Erwachen‹, ›Vor vierzig Jahren‹ und das ›Pfingstsonntagsgedicht‹ im ›Geistlichen Jahr‹. In anderen Texten mag die Zeitthematik noch deutlicher ausgesprochen sein; bemerkenswert ist aber an den drei genannten Gedichten, daß sie einen ähnlichen Aufbau aufweisen und sich im Vergleich miteinander gut analysieren lassen.

Das Gedicht ›Spätes Erwachen‹ gliedert sich in zwei Teile, die einander entsprechen, und in dieser Entsprechung liegt der besondere Reiz dieses Textes. Der erste Teil gewinnt seine Form durch den Gebrauch des Imperfekts, der zweite durch Aussageweisen des Präsens, die weitgehend futurisch sind. Schon an diesen ersten Beobachtungen kann man erkennen, daß die Gestaltung dieses Textes sehr bewußt vor sich gegangen ist, daß also ein klarer Gestaltungswille vorliegt. Dieser Zweiteilung entspricht auf der menschlichen Erfahrungsebene die von Erinnerung und Gegenwart, wodurch das gesamte Gedicht seine ins Persönliche rückende Zeitthematik erhält. Die Verse, in denen der Umschlag erfolgt, lauten: Wie ist das anders nun geworden, / Seit ich ins Auge dir geblickt!

Erst durch den Kontakt mit einem bestimmten Menschen ist unserer Autorin das Welt- und Lebensgefühl zur Gegenwart geworden. Ein solcher Kontakt bedeutet einen Einschnitt, von dem aus es ein klares Vorher gibt und ein eindeutiges Nachher. Das Gedicht ist bemüht klarzumachen, wie in das Leben eine entscheidungsvolle Zeitdimension treten kann. Von ihrem früheren Leben sagt Annette, daß es in der Dämmerung verblieben war, zerfahren und unklar. Eigentlich war sie nur mit sich selbst beschäftigt, vielleicht sogar ein wenig narzißhaft in ihr eigenes Spiegelbild verliebt. Wie sie sich ausdrückt, lebte sie von der Welt abgeschlossen: Verschlossen blieb ich, eingeschlossen / In meiner Träume Zauberturm.

Damit keine Mißverständnisse aufkommen, spricht unsere Autorin ausdrücklich davon, daß diese jugendliche Welt bis zum Zeitpunkt ihres späten Erwachens noch kein Paradies war. Erwachen bedeutet für sie Kontakt in der Zeit und mit der Zeit durch die Menschen. Nun erst ist für sie alles offen. Was vorher schal war, ist jetzt lebendig. Der Gegenwartsbezug hat in ihr, um mit Musil zu sprechen, einen neuen Möglichkeitssinn wachgerufen.⁸ *Auf ist mein Paradies im Herzen, / Ziehet alle, alle nun hinein!*

Das neue Zeitbewußtsein bewirkt eine menschliche Offenheit, welche die Voraussetzung ist für das in anderen Texten ausgesprochene Öffentlichkeitsbewußtsein.

Aufbau und Struktur des Gedichtes ›Spätes Erwachen‹ kommen in ganz ähnlicher Weise auch in dem Zeitbild ›Vor vierzig Jahren‹ wieder zum Tragen. Annette ruft zunächst jene Welt herauf, die es noch zur Zeit ihrer Geburt gegeben haben soll, eine heile Welt, eine Welt der Geborgenheit, der Zufriedenheit, der seelischen Stimmigkeit. Dabei mischt sich in dieses Berichten über eine Welt von einst auch Wehmut ein. Beachtet man, was Annette im ersten Teil des Gedichtes ›Spätes Erwachen‹ im einzelnen ausführt – und eine solche Parallele scheint mir angebracht – dann spürt man auch, wie blaß die Aussagen im ersten Teil des Zeitbildes ›Vor vierzig Jahren‹ sind. Ja, sie scheut sich nicht, sogleich in der ersten Strophe trivial und kitschig klingende Zitate aus Texten und Liedern dieser vergangenen Zeit anzubringen:

> Da gab es doch ein Sehnen,
> Ein Hoffen und ein Glühn,
> Als noch der Mond »durch Tränen
> In Fliederlauben« schien,
> Als man dem »milden Sterne«
> Gesellte was da lieb,
> Und »Lieder in die Ferne«
> Auf sieben Meilen schrieb!
>
> *(I, S. 22)*

Gegen diese Anfangsstrophe muß man jene vom Ende des Gedichtes setzen, in der der Umschlag erfolgt:

> Nun aber sind die Zeiten,
> Die überwerten, da,
> Wo offen alle Weiten,
> Und jede Ferne nah.
> Wir wühlen in den Schätzen,
> Wir schmettern in den Kampf,
> Windsbräuten gleich versetzen
> Uns Geistesflug und Dampf.

Mit unsres Spottes Gerten
Zerhaun wir was nicht Stahl,
Und wie Morganas Gärten
Zerrinnt das Ideal.[9]

(I, S. 23 f.)

Welch ein Gefühl des endgültig Vergangenen von Empfindsamkeit, Romantik und verträumter Idyllik geht aus dem Vergleich dieser beiden Texte hervor. Annette sieht es nicht als ihre Aufgabe an, Vergangenes, das vergangen ist, zu hüten und zu bewahren. Das macht unwahr, trivial und kitschig.[10] Gegen die vergangene Zeit, die in der Erinnerung noch nachwirkt, steht das solidarische Wir mit allen, die sich um die neu heraufgezogenen Zeiten bemühen. Wer etwas von Dichtung versteht, muß dieses solidarische Wir heraushören. Es ist nicht nur Rhetorik.

Bei Annette gibt es keine Flucht zum Altgewohnten, wie man es immer wieder lesen kann. Eine genaue Strukturanalyse dieses Gedichtes läßt eine solche Deutung einfach nicht zu. So ist es für mich unverständlich, daß Josefine Nettesheim in ihrem sonst so beachtenswerten Buch »Die geistige Welt der Dichterin Annette Droste zu Hülshoff« schreibt: »›Vor vierzig Jahren‹ ergreift Partei für die Dichter der sentimentalen Periode um 1800, wie sie Annette in früher Jugend durch den Hainbund kennenlernte, der ihrer Familie freundschaftlich vertraut war. Hier wird die einfache Kindlichkeit dieser ›Alten‹, die sich ein ›Eden‹ hegten, der Moderne gegenüber als verehrungswürdig hingestellt. Es war doch noch Menschentum in diesen Idealisten aus Urgroßmutterszeiten, während das Gesicht der modernen Welt aller Seele entleert ist«.[11]

In einer solchen Beurteilung dieses Gedichtes steckt eine konservative Gesellschaftskritik, wie sie der Nachkriegszeit in der Bundesrepublik eigen war. Schon der späte Friedrich Schlegel, den man so gern konservativ festgelegt hat, hatte in seinem Aufsatz »Die Signatur des Zeitalters« 1822 eine progressive Einstellung: »Die Untersuchung über den gesamten Zustand des Zeitalters und das ganze Phänomen seines Revolutionskampfes und was seither darin wirklich geschehen, ist nun auf den Punkt vorgerückt, wo die Frage nach dem, was nun fernerhin geschehen wird und geschehen sollte, sich nicht länger abweisen noch umgehen läßt«.[12]

Unsere Autorin hat die neue Zeit keineswegs kritiklos hingenommen. Sie wußte, daß durch den Verlust von so vielen alten Gewohnheiten Hohlheit auftreten kann, daß die Humanität hinter den Entwicklungen der Zeit zurückbleibt. »Kalt« und »leer« sind die Adjektive, mit denen sie diesen Zustand bezeichnet. Sie entlarvt jenen Geist, der sich auf bloßes Zweckdenken reduziert hat. Aber all dieses kann sie nicht davon abhalten, ja bewegt sie gerade dazu, sich mit ihrer Zeit solidarisch zu erklären. Der Zeitgeist steckt in ihr selbst, und sie weiß genau, daß er nicht mit Wehmut und Erinnerung überwunden werden kann. Erst daraus entstehen bei ihr Verse wie die letzten aus diesem Gedicht, die der politischen Erschütterung Ausdruck geben: Und bettelhafte Kön'ge / Stehn wir im Steppenreich.

Eine solche nahezu hoffnungslose Bildmetapher ist wiederum hoffnungsvoller als alles wehmütige Erinnern. Sie fordert zur Auseinandersetzung und zum Engagement auf. Die Gedanken Schlegels dürften auf die Zeitkritik Annettes nachgewirkt haben: nicht einfach modern zu sein, sondern die Ideen und Entwicklungen auf ihren humanitären Gehalt hin zu überprüfen.

In den Gedichten ›Spätes Erwachen‹ und ›Vor vierzig Jahren‹ ist die Zeitthematik, und im letzteren Falle auch schon die Zeitkritik, aus der Gegenüberstellung von Vergangenheit und Gegenwart faßbar geworden. Gleichzeitig weitet sich der Blick aus der Reflexion über den eigenen Lebensablauf ins Literatur- und Kulturgeschichtliche. Nimmt man nun die Gedichte ›Am Sonntag vor Pfingsten‹ und ›Am Pfingstsonntag‹ aus dem ›Geistlichen‹ Jahr als eine innerlich zusammengehörige Aussage hinzu, dann erhält die Zeitthematik ihre größte Spannkraft.

Ohne Zweifel wird Annette diese beiden Gedichte im Zyklus miteinander konzipiert bzw. aus sich herausgeschrieben haben. Das Gedicht vor den beiden genannten ›Am Christi-Himmelfahrts-Tage‹ hat die Zeitthematik schon angekündigt: »Geboren bin ich in bedrängter Zeit«. Wir können nun auch an den beiden Texten wieder die Gegenüberstellung von Vergangenheit und Gegenwart feststellen: Hier die Aktualität des Zeitbezugs, dort die Erfahrung von Zeit und Zukunft aus dem Pfingstereignis. Das Gedicht ›Am Sonntag vor Pfingsten‹ beginnt folgendermaßen:

> Erwacht! der Zeitenseiger hat
> Auf die Minute sich gestellt
> Dem rostigen Getriebe matt

Ein neues Rad ist zugesellt;
Die Feder steigt, der Hammer fällt.

(I, S. 633)

In der Mitte des Pfingstsonntagsgedichtes heißt es:

Er ist's, er ist's; die Flamme zuckt
Ob jedem Haupt; welch wunderbares Kreisen,
Was durch die Adern quillt und ruckt!
Die Zukunft bricht, es öffnen sich die Schleusen,
Und unaufhaltsam strömt das Wort
Bald Heroldsruf und bald im flehend leisen
Geflüster fort.

(I, S. 635 f.)

Bei dieser Gegenüberstellung wird man sich bewußt, daß die Vergangenheit, wenn auch sehr weit zurückliegend, ein Ereignis kennt, das Pfingstereignis, in dem die Zeit in ganz neuer Weise in Bewegung geraten ist. Das Zeitverständnis wird dabei nicht mehr aus der Vergangenheit abgeleitet, sondern aus der Bewegung auf Zukunft hin interpretiert. Daß Annette hier aus ihrem christlichen Glaubensverhältnis spricht, braucht kaum erwähnt zu werden, wohl aber, daß ihr Glaubensverständnis erstaunlich modern ist. Sprachlich enthält sie sich in diesem Gedicht aller emphatischen Rhetorik, arbeitet nicht mit den Spielformen der Allegorie. Die Sprache ist meditativ, wenn sie sich auch bis zur Ekstase aufschwingt.[13] Die Strophe aus dem Gedicht vorher ist anders: Rhetorik, fast Pamphlet, und das alles im geistlichen Zusammenhang des ›Geistlichen Jahres‹. Die Aktualität der Vorgänge in der eigenen Zeit treiben die Autorin dazu. Sie schrickt vor diesem Sprachstil nicht zurück. In der Antithese zum Pfingstsonntagsgedicht wird er jedoch aufgefangen, ohne mundtot geworden zu sein. Ein Plädoyer für den Zeitgeist kann für unsere Autorin solange nicht fehlgehen, wie er von jenen Bewegungen erfaßt ist, die vom Pfingstereignis ausgegangen sind. Sich in die noch ungelösten Probleme und Bewegungen ihrer Zeit, sofern sie Zukunft verheißen, hineinzustellen, dazu hat Annette kühnen Mut genug.

Wenn man das, was sie hier unternommen hat, mit unseren Vorstellungen ausdrücken wollte, so läge der Begriff der politischen Theologie nahe. Auf jeden Fall darf man auf der Grundlage dieser beiden

Gedichte aus dem ›Geistlichen Jahr‹ behaupten, daß die Zeit- und Gesellschaftskritik Annettes religiös begründet ist, und zwar von einer Position aus, die sie sich weitgehend erst selbst erringen mußte.

Zeitkritik und Gesellschaftskritik

In ihren Zeitbildern hat Annette von Droste-Hülshoff ein wichtiges Thema des Jungen Deutschland aufgegriffen: die Gesellschaftskritik. Indem diese Gedichte unter dem Begriff Zeitbilder zusammengefaßt sind, kommt zum Ausdruck, daß man sie als eine eigene Darstellungsform innerhalb der Lyrik verstehen und beurteilen muß. Deshalb ist es unangebracht, Erwartungen aus ihrem übrigen lyrischen Werk ohne weiteres auf die Zeitbilder zu übertragen. Hier liegt der Ansatzpunkt für viele Mißverständnisse, falsche Bewertungen und Einschätzungen.

Wir müssen also zunächst versuchen, den Begriff der Zeitbilder in einer für Annette zutreffenden Weise zu klären. Die Entstehungsgeschichte der Zeitbilder ist relativ klar. Clemens Heselhaus kann drei Gruppen unterscheiden:

Die Meersburger Zeitbilder aus dem Winter 1841/42 mit ihrer verhaltenen oder ironischen Zeitkritik: ›Die Schulen‹, ›An die Weltverbesserer‹, ›Die Gaben‹, ›Vor vierzig Jahren‹ und ›Alte und neue Kinderzucht‹.

Die beiden Zeitbilder ›Ungastlich oder nicht‹ und ›An die Schriftstellerinnen in Deutschland und Frankreich‹, in denen ihr ethisches Glaubensbekenntnis niedergelegt ist.

Die Rüschhauser Zeitgedichte aus dem Frühjahr 1843 mit ihrer schroffen und unerbittlichen Zeitkritik, die stärker religiösen Charakters sind als die früheren Zeitbilder: ›Die Stadt und der Dom‹, ›Der Prediger‹ und ›Die Verbannten‹.[14]

Schon diese Einteilung macht deutlich, daß sich bei unserer Autorin ein Wandel vollzogen hat; sie ist nicht bei der gleichen Betrachtungsweise stehen geblieben, sondern gewann neue Positionen hinzu. Nach ihren eigenen Worten können die Zeitbilder aus einer Enttäuschung heraus entstanden sein[15] und damit aus einer persönlichen Betroffenheit, mit der sie sich unter Mithilfe literarischer Denk- und Sprachstrukturen auseinandersetzt.

Über das weithin bekannte Zeitbild ›Die Stadt und der Dom‹ gibt es eine detaillierte Untersuchung von Josefine Nettesheim, in der die zeitgeschichtlichen Hintergründe aufgedeckt werden, und von ihnen aus wird dann das gesamte Gedicht gedeutet. Es ist das einzige Zeitbild, das auf konkret greifbare Vorgänge eingeht und sich damit auseinandersetzt. Alle anderen Zeitbilder bleiben in dieser Hinsicht mehr oder weniger offen und unbestimmt. Man ist auf Vermutungen angewiesen. Es wird auch für die Droste-Forschung in Zukunft schwierig bleiben, über das bisher Festgestellte hinaus weitere Anspielungen auf zeitgenössische Vorgänge und Texte aufzufinden.

Wir müssen uns bei der Beurteilung der Zeitbilder ganz unvoreingenommen fragen, ob sich Annette mit anderen Schriftstellern und Schriftstellerinnen, sie verstehend, miteinander abwägend, ihre Überzeugungen überprüfend, wirklich auseinandergesetzt hat. Sie hat gelesen, hat sich ihre eigenen Gedanken gemacht, das Fluidum wahrgenommen, aber eine Auseinandersetzung im Sinne einer genauen Literaturkritik gibt es bei ihr nicht. Dafür hatte sie doch wohl zu wenig direkten Kontakt mit dem literarischen Leben ihrer Zeit. Sonst hätte sie nicht einen solch erstaunten Ausspruch tun können wie in ihrem Brief vom 6. Februar 1844 an Levin Schücking: »Der Heine! Und Pückler, [. . .] Gottes Wunder, was bekömmt man für Dinge zu sehn, wenn einem mal die rechte Linse für das literarische Treiben vorgehalten wird! Ich möchte mich totwundern, will's aber doch verschieben, bis ich weiß, daß kein krasser Irrtum vorwaltet. O Schlüter, o Junkmann, was würdet Ihr sagen! O Münster, dein Lambertiturm würde gleich vor Schrecken auf die Nase fallen und dein Drübbelchen noch einmal so dicht zusammenkriechen«![16]

Wenn man bei Annette keine scharfe Polemik und Literaturkritik aus dem Literaturbetrieb antrifft, was für ein literarisches Konzept liegt dann den Zeitbildern zugrunde? Zunächst einige Beobachtungen zur Form: Wie bei vielen Gedichten des ›Geistlichen Jahres‹ macht sie auch in den Zeitbildern eine Anleihe bei der Rhetorik, gebraucht durchweg allegorische Gestaltungsmittel[17] und benutzt bildhafte Redewendungen, wie man sie vorwiegend nur in einer Bildungssprache kennt. Solche und noch viele andere stilistische Übereinstimmungen kann man in den Zeitbildern feststellen, und dies ist nicht verwunderlich, da Annette von sich selbst schreibt, daß sie »über ähnliche Gegenstände auch immer in ähnlichem Tone schreibe«.[18]

Auf jeden Fall sparen die Zeitbilder einen ganz bestimmten Wirklichkeitsbereich aus, der nur in dieser vorbestimmten Sprache für die

Autorin darstellbar ist. Man muß also die Zeitbilder in ihrer Eigenfunktion erkennen. Zeitbilder, wie sie Annette geschrieben hat, sollten zuallererst auf ihren literarisch formulierten Standpunkt, auf ihre Position hin befragt werden. Allein hiermit steht und fällt ihr Rang und ihre Qualität. Und dieser Standpunkt ist eben kein restaurativer, keine Verteidigung der alten liebgewonnenen Gewohnheit, wie man bei einer genauen Textanalyse feststellen kann. Wie hat nun Annette ihren Standpunkt in den Zeitbildern artikuliert? Hat sie ihre Position verständlich genug angegeben? Dazu sollte man beachten, daß zu einem Standpunkt nicht zuerst gehört, daß man weiß, was die andern denken, sondern daß man sich darüber Klarheit verschafft hat, wovon man selbst überzeugt ist, wofür man selbst einzustehen bereit ist.

Solche literarischen Bekundungen, ich will hier nicht von Bekenntnissen sprechen, da sie in den persönlichen Bereich gehören, sind unverbrüchlich mit nichtliterarischen Aussagen gekoppelt, seien sie ethisch, religiös oder politisch. Deshalb kommt es auch nicht allein auf die literarische Qualität der Zeitbilder an, sondern ebenso auf den damit verbundenen, literarisch artikulierten, ethischen, religiösen oder politischen Standpunkt. Texte mit einem gewissen Öffentlichkeitsanspruch gewinnen erst ihre Glaubwürdigkeit aus dieser so schwierigen Paarung von Literatur und gesellschaftspolitischen Engagement. Wäre Annette eine Politikerin gewesen, dann hätte sie politische Klartexte vorlegen müssen; denn Gedichte sollte man nicht für Tagespolitik mißbrauchen. Sie aber wollte, als Autorin des 19. Jahrhunderts mit den vielen gesellschaftspolitischen Problemen, einen dichterischen Beitrag zu deren Bewältigung leisten.

Man muß also den hohen Schwierigkeitsgrad berücksichtigen, der von der Form der Zeitbilder her vorgegeben ist: Annette reflektiert ihren eigenen Standpunkt im Hinblick auf den Öffentlichkeitscharakter von Dichtung und Literatur und appelliert an die Verantwortlichen, den Wirkungszusammenhang von Wort und Öffentlichkeit nicht aus dem Auge zu verlieren. Diesen Sachverhalt gilt es nun an verschiedenen Zeitbildern aufzuweisen.

Das Gedicht ›An die Weltverbesserer‹ macht am eindringlichsten klar, worauf es unserer Autorin bei ihren Zeitbildern ankommt. Es erschien am 26. März 1842 im Cottaschen Morgenblatt unter dem ausführlichen Titel »Warnung an die Weltverbesserer«. Es fand großen Anklang, wurde noch im selben Jahr von Zeitungen in Karlsruhe, Köln und Münster nachgedruckt. Clemens Heselhaus sieht darin den Beweis, wie sehr gerade dieses Gedicht den Ton der Zeit getroffen hat.[19] Im folgenden Jahr fand es dann noch Eingang in die Sammlung ›Politische Gedichte‹ von Marggraf. Annette schreibt selbst dazu: »Marggraf hat eine Sammlung politischer Lieder herausgegeben und meine ›Warnung an die Weltverbesserer‹ darin aufgenommen; so muß ich armes loyales Aristokratenblut da zwischen Herwegh, Hoffmann von Fallersleben et cet. paradieren. Freiligrath und Geibel sind aber auch darin, so gibt's doch noch gute Gesellschaft«.[20]

Diese humorvollen Anmerkungen, wie man sie in den Briefen Annettes häufig antrifft, dürfen uns aber nicht dazu verleiten, in dem Zeitbild ›An die Weltverbesserer‹ einen feudalen Standpunkt vertreten zu sehen oder auch die Verteidigung gewohnter, althergebrachter Ordnungen. Die Position der Autorin muß aus dem Text selbst gewonnen werden, und dieser ist in der Tat mit etwas Geschick leicht aufzuschlüsseln. Die erste Strophe gibt die Thematik genau an; es sind drei Warnungen:

> Pochest du an – poch nicht zu laut,
> Eh du geprüft des Nachhalls Dauer.

> Drückst du die Hand – drück nicht zu traut,
> Eh du gefragt des Herzens Schauer.

> Wirfst du den Stein – bedenke wohl,
> Wie weit ihn deine Hand wird treiben.
>
> *(I, S. 24 f)*

Man muß herausbekommen, was diese drei Warnungen im einzelnen ausdrücken wollen. Dazu verhilft uns der streng durchgespielte weitere Aufbau dieses Gedichtes. Noch einmal wird in den letzten drei Zeilen der ersten Strophe auf jede einzelne Warnung Bezug genommen und ihre allgemeine Bedeutung hervorgehoben. Die zweite Strophe ist als bildhafte Explikation der ersten Warnung gedacht, die dritte Strophe vollzieht dies in ähnlicher Weise für die zweite Warnung und die vierte Strophe für die dritte Warnung. Wir haben es also mit drei Beispielstrophen zu tun. Die letzte Strophe ist in der gleichen Weise konzipiert wie die erste, nur daß die letzten drei Zeilen beim Bild der dritten Warnung allein bleiben und so für eine überraschende Intensivierung am Schluß sorgen. Aus den vielfachen Entsprechungen in diesem Zeitbild muß sich die Position wie von selbst ergeben.

Die erste Warnung ist durch das Bild des Anpochens ausgesprochen. Es wird nicht die Tür zur Wohnung anderer Menschen assoziiert, sondern das Pochen, wie es z. B. ein Bergmann durchführt: Man wartet, ob der Schlag nachhallt, man prüft das Echo, um sicher zu sein, daß die Gesteinswand nicht einbricht. In der letzten Strophe heißt es in Entsprechung zur ersten: »Du weißt es nicht, / Was dir mag überm Haupte schwanken.« Die Warnung wird gegeben, weil Gefahr droht; der Anpochende ist mit seinem Tun, wenn er nicht achtgibt, dem Untergang preisgegeben. Damit wird auch die Beispielstrophe zur ersten Warnung plausibel. Wir werden in die Unheimlichkeit von Höhlen versetzt. Sie werden ausgelauscht. Reales vermischt sich mit Phantomhaft-Traumhaftem. Man bekommt Angst, den Mund zum Sprechen zu öffnen und den Fuß nach vorn zu bewegen. Es wird also eine Bildwelt von unserer Autorin beschworen, die mehr ist als nur die flache Allegorisierung eines alltäglichen Lebensspruchs. Wir werden mit der Furchtbarkeit einer hohlen Welt konfrontiert, ja, mit der Hohlheit selbst. Dagegen erhebt sie warnend ihre Stimme. Ob diese Hohlheit im dichterischen Wort aufkommt oder im politischen Gerede oder auch sonstwo, bleibt offen. Der Anwendungsbereich liegt beim Leser. Ganz ähnlich läßt sich auch die zweite und dritte Warnung verstehen. Das Drücken der Hand als Ausdruck der Treue, des Füreinander-Einstehens wird auf seine glaubhafte Solidarität hin befragt. Wann darf man vertrauen? Und die Antwort Annettes ist einfach und klar: wenn der Schauer des Herzens dabei ist, wenn die mitmenschliche Verläßlichkeit garantiert ist. Es geht um gegenseitige Glaubwürdigkeit. Die Beispielstrophe hierzu macht dies wiederum deutlich, indem sie uns aus unserer gewohnten Welt heraussetzt und bildhaft fasziniert:

> Und Hände gibts im Orient,
> Wie Schwäne weiß, mit blauen Malen,
> In denen zwiefach Feuer brennt,
> Als gelt' es Liebesglut zu zahlen;
> Ein leichter Tau hat sie genäßt,
> Ein leises Zittern sie umflogen,
> Sie fassen krampfhaft, drücken fest –

> Hinweg, hinweg! du hast die Pest
> In deine Poren eingesogen!
>
> *(I, S. 25)*

Das Bild des Orients, womit Annette dem Zeitgeschmack entgegen-
kommt[21], hat hier die Funktion des Verlockenden, ganz gewiß auch
des Verlockenden durch die Traumwelt von Erotik und Poesie. Die
Bedrohung wird ausgedrückt unter dem eindringlichen Bild der an-
steckenden Krankheit, von der es keine Heilung gibt. Selbstkritik und
Glaubwürdigkeit, das sind jene Haltungen, die unsere Autorin von
den Weltverbesserern erwartet, denn nur so kann eine Solidarität untereinander auskommen.

Die Warnung unter dem Zeichen des Steinwurfs ist ein wenig
schwieriger zu begreifen. Mit ihm ist jedenfalls das Bild der Höhe
signalisiert, während bei den vorhergehenden Warnungen das Bild
der Tiefe und Abgründigkeit sowie das der mitmenschlichen Ebene
beschworen ist. Das Bild der Höhe meint die Gerechtigkeit, die zugleich immer eine Gerechtigkeit Gottes ist, und göttlich unberechenbares Gericht. Etwas Ähnliches besagt ja auch das Bild des Steinwurfs
im Vorspruch zur »Judenbuche«. Dort ist das Haupt dessen bedroht,
der voreilig richtet, hier der Nachbar und die andern Menschen. Unsere Autorin will davor warnen, daß wir nicht zu der Überzeugung
gelangen, die Welt stünde nur in der Zuständigkeit der Menschen.
Schicksalhaftes wirkt hinein, und dies wird in einem apokalyptischen
Ausmaße hereinbrechen, wenn das Handeln der Menschen von der
Hybris und Verantwortungslosigkeit bestimmt wird. Die drei Schluß-
zeilen wissen aber auch gleichzeitig darum, daß der Mensch sich nicht
bescheiden kann, daß er herausgelockt wird, vielleicht sogar wider
Willen, daß er an der Öffentlichkeit schuldig werden muß. Aber einen
solchen Schaden kann der Mensch selbst nicht mehr abwenden, sondern allein die Gottheit, die man auf Knien darum bitten muß.

Struktur- und Bildanalyse haben schon ziemlich genau dieses Zeitbild zum Verständnis freigegeben; es bleiben nur noch einige ab-
schließende Beobachtungen zu machen. Die metrische Form der einzelnen Strophen dieses Gedichtes läßt uns hellhörig werden, vor allem die Zäsur in der Mitte der Zeile:

> Pochest du an – poch nicht zu laut
> Drum poche sacht – du weißt es nicht

Man hat schon öfter auf diese Zweiteiligkeit aufmerksam gemacht. Gegenüber Heselhaus möchte ich es dahin gestellt lassen, ob sie der des Sprichwortes »Jung gewohnt – alt getan« entspricht[22]. Beim Lesen dieser Zeilen kann man feststellen, daß zunächst etwas gesagt oder sogar behauptet wird, dann tritt eine Pause ein, um den Behauptungen nachzulauschen. Man wartet auf das Echo und überprüft so das Gesagte, schwächt es ab, variiert es und präzisiert es.

Dieser rhythmischen Struktur entspricht auch die Thematik dieses Zeitbildes: nämlich die Wirkung dessen zu überprüfen und zu überdenken, was man sagt und unternimmt. Es kommt auf den Wirkungszusammenhang an. Annette will die Weltverbesserer, wozu sie sich selbst auch rechnet, dazu auffordern, nicht nur an ihre neuen Ideen zu denken, sondern auch an die Wirkung, die sie in der Öffentlichkeit auslösen.

Nach meiner Meinung ist das Gedicht ›An die Weltverbesserer‹ der Versuch, Prinzipien für eine Ethik der Öffentlichkeit aufzustellen. Darin liegt die unabweisbare Position dieses großartigen Zeitbildes. Ohne daß Annette den zeitgeschichtlichen Hintergrund konkret einbezieht, darf dennoch davon nicht abstrahiert werden. »Man denke an die Menschheitsbeglückung der Saint-Simonisten, an die Propagierung einer freien ästhetischen Liebe durch die Jungdeutschen (Vgl. Gutzkows »Wally, die Zweiflerin«), an die klassenlose Gesellschaft bei Marx, an die Kritik des Christentums bei D. F. Strauß und Feuerbach oder an die demokratischen Befreiungsrufe Heines, Herweghs und Freiligraths.«[23] Annette gab keine politisch-inhaltliche Antwort, sie gewann aber positive Maßstäbe, mit denen man solche beurteilen kann.

Nach dem bisher Gesagten geht man mit viel Erwartung an das Schriftstellerinnengedicht heran. Man erwartet Aufschluß über das so interessante Thema der literarischen Selbsteinschätzung Annettes als Frau. In ihrem Lustspiel ›Perdu‹ mit dem bezeichnenden Untertitel ›Dichter, Verleger und Blaustrümpfe‹, das vor dem Schriftstellerinnengedicht verfaßt wurde, zeigt sich, daß sich unsere Autorin schon des längeren mit dieser Thematik beschäftigt hat. Was für eine gesellschaftliche Funktion kommt den sogenannten Dichterinnen zu? Sonderrath, gemeint ist Freiligrath, sagt in diesem Stück dazu: »Nun, nun, die überbildeten Damen stehn mir doch auch ellenlang zum Halse hinaus« (II, S. 552). Und im Hinblick auf Schücking in der Rolle Seybolds heißt es dann: »Seybold! Seybold! O Himmel! Seybold hat

sich einen Blaustrumpf angeschnallt, eine literarische Freundin!«
(II, S. 556). Was sonst noch alles in diesem Lustspiel an Sentimen-
talitäten über die sogenannten Dichterinnen, teils sogar in Selbstironie, ausgesprochen wird, mag darauf hinweisen, daß dieses Thema zumindest delikat ist, daß es in der Zeit Annettes Ressentiment
geladen war und es auch bis heute noch ist, wie das sogenannte
Dichterinnentreffen jedes zweite Jahr zu Ehren unserer Autorin in
Meersburg zeigt.

In seinem Aufsatz ›Über die deutsche Salonpoesie der Frauen‹ hat
Eichendorff 1847 dieses Ressentiment mit aller Deutlichkeit ausgesprochen: »Und in diesem Bildungsfieber, das epidemisch alle ergrif-
fen, ist denn auch die Poesie, mehr als jemals, unter die Weiber ge-
kommen. Es besteht ein ebenso alter, als wunderlicher Streit über den
Bildungsberuf der Frauen. Die einen wollen sie nur mit der Spindel
und dem rasselnden Schlüsselbund, nur im Wochenbett und in der
Kinderstube dulden, während die andern, auch hier dem planieren-
den Prinzipe unbedingter Freiheit und Gleichheit huldigend, ihnen
Tribünen, Katheder, ja Schlachtfelder öffnen und die ganze Flut der
Zeitbildung gegen sie loslassen möchten, um den mittelalterlichen
Rost, wie sie es nennen, von ihnen abzuwaschen.«[24]

In das seit der Romantik nicht ausgestorbene Fluidum dichtender
Frauen bringt das Zeitbild ›An die Blaustrümpfe‹ oder wie es später
heißt ›An die Schriftstellerinnen in Deutschland und Frankreich‹ frische Luft. Auf seinen satirisch-ironischen Ton hat Heselhaus bereits
hingewiesen. Er vermutet, »daß die Droste die Stanzenform von Herweghs Gedicht an ›Anastasius Grün‹ übernommen hat«, wodurch
auch die ironische Intention hervorgerufen sei.[25] Annette hat sich in
diesem Zeitbild an eine metrische Form herangewagt, die sehr umständlich ist und zu komisch wirkender Formulierung antreibt.

Entscheidend ist für mich die Frage, ob unsere Autorin den satirisch-
ironischen Ton im ganzen Gedicht durchgehalten hat. Oder hat sie
ihn spätestens nach der dritten Strophe abgelegt und wiederum den
Ton der Mahnung und Warnung aufgegriffen wie in den meisten
anderen Zeitbildern? Sind die letzten Strophen ein literarisches Glaubensbekenntnis? Meiner Meinung nach wirkt der ironische Ton weiter. Hinzu kommt noch, daß die Sprache dieses Zeitbildes, wenige
Partien ausgenommen, der weit verbreiteten Frauenliteratur in den
Almanachen und Taschenbüchern angepaßt bleibt. Das ganze Zeitbild ist Trivialliteratur, die hier und da durch den grüblerischen Sinn

der Autorin umgekrempelt wird. Manches wirkt sogar übermütig, anderes benimmt sich umständlich und starr, ein seltsames Mischgedicht von Klatsch, Affektivität und philosophischem Tiefsinn. Man stellt fest: auch so kann sie schreiben!

Ihr steht so nüchtern da gleich Kräuterbeeten –
Und ihr gleichen Fichten die zerspellt von Wettern –
Haucht wie des Hauches Hauch in Syrinxflöten –
Laßt wie Dragoner die Trompeten schmettern;
Der kann ein Schattenbild die Wange röten –
Die wirft den Handschuh Zeus und allen Göttern;
Ward denn der Führer euch nicht angeboren
In eigner Brust, daß ihr den Pfad verloren?

Schaut auf! zur Rechten nicht – durch Tränengründe,
Mondscheinalleen und blasse Nebeldecken,
Wo einsam die veraltete Selinde
Zur Luna mag die Lilienarme strecken;
Glaubt, zur Genüge hauchten Seufzerwinde,
Längst überfloß der Sehnsucht Tränenbecken;
An eurem Hügel mag die Hirtin klagen
Und seufzend drauf ein Gänseblümchen tragen.

Doch auch zur Linken nicht – durch Winkelgassen,
Wo tückisch nur die Diebslaternen blinken,
Mit wildem Druck euch rohe Hände fassen,
Und Smollis Wüstling euch und Schwelger trinken,
Der Sinne Bachanale, wo die blassen
Betäubten Opfer in die Rosen sinken,
Und endlich, eures Sarges letzte Ehre,
Man drüber legt die Kränze der Hetäre.

(I, S. 18-21)

Man geht sicher nicht fehl, wenn man sich dem Urteil von Erentraud Wild anschließt: »Es ist eine an Trivialliteratur grenzende abgesunkene Literatur für ›Gebildete‹. Wie Eichendorff appelliert auch die Droste an das Gewissen. Daß sie hier zu anderen spricht, denen sie sich im Grunde überlegen fühlt, daß sie aber auch des Einverständnisses vieler Leser gewiß ist, dafür spricht die Diktion der ersten Strophe, die umgangssprachlich ausgedrückt, deutlich den Tenor trägt: ›Was fällt euch ein! Seid ihr denn ganz von Gott verlassen?‹«.[26] Ich glaube, wenn man in dieser Art an das Gedicht herangeht, dann macht es einem Spaß trotz des Ernstes, der hintergründig oder auch nur vordergründig mitschwingt.

Zur Position unserer Autorin in diesem Gedicht ist zu sagen, daß sie zwischen zwei verschiedenen Richtungen liegt. Auf der einen Seite spricht sie von den Empfindsamen, Zarten, Zimperlichen und jungfräulichen Blassen, auf der anderen Seite von den Draufgängerinnen, den Männlichen, Progressiven und Unwiderstehlichen. Das Vokabular für diese beiden verschiedenen Typen breiten die ersten drei Strophen vor uns aus. In den sechs weiteren Strophen wird greifbar, wie sehr noch die Emanzipation der Frau in den Kinderschuhen steckt. Annette grübelt über die Bestimmung der Frau als Schriftstellerin nach, sagt Fortschrittliches und zugleich wieder Konservatives, Prinzipielles und Ermunterndes. Sie überwindet Haus, Heim und Herd und zugleich beschwört sie wieder die Gattin und das Bild von Mutter und Kind, so daß letztlich ein paar Verse das grüblerische Durcheinander von Naturbestimmung und individuellem Freiheitsdrang überwinden:

> Ich will den Griffel eurer Hand nicht rauben;
> Singt, aber zitternd, wie vom Weih' die Tauben.
>
> O arm Gefühl, das sich nicht selbst kann lohnen!
> Mehr ist ein Segen als zehntausend Kronen!

Mit solchen Sprüchen und Begriffen wie Geradheit und Unabhängigkeit von der Gunst der öffentlichen Anerkennung hat Annette etwas anvisiert, das zukunftsträchtig geblieben ist. Sonst aber ist das Zeitbild über die Schriftstellerinnen ein mehr oder weniger chaotisches Dokument einer emanzipatorischen Frauenbewegung, die politisch und gesellschaftlich nicht zum Zuge kommen konnte und deshalb mehr als beherzigenswert ist. Literatursoziologisch dürfte dieses Gedicht von größter Wichtigkeit sein.

Um die Zeit- und Gesellschaftskritik Annettes weit genug abzustecken, muß noch wenigstens auf das Dombau-Gedicht eingegangen werden. Parallelen zu ihrem Prediger-Gedicht drängen sich auf. Sowohl der Thematik wie auch der Aussageform nach kann man das

Dombau-Gedicht, das sich auf den Wiederaufbau des Kölner Domes im 19. Jahrhundert bezieht, als eine große zeitkritische Predigt bezeichnen. Dabei zielt die Zeitkritik nicht nur nach außen, sondern ist ebenso religiöse Selbstkritik nach innen. Was Annette über den Prediger im Predigergedicht sagt, gilt für ihre eigene Position im Dombau-Gedicht:

> Und tiefer griff er in der Zeiten Wunde,
> Die Heller ließ er klingen, und vom Grunde
> Hob er den seidnen Mottenfraß ans Licht.
>
> *(I, S. 18)*

Zugleich weiß unsere Autorin, wie viel – besser gesagt: wie wenig – eine solche zeitkritische Predigt ausrichtet. Man hört sie an, ist innerlich aufgestört und bewegt, aber abends im Theater sagt man dann höchstens noch: »Heute habe ich einen guten Redner doch gehört!« Diese Desillusionierung in bezug auf literarische Effektivität bewahrt Annette davor, selbst eine Ideologin zu werden. Beunruhigen ja, beeinflussen etwas, aber verändern nie, so denkt in unserer Zeit Dürrenmatt über die Wirkung zeitkritischer Literatur. Was bleibt, ist die gute Rhetorik, und was verloren geht, ist der dargelegte Sachverhalt. Deshalb ist es um so wichtiger, ihn bei dem Dombau-Gedicht genau herauszuarbeiten. Josefine Nettesheim verficht die These, daß dieses für die politische und religiöse Einstellung Annettes so charakteristische Gedicht auf die Ideen der katholischen Romantik in der frühen Hälfte des 19. Jahrhunderts zurückgreift.[27] Darin kann ich ihr voll zustimmen, zumal diese Richtung in den Geschichtsbüchern durchweg zu kurz kommt.

Aus meiner Sicht der Zeitbilder möchte ich das Problem noch härter anpacken: Annette geht auch thematisch über die Ansichten der katholischen Romantik hinaus, vor allem auch über Friedrich Schlegel, und zwar einfach, weil die Zeit um 1843 anders geworden ist, nationaler, preußischer und deutschbewußter. Es hat sich in verschiedenen Landschaften ein politischer Katholizismus herausgebildet, der im Rheinland nicht zuletzt durch den Kölner Kirchenstreit geprägt wurde. In der Literatur herrscht nun der Ton der Manifeste und Pamphlete des Vormärz. Ich sehe deshalb das Dombau-Gedicht, das zu einem in der Öffentlichkeit propagierten Projekt Stellung nimmt, als ein literarisches Manifest unserer Autorin an. Es ist nicht mehr dichterisch

Der Dom zu Köln, um 1830

verschlüsselt; es ist in seiner Intention eindeutig und, was zu jedem guten Manifest gehört, utopisch, wenn auch nicht unrealistisch.

In dem Dombau-Gedicht geht Annette sehr kunstvoll vor. Sie spielt zwei verschiedene Sachverhalte ineinander und läßt sie sich vermischen: den Wiederaufbau der Stadt Hamburg nach dem großen Brand aus dem Jahre 1842 und die Wiederaufnahme des Bauprogramms am Kölner Dom, dessen neue Grundsteinlegung durch den preußischen König im gleichen Jahr erfolgte. So kann sie Heiliges und Profanes mischen, wie es beim Dombau-Programm nach ihrer Meinung auch tatsächlich geschehen ist. Das Gedicht »Die Stadt und der Dom«, das den aufschlußreichen Untertitel trägt »Eine Karikatur des Heiligsten«, will nun eine Scheidung der Geister herbeiführen. Es wendet sich gegen eine national verbrämte Religion und gleichzeitig gegen den heraufziehenden Nationalismus im Deutschland des 19. Jahrhunderts, der die Religion zu seiner Bestätigung und sakralen – oder kritisch genug gesagt – zu seiner pseudo-sakralen Erhebung und Verklärung braucht. Dies wäre, thematisch gesehen, für dieses Gedicht »der Zeiten Wunde«.

> Die deutsche Stadt, der deutsche Dom,
> Ein Monument, ein Handelsstift,
> Und drüber sah wie ein Phantom
> Verlöschen ich Jehovas Schrift.
>
> (I, S. 10)

Nicht Monumente, nicht Denkmäler, und wie Denkmal-besessen war das 19. Jahrhundert, sondern Solidarität der Menschen untereinander, gegenseitige Hilfe und allgemeine Zugänglichkeit zu den Städten und Häfen in einer zur Einheit werdenden Welt – das ist die Gegenkonzeption. Annette spricht diese Forderungen mit dem Bild der unsichtbaren Stadt, des unsichtbaren Domes aus, also durch Vorstellungen, die aus biblischen Texten stammen.[28] Ihre Gegenkonzeption ist utopisch motiviert:

> Kennt ihr die unsichtbare Stadt,
> Die tausend offne Häfen hat
> Wo euer wertes Silber klingt?
> Es ist der Samariter Bund,
> Wenn Rechte sich in Rechte schlingt
> Und nichts davon der Linken kund.

Auch bei Annette von Droste-Hülshoff gibt es eine soziale Mensch-heitsbeglückung. Sie bietet keine unpolitischen Vertröstungen auf Jenseits und Himmel an, sondern weist auf irdisch realisierbare Ziele. Voraussetzung für jedes künftige Aufbauwerk ist für sie die innere Aufrichtigkeit, der soziale Dienst und jene Haltung, die sich nicht gegenseitig alles vor- und nachrechnet. Eine solche die Menschen be-glückende Bewegung erwartet sie von denen, die in die Öffentlichkeit treten. Hinter diesem Ausblick läßt die Dichterin dann die hohen Kulissen eines Manhattan der Vergangenheit entstehen: Babylon, und unserer Zeit noch näher, Rom. Sie standen nicht für die Ewigkeit, sondern waren bedroht von der Vergänglichkeit, die allem Irdischen beschieden ist. Irdische Größe, die nicht von einer inneren Umwand-lung getragen wird, sinkt hin. So sieht es die betroffene, urteilende Dichterin.

Noch viele Einzelheiten wären zu diesem Zeitbild zu sagen. Hin-gewiesen sei darauf, daß zwischen der Stellungnahme, die Annette von Droste-Hülshoff bezogen hat, und den Darlegungen Heinrich Heines über den Wiederaufbau des Kölner Domes in »Deutschland. Ein Wintermärchen« eine große Übereinkunft festzustellen ist: Beide entlarven, wenn auch aus verschiedenen Voraussetzungen, eine ana-chronistische Kulturpolitik.[29] Die Zeitbilder insgesamt zeigen, in welchem Ausmaß das Zeitbewußtsein Annette von Droste-Hülshoffs ein literarisch öffentliches war und damit auch ein politisches.

V
Das »Geistliche Jahr« als Confessio

Die menschliche Geistigkeit erscheint vielschichtig, und das, was wir mit Dichtung bezeichnen, steht inmitten mannigfacher Bezüge. Diese geistige Vielschichtigkeit ist bei jedem einzelnen dichterischen Werk anders gelagert und muß erkannt, geprüft, ausgewertet werden. Dichtung ist nur sehr selten reine Dichtung in dem Sinne, daß sie sich herauslöst aus den übrigen Bereichen des Geistes; wohl kann sie dagegen reine Dichtung in jenem anderen Sinne sein, daß durch die schöpferische Formkraft alles zur gelungenen dichterischen Aussage umgewandelt wird.

Wenn hier das »Geistliche Jahr« Annette von Droste-Hülshoffs als Ganzes gedeutet werden soll, so kann dieser umfangreiche lyrische Zyklus gar nicht ohne die Vielschichtigkeit des menschlichen Geistes und die damit in Beziehung stehenden Wissenschaftszweige verstanden werden. Natürlich denkt man zunächst an die Theologie, und das auch nicht zu Unrecht. Aber ebenso notwendig dürfte hier ein ganz bestimmtes philosophisches Denken sein; auch die Psychologie, sogar Tiefenpsychologie, und die Pädagogik spielen hinein. Daß selbst ein nicht unerhebliches Maß von Rechtsdenken ins »Geistliche Jahr« Eingang fand, hat Erik Wolf in einer längeren Studie nachgewiesen.[1]

Die Belange der Theologie, Philosophie und auch der Psychologie liegen auf der Hand; die pädagogische Thematik bedarf vielleicht einer kurzen Klarstellung. Das »Geistliche Jahr« will nicht ein religiöses Erbauungsbuch sein – ich möchte dazu nur auf die von Annette dem Werk mitgegebene Einleitung verweisen, in der sie dies ausdrücklich ablehnt. Vielmehr soll die neuzeitlich bedingte Geistigkeit auf den Weg des Glaubens gebracht werden; die Menschen ihres so kritischen Jahrhunderts sollen zur personalen Verantwortung kommen – eine Pädagogik also im Sinne des Paidagogos eines Klemens von Alexandrien, eine Wegweisung von einem bloß äußeren Glauben, der fides, zur inneren Einsicht und Erfahrung der Gnosis. Daß die Dichterin dabei selbst diesen Weg zu beschreiten versucht und nicht eigentlich lehren will, verleiht ihrem Werk eine christliche Überzeugungskraft, wie sie im neunzehnten Jahrhundert selten anzutreffen ist.

Eine derartige Abgründigkeit und Vielschichtigkeit in einer lyrischen, und nicht etwa in einer Prosadichtung, kann sich aber auch für das Verständnis wie für die wissenschaftliche Klärung verhängnisvoll auswirken. Einzelne Bereiche werden verabsolutiert. Wo das »Geistliche Jahr« wie im Münsterland zu einem katholischen Hausbuch geworden war, las man es unter dem Frömmigkeitsaspekt der »Imitatio Christi« des Thomas a Kempis. Es war trotz der Mahnung Annettes zu einem Erbauungsbuch für die Frommen geworden. Auch die wissenschaftliche Deutung ist lange Zeit auf seltsamen Wegen gegangen. So gibt es eine Untersuchung, die das »Geistliche Jahr« mit der Theologie des Thomas von Aquin vergleicht und dann zu einem ziemlich negativen Ergebnis für Annette von Droste-Hülshoff gelangt. Dabei wurde völlig übersehen, daß man Theologie und Dichtung nicht auf ein und dieselbe Ebene stellen darf.

Wenn man überhaupt das »Geistliche Jahr« zu mittelalterlicher Theologie in Beziehung bringen will, dann wären es die Probleme der franziskanischen Richtung, ähnlich wie bei dem im Zusammenhang mit Annette wichtigen Friedrich Schlegel. Einseitig war es auch, wenn wiederum andere Untersuchungen das »Geistliche Jahr« wegen des ihm eigenen Glaubensbegriffs als nicht katholisch hinstellten oder es, wie Joachim Müller, einfach tragisch deuteten.[2]

Die Interpretation dieser Dichtung ist seit je eine Geschichte der Mißverständnisse. Meist geht man in der heutigen Literaturgeschichte diesem so seltsamen Werk aus dem Wege, nicht aus Geringschätzung, viel eher aus einer paradox anmutenden Hochschätzung. Man betont die Kraft der Sprache, die Unbedingtheit von Erfahrung und geistiger Höhe, läßt aber sonst das »Geistliche Jahr« wie einen erratischen Block innerhalb der Dichtung des neunzehnten Jahrhunderts stehen.

Eine gewisse Wende setzte mit der Neuherausgabe durch Cornelius Schröder ein, der das ganze Handschriftenmaterial neu durchsah und vor allem für den zweiten, größeren Teil, den Annette nach einer nahezu zwanzigjährigen Unterbrechung niederschrieb, wesentliche sprachliche Korrekturen vornehmen konnte. Wegweisend war der Gedanke von Clemens Heselhaus, daß man den Versuch des radikal religiösen Lebens bei Annette nur mit Kierkegaard vergleichen könne.

Die philologische Bestandsaufnahme wurde dann von Winfried Woesler weitergeführt. Durch seine nachdrücklichen Verweise auf die biblischen Vorlagen kann die Einzelinterpretation größere Verläßlichkeit erreichen. Eine extreme Position nimmt dagegen Heide Heinz ein, die bei diesem Werk der Dichterin tiefenpsychologische Verdrängungsmechanismen feststellt, nach dem Stand der Frauenemanzipation fragt und von Annette als frommer Hexe spricht; ein Ansatzpunkt bei dem die Problemstellung zumindest aufregend ist.[3]

Das ist kurz der literaturgeschichtliche Stand, von dem ich mit meiner Deutung auszugehen habe. Wie kann man einerseits die Vielschichtigkeit der geistigen Bezüge festhalten und andererseits nachweisen, daß im »Geistlichen Jahr« jene Umwandlung ins Dichterische geschehen ist, ohne die dies Werk oder ähnliche keinen Rang in der Literaturgeschichte einnehmen könnten? Dabei dürfen die Fragen der literarischen Gattung sowie der dichterischen Sprech- und Ausdrucksweise nicht außer acht gelassen werden.

Das Verhältnis zur Frömmigkeitsliteratur

Das »Geistliche Jahr« steht in der Tradition der Frömmigkeitsliteratur und setzt sich doch von ihr ab. Drei Stufen kann man seit dem Mittelalter unterscheiden.[4] In der frühfranziskanischen Theologie, der noch die Unmittelbarkeit der religiösen Erfahrung des Franz von Assisi zugrunde liegt, gibt es noch die Einheit von spekulativen und emotionalen Kräften, von intellektueller Einsicht und affektiv gewonnener Weisheit. Eine solche Spannungseinheit, bei der alle menschlichen Kräfte gleichermaßen gefordert sind, macht es möglich, daß theologische Aussage zugleich geistliches Wort ist.

Erst das Spätmittelalter führte zu einer im Grunde nie wieder ganz überwundenen Zweigleisigkeit. Der Frömmigkeitsbereich fällt weitgehend aus der theologischen Wissenschaft heraus, wird der Theologie fremd und dogmatisch unklar, die Theologie dagegen der Frömmigkeit fremd und in der Formulierung immer abstrakter. Während die theologischen Traktate mit immer diffizileren Distinktionen arbeiten, kann die gleichzeitig aufkommende Volksfrömmigkeit sich nicht genug tun in anschaulicher Rede und bildhafter Ausschmückung. Es entstanden die biblischen Nacherzählungen, die sowohl religiös unterhaltsam sind als auch aszetisch-praktische Anweisungen bieten.

Der Evangelist Lukas,
Miniatur, 9. Jhdt.

Das Gebot schreiben / seine vollkommene Erfüllung /
der Evangelist / einsam / allein /
mit dem überkommenen Wort

Vor allem die Festtagsgedichte besitzen im »Geistlichen Jahr« noch eine solche volkstümliche Weise des Geschichtenerzählens, wenn die Ausmalung auch meist moderner ist. Hingewiesen sei auf die Gedichte »Am Feste der hl. drei Könige«, »Am Feste Mariä Lichtmeß« oder »Am Weihnachtstage«. Im Vorwort zum »Geistlichen Jahr« hat Annette selbst auf die allmähliche Abwendung von der Volksfrömmigkeit aufmerksam gemacht.[5]

Die zweite Stufe in der Entwicklung der Frömmigkeitsliteratur bildet die Devotio moderna, deren wichtigstes Buch die »Imitatio Christi« ist, das man lange Zeit dem Thomas von Kempen zuschrieb. Nicht mehr die persönliche Aneignung der heilsgeschichtlichen Ereignisse der Bibel steht im Vordergrund, es geht vielmehr um eine ausgesprochen subjektiv-religiöse Erfahrung des eigenen Lebens. Hier liegt das Moderne. Es ist mehr als bekannt, daß Annette von Droste-Hülshoff die »Nachfolge Christi« des Thomas von Kempen zu einer Hauptlektüre ihres Lebens gemacht hat, was nicht zufällig ist, da dieses Buch in katholischen Kreisen zu ihrer Zeit mehr gelesen wurde als die Bibel. Eine Passage sei eingefügt, um die Thematik und den Sprachton dieses Buches präsent zu machen:

Mein Sohn, ich habe einst das Wort ausgesprochen und spreche es jetzt wieder in dein Herz: »Frieden hinterlasse ich euch, meinen Frieden gebe ich euch, nicht wie die Welt ihn gibt, gebe ich ihn euch.« (Jo 14,27.)

Alle wollen Frieden haben, aber das, was allein wahren Frieden schaffen kann, das wollen nicht alle.

Mein Frieden kehrt bei denen ein, die demütig und sanftmütig sind und es von ganzem Herzen sind.

Dein Frieden wird in vieler Geduld bestehen. Wenn du auf mich hörst und meiner Stimme folgst, kannst du viel Frieden genießen.

Was soll ich also tun?

Bei allem gib acht auf dich, was du tust und was du sprichst, und richte dein ganzes Trachten darauf ein, daß du mir allein gefällst und außer mir nichts verlangst, nichts suchst.

Was aber andere tun oder reden, darüber erlaube dir nie ein unüberlegtes Urteil und mische dich nicht in Dinge, die dir nicht anvertraut sind.

Den Erfolg wirst du schon merken: du wirst dann nur wenig oder selten innerlich in Unruhe geraten.

Niemals aber irgendwie innerlich Unruhe empfinden, niemals

irgendwie ein Leid des Herzens oder des Körpers dulden: das ist ein Zustand der künftigen ewigen Ruhe, nicht aber der gegenwärtigen Zeit.

Denke also nicht, den wahren Frieden gefunden zu haben, wenn nichts dich drückt, oder alles sei in bester Ordnung, wenn du von keinem Widersacher geplagt wirst, oder es sei ein sicheres Zeichen der Vollkommenheit, wenn dir alles nach Wunsch geht.

Noch weniger halte dich für etwas Großes oder für einen besonderen Freund Gottes, wenn du große Andacht und innere Süßigkeit in dir empfindest.

Denn auch diese Empfindung ist nicht das Kennzeichen eines echten Tugendstrebens, nicht das Wesen des Fortschritts und der Vollkommenheit des Menschen.[6]

Das 19. Jahrhundert hat der Frömmigkeitsliteratur noch einmal neue Impulse verliehen. Die Erfahrungen der Aufklärung verstärkten den moralischen Gesichtspunkt, die der Romantik hingegen sorgten für eine literarische Poetisierung. An der Natur und vor allem auch an der Kunst sollte Religiöses nacherlebbar werden. Man sieht schon wie nahe dies an die Position Annette von Droste-Hülshoffs heranrückt. Christlich im strengen Sinne wurde diese Religiosität allerdings erst dadurch, daß sie sich von den verschiedenen Formen der Säkularisierung abgrenzte oder auch einfach nur davor zurückzog. Am Anfang dieser Entwicklung steht das Gebetbuch von Johann Michael Sailer, das mehrere Auflagen erlebte und die Distanz zum Protestantismus bewußt aufgab, ein Phänomen, das für Annette im »Geistlichen Jahr« schon selbstverständlich geworden war. Der Anfang der »Gewissensrechenschaft« aus dem Gebetbuch Johann Michael Sailers lautet:

Einmal muß ich es doch wissen, wie mein Herz beschaffen ist; einmal muß ich es doch bey mir selbst ausmachen, wie ich mit Gott, meinem Schöpfer stehe, und was ich für meine eigene Person für ein Schicksal zu erwarten habe, wenn dieß kurze Leben, Gott weis wann, für mich zu Ende ist.

Ich bin einmal so, wie ich bin, ich mag mich nun selbst kennen oder nicht; ich mag diese Untersuchung vornehmen oder aufschieben; ich mag redlich oder unredlich dabey zu Werke gehen: sie bleibt allemal die vernünftigste und wichtigste Untersuchung, die ich anstellen kann. Und da ich keinen Augenblick sicher bin, ob ich den folgenden Tag noch erlebe, noch bey meinen Leibs- und

Gemüthskräften sey; so wäre es wohl die größte Thorheit von der Welt, wenn ich diese Untersuchung einen Augenblick weiter aufschieben wollte.

Nicht übermorgen also, auch nicht morgen, sondern gerade itzt, in dieser Stunde, in dieser Minute will ich mich in die Stille begeben, alles andere auf die Seite setzen, und nur an mich, an mein eigen Herz denken. Sehen will ich, wie ich beschaffen bin: sagen, ausdrücklich heraussagen will ich's mir selber, wie ich mich finde. Ich will mich selbst vor den Richterstuhl der Wahrheit und des Gewissens fodern, und mein Herz im Namen meines Gottes und Heilandes Jesu Christi, des wahrhaften, gerechten und heiligen Weltrichters zur Rechenschaft ziehen, und bey der geringsten Ausflucht, die meine Eigenliebe etwa ergreifen möchte, bey der geringsten Falschheit oder Unredlichkeit, die ich an mir wahrnehmen werde, jene göttliche Worte mir ins Gedächtnis zurückrufen: wenn wir uns selbst richteten, wo würden wir nicht gerichtet: es ist nichts bedeckt, das nicht wird entdeckt werden, und nichts verborgen, das man nicht wissen wird.[7]

Die Geschichte der Frömmigkeitsliteratur spiegelt sich, wie schon gesagt, vielfältig im »Geistlichen Jahr«, und doch geht diese religiöse Dichtung nicht darin auf.[8] Das mag an der spezifischen Art der dichterischen Aussage liegen, aber auch die geistige Grundeinstellung ist geschichtlich anders einzuordnen und zu deuten.

Der Confessio-Begriff nach Augustinus

Die Beschäftigung mit Augustinus brachte mich auf den Begriff confessio, und es ist frappierend zu sehen, wie stark sich diese Aussageform im »Geistlichen Jahr« bestätigt. Es empfiehlt sich, diesen Begriff nicht ohne weiteres mit Bekenntnis zu übersetzen, sondern ihn lateinisch in seiner größeren Allgemeingültigkeit stehenzulassen. Das, was Annette im »Geistlichen Jahr« versucht hat – religiös, philosophisch und dichterisch zugleich –, läßt sich am besten mit dem Begriff confessio erfassen, und zwar in seiner ursprünglichen Tiefe und Weite, wie er vor allem von Augustinus herausgearbeitet worden ist. Mit einem solchen für das gesamte Abendland fruchtbar gewordenen Begriff kommt man sicher weiter als mit dem vagen und wenig präzisen Begriff Gebetsdichtung.

Der Begriff confessio ist bei Augustinus näher gekennzeichnet im zehnten Buch seiner Confessiones. In seinen vorhergehenden Werken gebraucht er viel häufiger das Wort profiteri oder fateri in der Bedeutung von etwas öffentlich sagen oder jemandem zustimmen. Nach den Confessiones findet sich confiteri vor allem in seinem Psalmenkommentar, und das weist auch darauf hin, woher dieser Begriff letztlich stammt: aus dem biblischen Denken insbesondere der Psalmen.

Das hebräische Wort hodah, das dort immer wieder vorkommt, bedeutet zweierlei: lobpreisen und Sünden bekennen. Diese Bedeutung geht in der Septuaginta auf das griechische Wort exomologeisthai über, und in den lateinischen Bibelübersetzungen übernimmt das Wort confiteri die gleiche Funktion. Es handelt sich um einen ausgesprochen christlichen Begriff, der sich in diesem Verständnis nicht bei den griechischen Philosophen findet. Er hängt aufs engste mit dem christlichen Person-Begriff zusammen und läßt auch einen anderen Augustinus entdecken, als man ihn sonst vom Neuplatonismus her kennt.

Eine Untersuchung des Wortfeldes von confiteri kann uns die inhaltliche Bedeutungsfülle des Begriffs confessio vermitteln. Die confessio hat für Augustinus zunächst den Sinn der Wahrheitserkenntnis, vor allem auf der Grundlage der Selbsterkenntnis. Im zehnten Buch der Confessiones, dessen erste sechs Kapitel in theoretischer Weise über die confessio handeln, heißt es: »Ich will dich erkennen, du mein Erkenner. Wahrheit will ich schaffen in meinem Herzen vor dir in confessione.« Oder ein anderes Zitat: »In meine confessio möchte ich alles einschließen, was ich von mir weiß, ich möchte aber auch einschließen, was ich von mir nicht weiß.« Das antike philosophische Axiom der Selbsterkenntnis ist also eingemündet in die christliche Form des augustinischen Bekennens.

Die mit der confessio gegebene Selbsterkenntnis führt bis in die Dunkelheiten und Abgründe des eigenen Selbst, damit sie zur Klarheit gebracht werden. Diese Dunkelheiten, auf die der Mensch beim Akt der confessio in seinem Innern stößt, enthüllen, daß der Mensch in seiner Daseinsverfassung nicht in Ordnung und heil ist, sondern zwielichtig, schuldig und trübe. In dieser Dimension des metaphysischen Ernstes ereignet sich bei Augustinus die Erkenntnis von Schuld und Sünde. An den vielen Stellen, wo die confessio ein Sündenbekenntnis ist, treten Worte auf wie Seufzen, Träne und Klage. Das Bekennen gibt dem innerlich gefühlten Leid über das Schuldigsein Sprache, es steigt aus den emotionalen Kräften der Seele auf.

Die confessio als Erkenntnis und Bekenntnis der menschlichen Unzulänglichkeit führt zum Akt des Glaubens, und zwar nicht nur als Vertrauen auf die Gnade und Barmherzigkeit Gottes, sondern auch als eine dem Menschen wirklich eigene kreatürliche Kraft. Der Begriff confessio, der sich demnach als eine Wahrheit suchende Einkehr in das eigene Selbst beschreiben läßt, enthält in gleicher Weise die den Menschen öffnenden, heilenden und über sich selbst hinaushebenden Momente der Liebe und des Lobpreises. Der Glaube ist dabei die verbindende Mitte und Grundlage.

Immer wieder faßt Augustinus Worte wie laudare und amare mit dem Worte confiteri zusammen. »Ich aber werde dir meine Schande zu deinem Lobe gestehen [confitear].« Und: »Dich aber soll meine Seele preisen, auf daß sie dich liebe, und dir deine Erbarmungen bekennen [confiteatur], damit sie dich lobe.« Man sieht deutlich, wie die Liebe und der Lobpreis Gottes gebunden bleiben an die Erlösungsbedürftigkeit des Menschen. Die confessio ist Liebe und Preisung, die nicht von dieser Bedürftigkeit absieht. Die inhaltliche Spannweite und das eigentümlich Philosophische dieses augustinischen Begriffs müssen immer im Auge behalten werden.

Die confessio ist der geistige Urakt des religiösen Menschen schlechthin und eint in sich alle seine schöpferischen Kräfte. Ganz bewußt sage ich: schöpferische Kräfte, um jene typische Humanität festzuhalten, die der confessio-Begriff in besonderer Weise erst durch Augustinus erhalten hat, und damit auch jene dichterische Qualität, die Goethe in seiner Art aus der augustinischen Tradition übernahm, indem er seine Dichtung bekanntlich als eine große Konfession auffaßte. In der augustinischen confessio erkennt sich der Mensch als Mensch, in seiner Einmaligkeit und Geschichtlichkeit, in der Sinnhaftigkeit seines irdischen Lebens und Lebensablaufes.

Zwei anthropologische Realitäten werden dabei entscheidend: das cor, Herz, als der Existenzgrund und die Mitte des Menschen und die memoria, Gedächtnis, als die dem Menschen bewußtwerdende Zeitlichkeit. So kann sich der Mensch aus seiner kreatürlichen Verfassung verstehen, aus seiner innersten Tiefe und ebenso aus seiner lebensmäßigen Geschichtlichkeit, was noch mehr ist als eine schonungslose Biographie, wie wir sie in den Bekenntnissen Rousseaus finden. Im schöpferischen Akt der confessio entdeckt der Mensch seine Religiosität, seine Humanität oder, anders ausgedrückt: seine Personalität. Nie ist die confessio davon zu lösen. Deshalb brauchen auch diese

»hohen« Worte nicht ins Phrasenhafte abzuleiten; Herz und Gedächtnis geben allem, was zum Bekenntnis wird, seine im Innern des Menschen verankerte Echtheit und Wahrhaftigkeit.

Alles kann ins Bekennen hineingenommen werden, nicht nur das eigene Lebensschicksal, sondern das ganze Weltgetriebe, die Schöpfung, die Geschichte als Heilsgeschichte. Die entscheidende Stelle für diesen umfassenden Sinn der confessio lautet: »Ich bekenne dir alles, was ich in der Heiligen Schrift finden werde, und die Stimme des Lobes werde ich hören, dich trinken, und das Wunderbare werde ich betrachten an deinem Gesetz, vom Anfang, in dem du Himmel und Erde machtest, bis hin zu dem Reich deiner immerwährenden heiligen Stadt.« So bleibt die confessio keineswegs im eigenen Selbst befangen, sie weitet sich vielmehr in die Totalität des Daseins, in die geschichtliche Situation der gesamten Menschheit.

Damit kommen wir zum letzten Problemkreis der confessio, zu ihrer dialogischen Struktur. Die Selbst- und Weltaussage geschieht, wie wir ausdrücklich festhalten müssen, im personalen Gegenüber; vertikal steht sie in der Verantwortung vor Gott, horizontal ist die Relation zu den andern Menschen erforderlich. Durch Gott wird alles, was gesagt wird, unter einen letzten, absoluten Wahrheitsanspruch gestellt; das Psychologische bleibt nicht einfach psychologisch, sondern erhält metaphysischen Ernst. Gott ist das angesprochene und hörende Du, und die Mitmenschen werden Zeugen des Wortes. Die augustinische confessio geschieht im Wort, also durch jene Realität, die wohl die geistigste und menschlichste zugleich ist. Sie schafft jenen worthaften Raum, in dem sich Heil und Unheil ereignen und dementsprechend auch die wirklich schöpferischen Anstöße des Menschen.

Es wäre nun lohnend, die nachaugustinische Entwicklung des confessio-Begriffs zu verfolgen. Aber hierfür kann auf den Aufsatz von Hans Rheinfelder verwiesen werden: Confiteri, confessio, confessor im Kirchenlatein und in den romanischen Sprachen.[9] Das Wort confiteri behält durchweg seine inhaltliche Bedeutungsfülle als Lobpreis, Sündenbekenntnis und Glaubensbezeugung. Wohl wird später der Akzent verlagert: im Spätmittelalter auf Sündenbekenntnis und Beichte, bei Luther im wesentlichen auf das Glaubensbekenntnis, auch im Sinne der Unterscheidung, so daß sich der Begriff der christlichen Konfession bilden konnte. Die schöpferisch-dichterische Qualität des Begriffs trat zurück, konnte aber auf dem Gebiet der Li-

teratur selbst wiedergewonnen werden, wofür Goethe das beste
Beispiel ist.

Die Grundstruktur des »Geistlichen Jahres«

Wie verhält es sich nun mit dem »Geistlichen Jahr« Annette von
Droste-Hülshoffs? Hier liegt confessio als Inbegriff des geistig und
religiös Schöpferischen vor. Die Sprechweise des »Geistlichen Jahres«
verwirklicht sich in der so charakteristischen dialogischen Struktur:
vor Gott, für die Mitmenschen und zu sich selbst. Schwebende Un-
bestimmtheiten gibt es dabei nicht. Schon eine kurze Relationsanalyse,
in der untersucht wird, in welcher Ausrichtung das dichterische Wort
jeweils steht, kann dies deutlich machen. Von daher hat das »Geistliche Jahr« im Hinblick auf Gott den Gebetscharakter; im Hinblick
auf die Mitmenschen fordert es ein Mitringen um die Wahrheit des
Glaubens, und für die Dichterin selbst bedeutet es ein Rechenschaft-
geben über den eigenen Lebensvollzug.

Die Gedichte des »Geistlichen Jahres« können auf Grund ihres
confessio-Charakters keine Hymnen sein, weder in der Form, wie sie
für die kirchliche Liturgie insbesondere im Mittelalter gedichtet wurden, noch in der freirhythmischen Form, die seit Klopstock in der
deutschen Literatur aufkam. In den kirchlichen Hymnen überwiegt
das liturgische Ergriffensein, in den neuzeitlichen das religiöse Ergriffensein, also beidemal einseitig der Lobpreis. Auch sind die Gedichte des »Geistlichen Jahres« keine Kirchenlieder, obgleich es Strophen gibt, die nicht ungeeignet für den christlichen Gottesdienst
wären. Kompositionsversuche sind mir jedoch nicht bekannt. Wahrscheinlich sind diese geistlichen Gedichte für das allgemeine Empfinden doch nicht liedhaft genug; sie sind auch nur selten von der
Wir-Form innerlich durchstimmt, wie es für den Gemeindegesang notwendig wäre. Bei unserer gegenwärtigen geistlichen Armut könnten
wir dennoch mehr auf das »Geistliche Jahr« zurückgreifen. Es hat in
der Tat neue Wege geebnet. Diese Gedichte sind nämlich grundsätzlich
anders als die religiösen Gedichte der Romantik, etwa die von Novalis oder Brentano, bei denen in Übereinstimmung mit der Natur oder
auf der Folie der Natur religiöse Erfahrungen dargestellt werden. Im
»Frühlingsschrei eines Knechtes aus der Tiefe« von Clemens Brentano
heißt die bezeichnendste Strophe:

Herr, erbarme du dich meiner,
Daß mein Herz neu blühend werde,
Mein erbarmte sich noch keiner
Von den Frühlingen der Erde.

Es gibt derartige Spiegelungen auch bei Annette von Droste-Hülshoff.
Wenn solche Erfahrungen verdeutlicht werden sollen, bleibt sie aller-
dings bei der Form ihrer Naturgedichte oder den meditativen späten
Gedichten außerhalb des »Geistlichen Jahres«.

Während in der dichterisch religiösen Umwelt Annettes der Sprachton seelisch ist und von der Volksfrömmigkeit getragen, verfügt sie
selbst im »Geistlichen Jahr« über einen ausgesprochen geistigen
Sprachton. Es handelt sich um eine geistig-religiöse Auseinandersetzung in der Weise von Kierkegaard, Pascal und eben Augustinus.

Man kann also die Gedichte des »Geistlichen Jahres« in ihrer besonderen Eigenart nur von der confessio her adäquat verstehen. Dieser
Begriff ist weit und offen genug, um die dichterischen Äußerungen
des »Geistlichen Jahres« zu umgreifen; er ist aber auch eng genug,
um sie klar und treffend zu charakterisieren. Der Charakter des
»Geistlichen Jahres« als confessio, wie er von Annette in der ihr eigenen Weise gestaltet worden ist, läßt sich genauer aufdecken an den
zentralen Äußerungen über Herz und Wort, wobei die Metapher Herz
im allgemeinen die Ich-Aussage umgreift. Das Herz erscheint als der
Ort, in dem sich der Akt der confessio vollzieht, und das Wort bietet
die Kraft und die Form dazu. Herz ist im »Geistlichen Jahr« trotz
gewisser Abweichungen und zeitgeschichtlichen Kolorits in seiner metaphysischen Dignität das augustinische cor. Überblickt man die verschiedenen Adjektive, die allein im »Geistlichen Jahr« dem Herzen
beigegeben sind, so ermißt man die Spannkraft und Tragfähigkeit
dessen, was das Bild des Herzens leistet. Es wird bezeichnet als starr,
töricht, frevelnd, angstvoll, arm, leer, dürstend, rein, stark. Im ersten
Gedicht des »Geistlichen Jahres« heißt es:

Gegrüßt du Menschenherz mit deinen Schwächen,
Du Herz voll Kraft und Reue und Gebrechen . . .
(Am Neujahrstage, I, S. 569)

Wenn insgesamt die negativen Bestimmungen überwiegen, hängt
dies damit zusammen, daß Annette aus der Erlösungsbedürftigkeit

heraus dichtet. Nur was das Herz betrifft, ist letztlich wahr und kann wieder Wahrheit geben.

In den späteren Gedichten des »Geistlichen Jahres« wird die Sprache des Herzens noch eindringlicher. Das Gedicht auf den vierten Sonntag nach Pfingsten, wo auf das Gleichnis vom verlorenen Schaf Bezug genommen ist, beginnt folgendermaßen:

> So ist aus deines heil'gen Buches Schein
> Gefallen denn ein Strahl in meine Nacht,
> In meines Herzens modergrauen Schacht.
> Du gabst ihn, Herr, du hast mir selbst gebracht
> Was ewig meiner Hoffnung Edelstein.
>
> *(I, S. 644)*

Vielleicht ist es gut, diese Strophe sich einmal näher anzusehen. Nebenbei gesagt, ein Droste-Gedicht läßt sich nicht so leicht zerreden wie ein Eichendorff- oder Goethe-Gedicht, wohl aber verwässern. Bei dieser Strophe kann man leicht über den eigentlichen Sinn hinweglesen. Das wesentliche Bild steht in der mittleren Zeile: das Bild vom modergrauen Schacht des Herzens, das mit seiner Eindringlichkeit für sich selbst spricht. Annette liebt solche Bilder und besitzt die unheimliche Fähigkeit zu solchen Schauungen.

Im weiteren Verlauf des Gedichtes hat dieses Bild Entsprechungen wie etwa im öden und aschigen Gomorrha-See. Die beiden voraufgehenden Zeilen der zitierten Strophe haben dagegen das Symbol des Lichtes geweckt. Die Bibel, oder besser: die Lesung der Heiligen Schrift, hat Licht aufleuchten lassen, und dieses ist bis in die dunkle Nacht des Herzens eingedrungen. Das Wort ist Licht, und daher ist es nicht ein dunkles oder unverständliches Wort. Ja, das Wort hat erst offenbar gemacht, daß das Herz abgrundtief ist und modergrau. Die beiden letzten Zeilen der Strophe sind nun Worte der Dankbarkeit für dieses Licht und die damit geschenkte Einsicht. Aber die letzte Zeile sagt noch mehr aus: Das Licht, das in den Schacht des Herzens eingefallen ist, hat nicht nur die eigene Dunkelheit offenbar gemacht, sondern auch ein innerlich leuchtendes Sein, den Edelstein der Hoffnung. In andern Gedichten entdeckt die Dichterin im Abgrund des Herzens die Perle oder den gesunden Keim. Alles dies veranschaulicht, wie das Wort Gottes den Menschen heil macht, wie es die Kostbarkeit seines Personseins aufleuchten läßt.

Damit das Herz in seiner Tiefe erkannt wird und sich läutert, verstärkt sich bei Annette von Droste-Hülshoff, mehr noch als bei Augustinus, die confessio zur Unerbittlichkeit vor Gericht und Gewissen. Das Verhältnis dieser beiden geistig-religiösen Anforderungen an den Menschen macht die besondere Eigenart der confessio deutlich: Gewissen ist im »Geistlichen Jahr« nicht etwas nur Moralisches und Gericht nicht etwas nur Rechtlich-Gesetzhaftes. Beides ist zunächst rein anthropologisch zu verstehen. Gericht und Gewissen sollen den Menschen zu sich selbst bringen. Unter ihrem Anspruch fällt alles Unwesentliche ab, und der Mensch steht einsam mit seinem Lebensschicksal da. Der Anspruch von Gericht und Gewissen ist streng und unerbittlich, es gibt kein Ausweichen und keine ästhetische Unverbindlichkeit. Bezeichnend schließt das zweitletzte Gedicht des »Geistlichen Jahres«:

> Wenn klar das Haupt, die Fäden löser,
> Was dann mein Teil, ich weiß es nicht;
> Jetzt kann ich stammeln nur: Erlöser,
> Ich gebe mich in dein Gericht!
>
> *(Am Sonntage nach Weihnachten, I, S. 711)*

Und das letzte Gedicht enthüllt die Gerichtssituation als Vorwegnahme der Todesstunde. Der Gedanke von Gewissen und Gericht läßt viele dieser Gedichte besonders ernst erscheinen.

Der gerichthafte Charakter der confessio intensiviert auch die personalen Bezüge zum Ich, zu Gott, zur mitmenschlichen Gemeinschaft. Am besten spricht man bei Annette von einem Ins-Gericht-Gehen mit sich selbst. Dieses ist aber umgriffen von der Gerichtsbarkeit Gottes, den die Dichterin deshalb wiederholt als Herrn und Richter anspricht. Aus dieser Möglichkeit der mitmenschlichen Verschuldung kommt das Bewußtsein der Verantwortung auch für die andern: »Wo bist du, der noch unversöhnt mit mir?« Gerade das Gedicht vom siebenten Sonntag nach Pfingsten, aus dem dieser Vers genommen ist, ist ein Ins-Gericht-Gehen mit sich selbst im Hinblick auf die Mitmenschen. Bei einer solchen Auffassung von Gewissen und Gericht geht es wie bei der augustinischen confessio um Selbsterkenntnis, daß man nämlich Wahrheit über sich gewinnt, und diese führt zur Schulderkenntnis.

Es ist notwendig, auf den Begriff der Schuld[10], wie er im »Geistlichen Jahr« durchgehend auftritt, noch näher einzugehen, da er oft einseitig verstanden wird, als Eingeständnis persönlich begangener

Verfehlungen. Das jedoch bleibt beim Vorverständnis der herkömmlichen Frömmigkeitssprache stehen.

Man muß im Werk Annette von Droste-Hülshoffs von zwei Ausprägungen des Schuldproblems sprechen: dem Schuldigsein und der Schuld. Diese Unterscheidung läßt sich mit einem in ihrer Zeit viel gebrauchten Begriffspaar veranschaulichen, dem des Innen und Außen, das letztlich auch auf Augustinus zurückgeht. Das auf die Seite des Innen gehörende Schuldigsein erhält seine moralische Beschwerung durch eine auf ein Außen gerichtete konkrete Schuld, wobei jedes Außen das Innen umschließt, während das Innen selbst weitgehend unabhängig von dem Außen sein kann: Schuld bedingt immer das Schuldigsein, dieses aber kann nahezu frei von konkreter Schuld sein.

Im »Geistlichen Jahr« bedeutet Schulderkenntnis, ohne jede einzelne Gedichtaussage dadurch schon festlegen zu wollen, Einblick in den eigenen inneren Zustand: daß der Mensch sich dem Absoluten schuldet und – schuldig bleibt. Kierkegaard hat hierfür den Begriff der Verschlossenheit geprägt; Friedrich Schlegel den vom zerrissenen menschlichen Bewußtsein, das der Heilung bedarf.[11] Der Mensch schuldet sich aber nach den dichterischen Aussagen des »Geistlichen Jahres« nicht nur dem Wort des Evangelium, sondern ebenso den Mitmenschen, denen er sich entzieht, wie auch dem Anspruch des eigenen Lebensvollzugs. Ein Zurückbleiben davor macht ihn schuldig, zeigt sein Schuldigsein auf. Aus dem gerichthaften Anspruch der confessio kommt dann aber auch die Hoffnung auf die umwandelnde Kraft des Glaubens. Die Eigenart einer solchen confessio erlaubt es der Dichterin, gerade dem Dunklen nachzuspüren, den Schatten der Schöpfung und den Ausweglosigkeiten des Lebens. Ihre eigene Person bleibt dabei der Bezugspunkt. Die Dichterin redet sich oft selbst als menschliches Gegenüber an, läßt die Betroffenheit in einer Art Spiegelung wirksam werden.

> Du seltsam rätselhaft Geschöpf aus Ton
> Mit Kräften,
> Die leben, wühlen, zischen wie zum Hohn
> In allen Säften,
> O bade deinen wüsten Fiebertraum
> Im einz'gen Quell, der ohne Schlamm und Schaum!
> *(Am zweiten Sonntage im Advent, I, S. 701)*

Oft erkennt sich die Dichterin in einer Metapher wieder, die sie jedoch in eigener Zuständigkeit abwandelt, wie z. B. im Bild der Salzsäule, von der sie, was nicht im Genesisbericht steht, eine Wiederbelebung erwartet.[12] Immer geht die Spannung von Hilflosigkeit und Hilfreichem, Erstarrung und Lebendigwerden, Vereinsamung und Kontaktnahme in die Formulierung ein, wird zu einem Stilmittel, dem Annette ihre intensivsten Erfahrungen anvertraut:

> Nein ein versteinert Leben schwer,
> Wie Sodoms Säule muß ich stehn,
> Und um mich her
> Die Irren träumend schwanken sehn . . .
>
> Ach einmal, einmal muß es sein!
> Wenn Sodoms Säule sich belebt,
> Dann bricht auch meine Stunde ein,
> Wenn es durchbebt
> Den armen blutberaubten Stein!
>
> *(Am vierten Sonntage nach Ostern, I, S. 628 f.)*

Die Wendung ins Heilvolle anzudeuten, erscheint als besonders dringlich. Wenn sie nicht zu großen, vielversprechenden Lösungen kommt, sondern sich mit winzigen heilvollen Andeutungen begnügt, wirkt dies um so überzeugender, und in der Tat besagt ja auf der menschlichen Ebene ein geringer, aber klarer Lichtblick mehr als alle großen Worte.

Was Augustinus in der confessio als Schuld und Verfall am eigenen Selbst aufdeckt, nimmt im »Geistlichen Jahr« die typischen Züge des neuzeitlichen, man möchte schon sagen, modernen Menschen an:

> O Glaube wie lebendgen Blutes Kreisen,
> Er tut mir not!

Ebenso ernüchternd fährt die Dichterin fort: Ich hab ihn nicht. Hier geschieht doch eine dichterische Stellvertretung, wie sie in anderer Weise auch bei andern großen Dichtern des neunzehnten Jahrhunderts geschehen ist, von Büchner bis Nietzsche. Es ist das Problem, wie weit der moderne Mensch überhaupt noch glauben kann. Annette von Droste-Hülshoff schreibt in ihrem Begleitwort zum »Geistlichen Jahr«: »Ich darf hoffen, daß meine Lieder vielleicht manche verborgene kranke Ader treffen werden, denn ich habe keinen Gedanken geschont, auch den geheimsten nicht.«

Aber kehren wir zu den zentralen Begriffen Herz und Wort zurück. Das von der Dunkelheit, von Gericht und Gewissen bedrängte Herz sucht seinen Ausweg und seinen Trost im Wort, eine echt dichterische und zugleich menschliche Zuflucht. Wie ist nun das Wort näherhin zu verstehen? Es stellt sich im »Geistlichen Jahr« in einer zweifachen Bedeutung dar, als das lebendige Wort der Heiligen Schrift, das die Dichterin, in sich aufnimmt, und als ihr eigenes, das aus dem Herzen aufsteigt und zum Lied, zur Dichtung wird:

Meine Lieder werden leben,
Wenn ich längst entschwand,
Mancher wird vor ihnen beben,
Der gleich mir empfand.
Ob ein andrer sie gegeben,
Oder meine Hand!
Sieh, die Lieder durften leben,
Aber ich entschwand!

Bruder mein, so laß uns sehen
Fest auf Gottes Wort,
Die Verwirrung wird vergehen,
Dies lebt ewig fort!
Weißt du wie sie mag entstehen
Im Gehirne dort?
Ob wir einst nicht lächelnd sehen
Der Verstörung Wort.
(Am fünften Sonntage in den Fasten, I, S. 600)

Und zitternd nennen
Darfst du der Worte Wort, des Lebens Mark,
Wenn dem Geheimnis deine Seele stark.

Wie zum Polarstern halt das eine fest,
Sein Wort, sein heilig Wort – und Schach dem Rest!
(Am zweiten Sonntage im Advent, I, S. 701)

Solche Verse drücken einerseits das dichterische Selbstbewußtsein aus, zugleich aber lassen sie keinen Zweifel an der Betroffenheit durch das Wort des Evangeliums. Formulierungen wie:»Ob wir einst nicht lächelnd sehen / Der Verstörung Wort« oder:»– und Schach dem Rest!« geben dem»Geistlichen Jahr« an einigen Stellen eine gewisse menschliche Gelassenheit.

Im»Geistlichen Jahr« werden an das Wort der Dichtung wegen seiner engen Relation zum Wort der Offenbarung die höchsten Anforderungen gestellt. Es muß frei sein von allem Trughaften, nur Ästhetischen und muß die Kraft besitzen, für die Menschen zum Segen zu werden. Nicht jede Zeile oder jede Strophe ist allerdings von gleicher dichterischer Qualität; es gibt genügend Spreu unter dem Weizen. Aber der grundlegende Anspruch ist doch gewahrt. In Bildern von erdrückender Schwere, die zwischen anderen mehr traditioneller Art stehen, sucht die Dichterin einen Weg zu ihrer geistigen Mitte und von dort in die Freiheit des Glaubens. Nicht bei ihrem Verstand sucht sie Zuflucht und auch nicht bei ihren Träumen. Die so erlangte Unmittelbarkeit des Wortes hat etwas Unheimliches an sich, oft sogar etwas Erschreckendes. Doch nur so geschieht die Entdeckung des Weltgeheimnisses, um mit einem Wort Hoffmannsthals zu sprechen, also jenes Lebensgrundes, den der oberflächlich lebende Mensch nicht sieht. Die christliche Heilsbotschaft erscheint dementsprechend als ein ungeheurer Anspruch an den Menschen:

Was du gesprochen, Herr, wer meisterts kühn?

Die Antwort darauf wird von der Dichterin nahezu kleinlaut gegeben:

Was darf ich anders tun als glaubend knien?

Aber nicht immer begnügt sich die Dichterin mit dieser menschlichen Zurückhaltung. Oft genug wird sie aus allem Erbärmlichen und Kleinlichen der menschlichen Existenz herausgerissen in die prophetische Sprache. Alle Resignation ist überwunden, was besonders im letzten Drittel des»Geistlichen Jahres« der Fall ist. Das Verständnis des Dichterwortes aus der Kategorie des Prophetischen bringt es mit sich, daß die Dichterin gewissermaßen zwischen Gott und den Menschen steht, indem sie einerseits den Menschen das Wort Gottes nahebringt, andererseits die menschliche Situation vor Gott ausspricht. Die confessio wird prophetisch-kündend:

Fragst du mich, wer ich bin? Ich berg' es nicht:
Ein Wesen bin ich sonder Farb' und Licht.
Schau mich nicht an, dann wendet sich dein Sinn;
Doch höre! höre! höre! denn ich bin
Des Rufers in der Wüste Stimme.

In Nächten voller Pein kam mir das Wort
Von ihm, der Balsam sät an Sumpfes Bord,
Im Skorpion der Heilung Öl gelegt,
Dem auch der wilde Dorn die Rose trägt,
Das faule Holz entzündet sein Geglimme.

(Am vierten Sonntage im Advent, I, S. 704)

Auf diesem Höhepunkt der dichterischen Selbstaussage des »Geistlichen Jahres« ist es vielleicht gut, die nicht ausgesprochen geistliche Lyrik der Dichterin einzubeziehen. Für die dichterischen Erfahrungen anderer Art hat Annette andere Gedichtformen, und zwar nicht so sehr äußerlich wie innerlich: das Naturgedicht, das Gelegenheitsgedicht, das Wachtraumgedicht, das Gedankengedicht, die Ballade. Kann man auch hier von einer confessio sprechen? Grundsätzlich möchte ich dies bei Annette von Droste-Hülshoff verneinen; die confessio gehört bei ihr in den geistlichen Bereich. Aber es gibt analoge Strukturen.

Parallelen zur geistlichen confessio finden sich in den späten Gedichten »Der Dichter«, »Locke nicht, du Strahl aus der Höh« und in »Mondesaufgang«. Im erstgenannten Gedicht bleibt die confessio in der Sphäre der dichterischen Subjektivität aufgehoben, in den beiden andern Gedichten in der Sphäre des Naturhaft-Menschlichen. Die confessio ist hier also nicht ausdrücklich religiös; das Religiöse ist vielmehr nur im Rückhalt da. Gerade deshalb läßt sich diese Art von dichterischer confessio bei Annette unmittelbar mit der Goethes vergleichen. Goethes Gedicht »An den Mond« und Annettes »Mondesaufgang« – nicht umsonst werden sie häufig miteinander verglichen – sind Gedichte, die lösend und beruhigend vom Grunde des Herzens aufsteigen. Das Innere der Person liegt offen da. Die Natur oder die Naturlandschaft ist gleichsam zum personalen Gegenüber geworden, nicht in der Weise der Personifikation, sondern aus dem unbestimmten und doch sicheren Wissen, daß durch die Natur und hinter ihr ein personaler Seinsgrund ansprechbar ist. Bei Goethe ist diese Erfahrung vielleicht mehr in seiner Subjektivität zurückgehalten, bei Annette tritt sie stärker hervor.

Die confessio auf dieser rein menschlichen Ebene ist eigentlich die Voraussetzung oder der Nachklang zu der auf der geistlichen Ebene. Man könnte sonst allzu leicht den Eindruck gewinnen, daß die confessio den Menschen zu stark anspannt und strapaziert. Aber ohne die absolute Anforderung bleibt die confessio auf die Dauer in einem rein subjektiven Empfinden und Erleben stecken, findet sie nicht den Zugang zur Personalität des Menschen. Wie weit dies bei Goethe in den »Bekenntnissen einer schönen Seele« zutrifft, mag hier offen bleiben; ganz deutlich wird aber auch hier die Beziehung von confessio und geistlicher Erfahrung. Wie dagegen bei Annette das Verständnis des Dichters zur confessio tendiert, zeigen die letzten beiden Zeilen aus dem Nachlaß-Gedicht »Locke nicht, du Strahl aus der Höh«:

> Ach, soll ich denn die Rose sein
> Die zernagte, um andre zu heilen?
> *(II, S. 21)*

Kehren wir zum Schluß wieder zum »Geistlichen Jahr« zurück. Es läßt sich nachweisen, daß dieser große geistliche Gedichtzyklus als ganzer eine confessio ist. Auf der Grundlage des Kirchenjahres mit seinen Sonntagsperikopen und Festen bringt er etwas von jener Totalität zum Vorschein, die dem Kirchenjahr als solchem eignet. Selbst wenn dessen liturgische Bedeutung zurücktritt vor den Formen der persönlichen Aneignung und der eigenen religiösen Auseinandersetzungen, bleiben Kirche und Kirchenjahr Voraussetzung und Rahmen.

Dennoch hat Annette von Droste-Hülshoff mit ihrem »Geistlichen Jahr« nicht zuerst ein theologisches Anliegen verfolgt, sondern ein dichterisches. Sie hat die Dichtung zum Instrumentarium gemacht, den christlichen Glauben zu begreifen, ihn wieder oder neu zu gewinnen: ästhetische Erfahrung als religiöse Erfahrung.

Verwiesen sei auf ein Gedicht des »Geistlichen Jahres«, in dem der Dichtung, der Poesie, diese Möglichkeit ausdrücklich zugesprochen wird. Zunächst erscheint hier die Poesie als Verlockung, sich dem Anspruch des Glaubens zu entziehen:

> Die Poesie das Weib,
> Dem ich zu Füßen legen

Will meiner Muße Frommen
Zu süßem Zeitvertreib.

Dann aber, durch die Einsicht in die irdische Vergänglichkeit, in die
Torheit dichterischer Selbstherrlichkeit, kommt der Umschlag nicht ins
Gegenteil, nicht zur Absage an die Dichtung, sondern hin zu der Er-
kenntnis, daß durch Dichtung eine Umwandlung möglich ist, die den
Menschen, in der Sprache der Bibel ausgedrückt, zu seiner Erlösung
hinführt:
Nicht lieblich ist die Frau, 's ist eine strenge Norne . . .

> Und wie ein Wuchrer handle,
> Um was dein Herz bewegt;
> Mit jener Frau verwandle
> In Himmelshauch die Spende,
> Der übern Abgrund trägt![13]
> *(Am zweiten Sonntage nach Pfingsten, I, S. 639 f.)*

Damit ist im »Geistlichen Jahr« der Dichtung eine Funktion zugewie-
sen, wodurch sie aufs äußerste herausgefordert, wenn nicht sogar
überfordert ist. Berücksichtigt man dies, dann weiß man zu ermessen,
was in dem Urgestein des »Geistlichen Jahres« noch alles verborgen
liegt.

VI
Geisterfahrung
»Am Pfingstsonntage«

Viele Gedichte Annette von Droste-Hülshoffs, vor allem die des »Geistlichen Jahres« können uns fremd bleiben. Man liest sie aus Respekt vor der unbezweifelbaren Größe der Dichterin, aber sie schließen sich nicht auf. In solche Gedichte kann man sich nicht ohne weiteres einstimmen, sie wollen erarbeitet sein.

Fragt man nach der Methode, die dabei anzuwenden ist, dann darf man bei Annette ruhig zum Experiment greifen. Ihre Gedichte sind so, daß man sie nicht zerreden, wohl aber verwässern kann. Deshalb ist es möglich und auch notwendig zu experimentieren. Erforderlich ist nur, daß die Ergebnisse nicht aus der Gesamtstruktur des Gedichtes herausfallen.

Schon beim lauten Lesen eines Annette-Gedichtes kann das Experimentieren beginnen. Denn oft enthüllt erst ein »schnodderiges« Herunterlesen das unfaßbar Andere der dichterischen Aussage. Diese Möglichkeiten des Experimentierens hängen sicher zusammen mit dem Realismus der Dichterin, mit der objektiven Form ihrer Gedichte. Immer gerät man in Bewegung auf eine Wirklichkeit und Wahrheit, welche die dichterische Sprache ausdrücken will.

Erst das Experiment des Interpretierens macht beim geistlichen Gedicht die Verwiesenheit des Menschen auf die transzendente Wirklichkeit offenbar. Vieles wird dabei zerschlagen, und gerade dadurch wird das Erz im Gestein der Dichtung hörbar. Es soll aber gleich eingeräumt sein, daß die Methode des Experimentes nicht auf jede Dichtung anwendbar ist, jedoch in die moderne Droste-Forschung hineingehört, denn nur so bleibt sie schöpferisch.

> Still war der Tag, die Sonne stand
> So klar an unbefleckten Domeshallen;
> Die Luft in Orientes Brand
> Wie ausgedorrt, ließ matt die Flügel fallen.
> Ein Häuflein sieh, so Mann als Greis,

Auch Frauen knieend, keine Worte hallen,
Sie beten leis.

Wo bleibt der Tröster, treuer Hort,
Den scheidend doch verheißen du den Deinen?
Nicht zagen sie; fest steht dein Wort,
Doch bang und trübe muß die Zeit wohl scheinen.
Die Stunde schleicht; schon vierzig Tag'
Und Nächte harrten sie in stillem Weinen,
Und sahn dir nach.

Wo bleibt er? wo nur? Stund' an Stund',
Minute will sich reihen an Minuten.
Wo bleibt er denn? – und schweigt der Mund:
Die Seele spricht es unter leisem Bluten.
Der Wirbel stäubt, der Tiger ächzt
Und wälzt sich keuchend durch die sand'gen Fluten,
Die Schlange lechzt.

Da horch! ein Säuseln hebt sich leicht!
Es schwillt und schwillt und steigt zu Sturmes Rauschen.
Die Gräser stehen ungebeugt;
Die Palme, starr und staunend scheint zu lauschen.
Was zittert durch die fromme Schar,
Was läßt sie bang' und glühe Blicke tauschen?
Schaut auf! nehmt wahr!

Er ist's, er ist's; die Flamme zuckt
Ob jedem Haupt; welch wunderbares Kreisen,
Was durch die Adern quillt und ruckt!
Die Zukunft bricht, es öffnen sich die Schleusen,
Und unaufhaltsam strömt das Wort
Bald Heroldsruf und bald im flehend leisen
Geflüster fort.

O Licht, o Tröster, bist du, ach!
Nur jener Zeit, nur jener Schar verkündet?
Nicht uns, nicht überall, wo wach
Und trostesbar sich eine Seele findet?

Ich schmachte in der schwülen Nacht,
O leuchte, eh das Auge ganz erblindet;
Es weint und wacht!

(I, S. 635 f.)

Das Phänomen der Schichtung

Während man bei den meisten Dichtern einen gleichbleibenden Sprachton findet, wird man bei Annette schon innerhalb der Lyrik von mehreren Sprachtönen überrascht. Das soll nicht heißen, daß man ihre
dichterische Individualität nicht in jedem Gedicht auf den ersten Blick
erkennen könnte, vielmehr handelt es sich um die Schichtung ihrer
sprachlichen Ausdrucksformen. Es sind vor allem zwei verschiedene
Grundakkorde, über die Annette verfügt. Nähme man die von der
übrigen Lyrik etwas abgehobene Balladendichtung noch hinzu, so
wären es drei.

Nach der Anthropologie des späten Friedrich Schlegel, dessen Geistigkeit sich in manchem mit der Annettes berührt, könnte man die
beiden lyrischen Grundakkorde als den mehr seelischen und den mehr
geistigen bezeichnen.[1] Die Schichtung ihrer Ausdrucksformen ist bei
Annette nichts anderes als eine Entsprechung zur Schichtung des personalen Innern und der Wirklichkeit überhaupt. Je nachdem, welche
Schicht angesprochen wird, gestaltet sich der Sprachton.

Dahinter verbirgt sich ein künstlerisches Prinzip, das sich in anderer Weise schon in meiner Untersuchung über das Schuldproblem
bei Annette von Droste-Hülshoff gezeigt hat.[2] Das Schuldproblem
nimmt bei jeder dichterischen Gattung andere Züge und geistige Inhalte an. Auch dies hängt mit dem Realismus der Dichterin zusammen. Er stellt eine Entsprechung von innerer und äußerer Wirklichkeit
dar. Hierdurch ist die Dichtung Annettes viel breiter und universaler,
als man zunächst glauben könnte.

Aber bleiben wir bei den lyrischen Sprachtönen. Als Beispiel für
deren Verschiedenheit seien zwei Gedichtanfänge zitiert:

Süße Ruh', süßer Taumel im Gras,
Von des Krautes Arom' umhaucht,
Tiefe Flut, tief, tief trunkne Flut,
Wenn die Wolke am Azure verraucht,

Wenn aufs müde schwimmende Haupt
Süßes Lachen gaukelt herab,
Liebe Stimme säuselt und träuft
Wie die Lindenblüt' auf ein Grab.

(Im Grase, I, S. 436 f.)

Der Sprachton, der hier hörbar wird, entspringt einem seelischen Erlebnis. Innerhalb des seelischen Sprachtones gibt es noch verschiedene
Nuancen. Anzutreffen ist er gewöhnlich in den Naturgedichten. Wenn
die Dichterin ihn verwendet, so hat sie die besondere Fähigkeit, der
Natur auf verschiedenen Stufen nahezukommen. Der Sprachton
kann mehr sachlich sein, dann handelt es sich um eine Naturbeob-
achtung. Er kann auch mehr stimmungshaft sein, dann handelt es
sich um ein Naturerlebnis, bei dem das Subjekt mehr oder weniger
in die Natur eingeht. Die letzte und tiefste Möglichkeit des seelischen
Sprachtones ist die der Naturmystik, welche bei Annette zwar selten
ist, aber manchmal den Höhepunkt oder Abschluß eines Gedichtes
bildet.[3] Anders der geistige Sprachton:

Ist es der Glaube nur, dem du verheißen,
Dann bin ich tot.
O Glaube! wie lebend'gen Blutes Kreisen,
Er tut mir not;
Ich hab' ihn nicht.
Ach nimmst du statt des Glaubens nicht die Liebe
Und des Verlangens tränenschweren Zoll:
So weiß ich nicht, wie mir noch Hoffnung bliebe;
Gebrochen ist der Stab, das Maß ist voll
Mir zum Gericht.

(Am Pfingstmontage, I, S. 636)

Der Sprachton, der sich in diesen Versen äußert, kommt aus einer geistigen Erfahrung. Bei Annette steigt er aus der Konfrontation mit
dem Anspruch der Wahrheit auf. Zu ihm gehört die Kategorie des
Personalen. So wendet ihn die Dichterin für jene Realitäten an, die
sie mit dem seelischen Sprachton nicht mehr ausdrücken kann. Im
»Geistlichen Jahr« ist er durchgehend anzutreffen. In der Romantik
konnte das Christlich-Religiöse noch in einem seelischen Sprachton
gesagt werden. Ein überzeugendes Beispiel ist Clemens Brentanos Gedicht »Frühlingsschrei eines Knechtes aus der Tiefe«.[4]

Der seelische Sprachton war geeignet und ist es vielleicht heute noch für eine gehobene Art religiöser Volksfrömmigkeit. Aber nach der Romantik war er verbraucht für die dichterische Aussage über den christlichen Glauben. Wo er noch versucht wird, hat er fast immer den Klang des Unechten. Annettes geistiger Ton der inneren Erfahrung läßt sich eigentlich nur vergleichen mit den absoluten Aussagen eines Pascal oder Augustinus. Was sie in diesem Tone sagt, will gedeckt sein mit Herz und Einsicht, Liebe und Gewissen. Annette von Droste-Hülshoff findet in ihrer ganz anders gelagerten Zeit eine neue Möglichkeit zur geistlichen Dichtung.

Der geistige Sprachton hat wiederum eine Variationsbreite. Ein Vorfeld ist die Gesellschaftsdichtung, wie auch Annette sie für Freunde oder zu bestimmten Anlässen verfaßt hat. Dort ist das Sprachmaterial oft ein traditionell übernommenes, das aber auch in den tiefen Lagen des geistigen Sprachtons nie ganz aufgegeben wird. Wenn aber die innere Erfahrung einsetzt, so wird der geistige Sprachton mit all seinen übernommenen Bildern, Redewendungen und historischem Wissen eindringlich und kann sich bis zum Prophetischen steigern.[5]

In den späten Gedichten Annettes, so müßte man um der Vollständigkeit willen sagen, ist es oft zu einer echten Synthese von seelischem und geistigem Sprachton gekommen, während die früheren Gedichte höchstens einen plötzlichen Wechsel oder Umbruch zulassen. Den Sprachton dieser späten Gedichte könnte man als kontemplativ bezeichnen. Gegenstand der Aussage ist hier meistens eine innerlich gelöste Menschlichkeit.

Halten wir also fest: Wie die gestaltete Wirklichkeit, so ist auch der Sprachton Annettes mehrschichtig. Damit ist auch das Gedicht vom Pfingstsonntag in gewisser Hinsicht schon dichterisch einzuordnen: Der geistige Sprachton, der ja nicht nur eine äußerliche Rolle spielt, sondern eine geistige Wirklichkeit zu bewältigen hat, steht in diesem Gedicht vom Thema her vor einer besonderen Aufgabe, nämlich den Geist als Geist in Erfahrung zu bringen. Auf religiöser Ebene ist das erst ein Pfingstgedicht, was den Heiligen Geist zur Erfahrung bringt. Annette von Droste-Hülshoff hat dies in ihrem Pfingstsonntagsgedicht auf ihre Art zu gestalten versucht.

Der Bewegungsgang

Die meisten Gedichte Annette von Droste-Hülshoff geben nicht einen Zustand wieder, sondern einen inneren Bewegungsgang. Er ist jedoch zu unterscheiden von einem äußeren Handlungsgang mit Tat und Geschichtlichkeit, worum es in der Balladendichtung Annettes geht.[6]

Der Bewegungsgang, wie er sich in den lyrischen Gedichten abzeichnet, steht entweder im Zusammenhang mit einem Naturgeschehen oder mit Erfahrungen der menschlichen Existenz. Abwandlungen und Überlagerungen sind auch möglich.[7]

Handelt es sich um Gedichte, die den Menschen als solchen betreffen, dann geht der Bewegungsgang aus von einem Zustand des Dunklen und Ungeklärten, der zunächst noch gesteigert wird. Aber er wird dann doch in allen Gedichten aufgehoben von einer gewissen Lösung und Entspannung. Am Schluß meldet sich in irgendeiner Form immer Hoffnung an.

In der rein geistlichen Lyrik ist die Ausgangssituation, um einen modernen Begriff zu gebrauchen, die Uneigentlichkeit, was besagt, daß die menschliche Existenz nicht aus ihrem Wahrheitsgrund lebt, in sich selbst verschlossen ist. Darin sieht die Dichterin einen Zustand menschlichen Schuldigseins: Der Mensch schuldet sich in seiner ganzen Existenz immer schon dem Wahrheitsanspruch von Welt und Gott. So werden in den vielen Gedichten des »Geistlichen Jahres« stets von neuem die einzelnen Phänomene der inneren Verschlossenheit genau ausgesprochen und beschrieben.

Die nächste Stufe, die im Bewegungsgang der meisten geistlichen Gedichte auftritt, ist die aus dem Innern aufsteigende Gewissensproblematik. Alles Dunkle und Verworrene des eigenen Selbst wird schonungslos ans Licht gefördert. So hat Annette vieles von dem, was später die Psychoanalyse wissenschaftlich erhärtete, dichterisch vorweggenommen. Ihre religiöse Grunderfahrung ist, daß der Mensch sich zunächst einmal im Unheil befindet und nicht schlechthin gut ist. Die letzte Stufe des Bewegungsganges ist deshalb immer ein Warten und zuversichtliches Hoffen auf Gnade und Erlösung, er gibt eine Form von Katharsis wieder.

Daher beschreibt Annette in ihrer geistlichen Dichtung nicht die objektiven Wahrheiten des Christentums, sondern den Akt des Glaubens, oder die objektiven Wahrheiten des Christentums nur insofern, als sie die innermenschliche Umwandlung bedingen.

Auch das Pfingstsonntagsgedicht veranschaulicht einen Bewegungsgang. Jedoch ist das allgemeine Schema etwas abgewandelt. Die Dichterin will einerseits die biblische Geschichte der Geistsendung nacherzählen und andererseits dem Ablauf der inneren Beteiligung Ausdruck verleihen. Am Anfang schildert sie den Zustand des Wartens und verwendet dabei einen malerischen Bildhintergrund, nämlich den der orientalischen Wüste. So kommt die Spannung von innerer Leere und gläubigem Hoffen zum Ausdruck. Die Erwartung des Geistes steigert sich, bis die Dichterin dann in der vierten und fünften Strophe die Umwandlung und Erfüllung durch ihn beschreiben kann.

Die Geschichte wird aus der Perspektive der kleinen Apostelgemeinde der Urkirche miterlebt, aber damit ist das Gedicht noch nicht abgeschlossen. Es verfügt noch über eine sehr schöne, jedoch anders gelagerte Schlußstrophe. Wie auf vielen mittelalterlichen Bildern mit einem Heilsgeheimnis noch eine betende Figur zu sehen ist, so ist auch hier eine Strophe angefügt, in welcher die Dichterin um die Zuwendung des Heiligen Geistes für sich und ihre eigene Zeit bittet.

Der geistige Sprachton und der Bewegungsgang im Pfingstsonntagsgedicht sind gleichsam die Voraussetzung für alles Weitere. Jedes Wort hat durch den Bewegungsgang seinen bestimmten Stellenwert, und der geistige Sprachton mahnt uns, daß wir es mit geistigen Realitäten zu tun haben, die das sprachliche Gefüge im einzelnen bestimmen.

Sprachliche Eigenart

Das »Geistliche Jahr« zeigt, daß Annette von Droste-Hülshoff nahezu für jedes Gedicht in diesem Zyklus eine andere Strophenform zugrunde gelegt hat.[8] Wenn sie sich nicht für eine bestimmte Form entschieden hat, dann sicher deshalb, weil sie die Vielschichtigkeit der religiösen Erfahrung durch metrische Variation besser auszudrücken glaubte.

Bei diesen Strophenschemata hat sich die Dichterin ziemlich streng an die traditionelle Verslehre gehalten. Das ist vielleicht auch der Grund, weshalb viele Gedichte des »Geistlichen Jahres« den heutigen Lesern vom Formalen her nur schwer eingehen. Bei der Interpretation ist es aber dennoch nicht abträglich, zunächst einmal die Form der Strophen nach der althergebrachten Metrik zu analysieren. Man kommt der Arbeitsweise Annettes damit ein Stück näher. Sicher wird man dabei feststellen können, daß die Dichterin nicht ohne äußere Konstruktionen gearbeitet hat.

Das Versschema des Pfingstsonntagsgedichtes besteht aus abwechselnd vierfüßigen und fünffüßigen Jambenversen; die drei fünffüßigen Zeilen haben den gleichen weiblichen Reim, und die beiden ersten der vierfüßigen reimen männlich miteinander. Jede Strophe verfügt aber noch über einen zweifüßigen Abklangvers, der mit der letzten vierfüßigen Zeile in Reimkorrespondenz steht. Es wäre zu viel, aus diesem Schema allzu große geistige Rückschlüsse zu ziehen. Es ist mehr eine äußere Festlegung der Dichterin, um ihre innere Erfahrung in Zucht und Strenge zu regeln, ohne ins Vage zu entgleiten.

In Angleichung und Absetzung zu dieser künstlichen Strophenform wirkt bei Annette im »Geistlichen Jahr« immer die normale, natürliche Sprechweise ein, wodurch das Schema durchbrochen und variiert wird. Das Schema tritt zurück, und hörbar wird eine lebendige Sprache. Berücksichtigt man den eigenartigen Sprachrhythmus der Dichterin in ihren Prosawerken, so ist es sicher erlaubt, die Gedichte des »Geistlichen Jahres« aus dem metrischen Schema etwas herauszulösen und prosahafter zu verstehen. Dann erst kommt man in die formale Gesetzlichkeit und Freiheit der dichterischen Aussage, dann vernimmt man die dichterische Individualität, das Ringen um die geistige Wirklichkeit.

Schon der erste Vers des Gedichtes kann veranschaulichen, was hier metrisch gemeint ist. Das Jambenschema legt folgende Betonung nahe:

Still wár der Tág, die Sónne stánd . . .

Dennoch liest man den Vers besser:

Still war der Tág, die Sónne stánd . . .

Nimmt man solche Korrekturen vor, dann wird die Sprache des Gedichtes etwas prosahafter, sie wird ruhiger und bewegter zugleich. Vielleicht darf man behaupten, daß erst so die Sprache des Gedichtes eine geistliche wird. Ihre drei Möglichkeiten, die hier der Reihenfolge nach entwickelt werden, treten offenkundiger hervor: das Meditative, Ekstatische und Gebethafte. Es steht im Zusammenhang mit der Relation, mit der Richtung, in welcher die dichterische Aussage sich vollzieht. Schema und lebendiger Sprachfluß stehen in Spannung zueinander, ja, die lebendige Sprache muß hinter dem Schema erst entdeckt werden.

Über diese allgemeine Struktur hinaus weist das Pfingstsonntagsgedicht noch ganz bestimmte sprachliche wie rhythmische Eigenarten auf. Auffallend sind in diesem Gedicht die kurzen Aussagen. Das mag schon im Strophenschema mitbegründet sein, vor allem durch den bündigen Abklangvers. In vielen Gedichten des »Geistlichen Jahres« gibt es ähnliche kurze Aussagen. Meist fassen sie etwas knapp zusammen, stellen etwas unerbittlich fest:

> O Glaube! wie lebend'gen Blutes Kreisen,
> Er tut mir not;
> Ich hab' ihn nicht.
> *(Am Pfingstmontage, I, S. 636)*

> Die ganze Nacht hab' ich gefischt
> Nach einer Perl' in meines Herzens Grund
> Und nichts gefangen.
> *(Am sechsten Sonntage nach Pfingsten, I, S. 648)*

Im Pfingstsonntagsgedicht sind die kurzen Aussagen nicht einmal mit einem Vers identisch, meist ist es ein zwei- oder dreimaliges Vorwärtsstoßen einer einzigen Zeile:

> Wo bleibt er? wo nur? Stund' an Stund', ...
> Er ist's, er ist's; die Flamme zuckt ...
> O Licht, o Tröster, bist du, ach! ...

Dennoch hat dieser Rhythmus nichts Provokatorisches an sich, wie es in dem Gedicht »Am Sonntag vor Pfingsten« sicher der Fall ist:

> Die Feder steigt, der Hammer fällt ...
> Wie nennst du dich, wer bist denn du?
> *(I, S. 633 f.)*

Wir haben es in dem Pfingstgedicht vielmehr mit einem geistigen Ergriffensein zu tun, wodurch die Sprache so seltsam gekürzt und geweitet wird. Sprechendes Innehalten, Frage, Anrufung oder was man sonst noch zur Bezeichnung für diese kurzen Aussagen anführen mag, bilden den Reiz dieser Gedichtsprache. Es ist als solle in die stoßartigen Pausen etwas von der Atmosphäre des Heiligen Geistes hineingelangen.

Die andern sprachlichen Eigenarten weisen in dieselbe Richtung. Es bleibt auf die Paarigkeit im Ausdruck aufmerksam zu machen: Schaut auf! Nehmt wahr! – bang und glühe Blicke – quillt und ruckt – der Wirbel stäubt, der Tiger ächzt. Die Paarigkeit im Ausdruck ist wohl ein Phänomen der Intensivierung oder kann auch Einheit im Entgegengesetzten besagen:

> Bald Heroldsruf und bald im flehend leisen
> Geflüster fort.

Besonders hervorzuheben ist der Vokalreichtum dieses Gedichtes. Dunkle Tonabstimmungen sind nur randhaft da. Diesmal tut sich nicht der dunkle Seelengrund kund, sondern die reinen Vokalabstimmungen bereiten den Eindruck einer claritas mentis, einer Geistesklarheit inmitten des »Ausgedörrten« und »Schwülen«. Ein letztes Merkmal dieses Gedichtes sind jene sprachlichen Wendungen, die sich unvergeßlich einprägen, so das wunderbare Kreisen, das unaufhaltsame Strömen des Wortes.

Bildanalyse

Das Pfingstgedicht beginnt mit einem nahezu visionären Raumbild: ein windstiller Tag, die Sonne am wolkenlosen Himmel, eine erschöpfte Atmosphäre:

> Still war der Tag, die Sonne stand
> So klar an unbefleckten Domeshallen;
> Die Luft in Orientes Brand
> Wie ausgedorrt, ließ matt die Flügel fallen.

Die Dichterin gebraucht verschiedene Einzelbilder, um ihr großes Raumbild zu veranschaulichen. Auffallend ist zunächst das Bild von »unbefleckten Domeshallen«, in älteren Ausgaben liest man noch

»unbefleckte Tempelhallen«.[9] Sicherlich darf man nicht zu früh an den jüdischen Tempel denken, der ganze Schöpfungsraum ist Tempel oder Dom Gottes. Das beigefügte Wort »unbefleckt« bedeutet für die sinnenhafte Wahrnehmung Wolkenlosigkeit oder auch Reinheit, steht in Entsprechung zu der Klarheit des Sonnenlichtes. In der liturgischen Sprache ist dieses Wort sehr gebräuchlich und zwar in der Verbindung von immaculata hostia. Durch den übertragenen Gebrauch von unbefleckten Domeshallen wird das naturhafte Raumbild gewissermaßen kirchlich.

Die Atmosphäre des Raumes wird sichtbar durch das Bild orientalischer Hitze und noch durch ein anderes, das dieses ergänzt: Die Luft hat matt ihre Flügel fallen gelassen. Unversehens hört man mit, daß nun kein Vogel mehr in der Luft sein kann. Das Bild vom Orient weist aber auch an den historischen Ort, wo das Ereignis stattfand, ebenso Domeshallen. Denn seit alters läßt die christliche Exegese zwei Möglichkeiten für den Ort der Geistsendung offen, nicht nur den Abendmahlsaal, sondern auch eine der vielen Tempelhallen.

Inmitten des Raumbildes wird auf eine kleine Gemeinde von Männern und Frauen aufmerksam gemacht. Das bedeutungsvoll am Anfang der Strophe stehende »still« wird weiter durchgehalten, denn die knienden Menschen beten leise. Die Sprachfügung ist derart ungewöhnlich, stockend und tastend, daß dieses Häuflein Menschen herausgehoben erscheint. Der Hinweis, daß auch Frauen dabei sind, macht auf den stellvertretenden Charakter aufmerksam, keine Einschränkung auf die Apostel oder engere Jüngerschar; zumindest werden sie nicht eigens genannt. Man muß sich in diese Gruppe hineinsehen – die Dichterin macht ja mit dem Wörtchen »sieh« darauf aufmerksam –, um als Mann oder Greis oder Frau, wer man gerade ist, mitzuknien und leise mitzubeten.

Die zweite Strophe führt vom Raum in die Zeitkategorie. Das Wesen der Zeit wird nicht nur äußerlich wahrgenommen, sondern eröffnet sich der kleinen Schar betend, im Warten auf den Tröster, wie Annette den Heiligen Geist immer wieder nennt. Zeit wird heilsgeschichtlich erfahren als Zwischenzeit, vom Scheiden des Herrn bis zur Ankunft des Geistes. Zeit ist gleich Verheißung:

> Wo bleibt der Tröster, treuer Hort,
> Den scheidend doch verheißen du den Deinen?

Dennoch wird das Begriffswort »Zeit« aufgestückt und gesteuert durch die Vorstellung von Stunden, Tagen, Nächten und sogar Minuten. Naturwissenschaftliche und biblische Zeitvorstellungen integrieren sich, um das menschliche Warten auszudrücken und das Naherücken des Heilsereignisses. Sonst ist die Schilderung der zeitlichseelischen Erwartung ziemlich bildlos, bis sie von der menschlichen Ebene auf die naturhafte hinüberblendet:

> Der Wirbel stäubt, der Tiger ächzt
> Und wälzt sich keuchend durch die sand'gen Fluten,
> Die Schlange lechzt.

Weshalb wird dieser naturhafte Bildaspekt in die Heilserwartung hineingenommen? Zunächst muß man sagen, daß sich auf der menschlichen Ebene der Ausdruck der Erwartung nicht mehr intensivieren ließ. Das Sprechen vom Bluten der Seele, wie es vorauf heißt, ist das Letztmögliche. Die beschworenen naturhaften Tierbilder sind ein Tiefgang in die Erlösungsbedürftigkeit der ganzen Schöpfung[10]; sie sind möglich und stehen schon bereit vom Raumbild der ersten Strophe.

Die auf den Pfingstgeist harrende Gemeinde steht in Naturnähe, eine Landschaft ist ihr zugeordnet, welche die inneren Erfahrungen widerspiegelt.

Das Pfingstgedicht könnte von den sakralen Bilddarstellungen des Spätmittelalters wie der Renaissance angeregt sein; eine Landschaft schließt das Heilsgeschehen im Hintergrund ab. Die landschaftlich-naturhaften Aussagen sind in diesem Gedicht ganz von der Sprachvorstellung Annettes geprägt. Man braucht nur die Verben durchzugehen: stäubt, ächzt, wälzt, keuchend, lechzt. Gerade das Tier kann für Annette von Droste-Hülshoff eine Sehnsucht ausdrücken, die aus dem Urgrund des Lebens aufsteigt. Hier bewegt es sich im Staub, belastet mit dem Fluch der bekannten Genesisstelle.[11] Wasserlosigkeit ist das Bild der Wüste. Und dieses Bild darf man nicht aus dem Auge verlieren, um den weiteren Verlauf des Gedichtes richtig einzuschätzen. Nicht Wasser kommt in der Form von Regen, sondern: Säuseln, Sturmesrauschen, Flamme, Wort, Licht, also eine Geisttaufe. Annette übersteigt im »Geistlichen Jahr« immer wieder die metaphorischen Aussagen mit christlicher Kühnheit, und gerade das macht ihre geistliche Bildsprache so anfordernd groß.

Die vierte Strophe, in der nun die Ankunft des Geistes beschrieben wird, behält in Anlehnung an den Schluß der dritten Strophe die naturhafte Ebene zunächst bei. Auf dieser wird auch das geistliche Geschehen zuerst verdeutlicht. Die bislang im Landschaftsbild nicht berücksichtigte Flora ist jetzt plötzlich da, Gräser und Palmen. Zuerst ist es ein leichtes Säuseln, das die Ankunft des Geistes anmeldet, sich dann aber zu Sturmesmacht steigert. Der Dichterin kommt es darauf an, daß das Säuseln und Rauschen des Sturmes nicht ein kosmisch-naturhaftes Geschehen ist, sondern – und dabei drängt sich ein theologischer Begriff auf – ein übernatürliches. Gräser und Palme werden von diesem Sturm nicht bewegt. Darin läge eigentlich ein Bildwiderspruch, wenn damit nicht angedeutet werden sollte, daß der Sturm sich auf einer anderen kreatürlichen Ebene ereignet als der der Flora. Diese aber ist gespannt auf das, was sich über ihr ereignet.

> Die Gräser stehen ungebeugt;
> Die Palme starr und staunend scheint zu lauschen.

Was die Dichterin mit einem derartigen Bildwiderspruch versinnbildet, ist dasselbe wie das, was das Neue Testament unter Zeichen oder Wunder versteht. Die auf der naturhaften Ebene zurückgehaltene Bewegung kommt auf der menschlichen desto intensiver zum Ausdruck, im Zittern, im bangen und glühenden gegenseitigen Anblicken. Der Anfang der Strophe findet seine Entsprechung im kerygmatischen Gebot des Abklangverses: »Schaut auf! Nehmt wahr!« Das ist die Sprache der religiösen Erfahrung. Sie ist auf eine höhere Wirklichkeit bezogen, auf die eigens aufmerksam gemacht werden muß.

Die fünfte Strophe veranschaulicht in traditionellen wie eigenständigen Bildern die Erkenntnis und Wirkung des Geistes. Nicht als etwas Unbekanntes erscheint der Geist Gottes, sondern als der durch die Verheißung schon bekannte und zu Erkennende. Das will das zweimal wiederholte Wort: »Er ist's«! ausdrücken.

Die Geisterfahrung wird in einem mehr äußeren und einem rein inneren Bild verdeutlicht. Jedes Glied der kleinen Jüngergemeinde steht mit seinem Haupt unter der zuckenden Flamme des Heiligen. Innerlich entspricht dem ein wunderbares, lebendiges Kreisen. Die Geisterfüllung bewirkt Glauben, wie der ähnlich gelagerte Vers im Pfingstmontagsgedicht erweist: »O, Glaube wie lebend'gen Blutes Kreisen.« Geisterfüllung bedeutet Glaubenserfahrung und Erneuerung des Menschen. In den Pfingstgesängen der Liturgie heißt es oft: Sende aus deinen Geist, und du wirst das Antlitz der Erde erneuern.

Wenn man so das Bild der Flamme und das vom wunderbaren Kreisen als Erneuerung des Menschen deutet, dann versteht man leicht den Fortgang dieser Strophe. Die Ankunft des Geistes stand in der Verheißung. Diese ist Gegenwart geworden, welche aber so geartet ist, daß sie immer Gegenwart bleiben will, und das bedeutet, daß sie sich in die Zukunft weiter vorschiebt:

> Die Zukunft bricht, es öffnen sich die Schleusen,
> Und unaufhaltsam strömt das Wort.

Die durch die Ankunft des Geistes offenbar gewordene neue Wirklichkeit soll fortan erneuern, und dies geschieht durch das davon ergriffene und kündende Wort. Das Wort ist jene geistige Realität, welche die Kraft der Mitteilung in sich schließt. Ein solches Wort nimmt alle Intensitätsgrade an. Es umspannt alle Aussagemöglichkeiten. Deshalb stellt die Dichterin das geistergriffene Wort in die Spannung von prophetischem Heroldsruf und flehend leisem Geflüster. Flamme, Zukunft, Wort sind die drei wesentlichen Bilder in dieser Strophe.

Die anders gelagerte Abschlußstrophe greift auf die Bildsprache der vorangegangenen zurück. Im Gebetston wird erhofft, daß die damals aufgebrochene Zukunft für die eigene Zeit Gegenwart werde – oder wenigstens etwas von der Intensität des Urereignisses jedes Pfingstfest mit sich bringe.

> O Licht, o Tröster, bist du, ach!
> Nur jener Zeit, nur jener Schar verkündet?
> Nicht uns, nicht überall, wo wach
> Und trostesbar sich eine Seele findet?

Wie am Anfang dieser Strophe, so wird in den noch persönlicheren letzten Zeilen das Bild der Flamme zu dem ruhigeren, allgemeineren des Lichtes abgewandelt. Der Geist ist licht, der die schwüle Nacht durchlichtet, der den in der Welt erblindeten Augen leuchtet. So wird der Heilige Geist mehr noch als in den voraufgehenden Strophen zum Tröster. Trost soll und kann er den Menschen geben. Das Wort Trost gehört in der Sprache Annettes zu jenen erlesenen dichterischen Ausdrücken, in denen Menschliches und Religiöses sich die Hand reichen.

Vielfältig und doch anspruchsvoll sind die Bilder in diesem Pfingstgedicht. Keines fällt aus dem Rahmen, alle fügen sich zusammen, die des Raumes, der Landschaft, der Zeit, der menschlichen Innerlichkeit und der worthaft-geistigen Transzendenz.

Die Gestimmtheit

Nicht nur bei der Naturlyrik, auch in den geistlichen Gedichten, trachtet die Dichterin danach, daß jedes Gedicht aus seiner vielfältigen Gedankenschwere in eine innere Gestimmtheit übergeht oder von einer bestimmten Atmosphäre getragen ist. Sprachton und Sprachrhythmus weisen in diese Richtung.

Durch Max Scheler und Martin Heidegger ist es uns leicht gemacht, den geistigen oder existentiellen Wert der Stimmungen zu erkennen. Stimmung und Gefühl sind nicht ohne weiteres zu identifizieren. Stimmungen oder besser Gestimmtheiten dienen zur Wirklichkeitserhellung, sie sind bei Annette wahrnehmungsfähig, ergreifen das Sein einer menschlichen oder religiösen Verfassung. Einstimmung heißt nichts anderes, als die im Gedicht gelegene Gestimmtheit zu erreichen, kann daher nicht bedeuten, sich in eine dichterisch-ästhetische Stimmung zu versetzen, sondern nur Hinwendung auf die Realität des Gedichtes, bei Naturgedichten auf die Wirklichkeit der Natur, bei den Gedichten der menschlichen Existenzanalyse auf die Wirklichkeit des Lebensgrundes sowie der Personalität, bei den geistlichen Gedichten auf die Wirklichkeit des religiösen Anspruchs. Hierdurch bekommt jedes Wort seinen besonderen Klang und Wert.

Wir haben also nach der geistlichen Gestimmtheit des Pfingstsonntagsgedichtes zu fragen. Da aber im Gedicht alle Momente sich zur Ganzheit integrieren, so muß sich die Stimmung mit dem Bewegungsgang abwandeln. Der Quasi-Natureingang des Pfingstgedichtes sammelt und weitet zugleich, stimmt ein, ohne zu konzentrieren. Vom Bilde her visionär, wird so der ganze Vorgang meditativ. Man kann die erste Strophe nur als Beginn einer Bildmeditation verstehen, sonst bleibt man außen und wird nicht eingestimmt, fast möchte man sagen, eingeweiht in die Esoterik des Pfingstgeheimnisses.

Über die Bildmeditation kommt es zur Angleichung an das historisch Vergangene, aber doch bildhaft Gegenwärtige. Nicht der Verstand, der deshalb im »Geistlichen Jahr« so oft verfemt wird, kann diese Angleichung vollziehen, sondern das Herz, die potentia spiritualis. Der schöpferische Geist des Menschen, der Dichterin, öffnet sich unversehens dem Heiligen Geist, auf den gewartet wird, der gesendet wird.

Aber die innere Angleichung geschieht auf der Ebene des ästhetischen Einverständnisses; so tritt am Ende des Gedichtes eine Verfremdung ein, ein Hinausgelassenwerden aus der Bildmeditation in die reale Wirklichkeit der Dichterin. Eine solche Verfremdung ist bei Annette allgemein üblich, ist in vielen Gedichten anzutreffen, und man bezeichnet sie sonst am besten mit Desillusionierung. Aber bei diesem Pfingstgedicht braucht keine mythische Erfahrung, keine Trunkenheit abgebaut zu werden. Es wird nur der Abstand erfahren zwischen der auf der metaphorischen Erfahrungsebene anwesenden Sinnfülle und der eigenen Armut. An die Stelle der Dichtung tritt deshalb das Gebet, damit jene dichterisch erfahrene Sinnfülle Wirklichkeit werde, die schon einmal Wirklichkeit geworden ist in dem geschichtlich zurückliegenden Ereignis der Geistsendung. Dennoch ist das nachträgliche Gebet im Rahmen des Dichterischen geblieben, rein poetische Empfindungen spielen freizügig hinein, lockern es in eine gelöste Atmosphäre auf. Es ist eben ein Pfingstgedicht und nicht ein Gedicht zu Gott dem Richter, nicht eine Gewissenserforschung, auch kein Gedicht mit der Mahnung zur inneren Umkehr, so daß die Härte der Aussage erst gar nicht auftritt.

Die Bildmeditation, wie Annette sie in diesem Gedicht vollzogen hat und wie wir sie nachvollziehen können, führt erst zu der eigentlichen Gestimmtheit. Sie ist geistig und geläutert. Es fiel schon einmal das Wort von der claritas mentis. Auf diese sind auch die dunklen Schichten der Seele hingeordnet, wenn sie auch nicht beseitigt werden. Aber auf dem Höhepunkt der Bildmeditation wird alles Ausgedörrte, Trübe, Schwüle in jenes wunderbare Kreisen hineingenommen, wovon es heißt, daß die Zukunft aufbricht und das Wort unaufhaltsam strömt. Das Strömende ist hierbei zugleich das Sammelnde.

Die Grundstimmung dieses Gedichtes, um sie noch etwas eingehender zu kennzeichnen, ist eine intentionale. Nirgendwo ruht sie in sich, sondern wird hervorgerufen durch die transzendente Wirklichkeit, von ihrer Annäherung und Distanz, von der Macht der Hinbewegung oder der Intensität des Einbruchs. Die dichterische Erfahrung und damit die Aussage des Gedichtes steht in festen Relationen:

zu der Jüngerschar, zu der Wirklichkeit des Geistes, zum eigenen Innern, aber auch zu denen, die das Gedicht lesen. Hierdurch wird die Sprache und innere Gestimmtheit personal. Der Relationscharakter und damit auch die Gestimmtheit wandeln sich vom Meditativen über das Ekstatische zum Gebethaften. Das entspricht dem Bewegungsgang des Gedichtes. Zum Meditativen gehört ein inneres Offenwerden oder die Aufhebung der seelischen Verschlossenheit; das Ekstatische ist das Hineingerissenwerden in das Erwartete; im Gebethaften erscheint die Relation in der einfachen Sprache vom Ich zum absoluten Du.

Das klare Relationsgefüge bringt die Bilder, die Sprache und Gestimmtheit dieses Gedichtes aus aller Subjektivität heraus in eine Allgemeingültigkeit, wie sie jedes geistliche Gedicht haben muß, wenn es auch für andere einen Sinn haben soll, auch für diejenigen, die außerhalb oder nur teilweise innerhalb der christlichen Glaubenswelt stehen. Der ästhetische Nachvollzug zielt auf Freiheit und nicht auf Fixierung.

Deutung des Schöpferischen

Abschließend könnte man sich die Frage vorlegen, ob Annette nicht in ihrem Pfingstgedicht die Erfahrung des Schöpferischen für die Darstellung der Erfahrung des Heiligen Geistes verwandt hat. Gewiß hat ihr diese im dichterischen Schreibprozeß aufkommende Erfahrung als Ausgangspunkt gedient. Aber für Annette von Droste-Hülshoff dürfte jede schöpferische Erfahrung schon von vornherein eine Nähe zum Transzendenten haben. Sofern sich das Dichterische steigert, erreicht es bei ihr die Kategorie des Prophetischen[12], und sofern der menschliche Geist sich innerlich erfährt, weist er über sich hinaus.

Daß sich eine solche Geisterfahrung bei Annette nicht im Vagen verliert, dafür sorgt der unerbittlich festgehaltene Wahrheitsanspruch. Nicht etwas bloß Subjektives will sie in ihrer geistlichen Lyrik darstellen, sondern ihre ganz persönliche Betroffenheit vom Bibelwort und den biblischen Geschichten, die über viele Jahrhunderte hinweg Hoffnung und Vertrauen grundgelegt haben. Wie weit für die Dichterin auch die Erfahrung des Geistes, vor allem des Heiligen Geistes, noch in der Zukunft aussteht, so rückt sie doch ins gläubige Bekennen. Wie alle Gedichte des »Geistlichen Jahres« ist das Pfingst-

gedicht confessio im augustinischen Sinne, d. h. Kundgabe einer geistlichen Erfahrung im mitmenschlichen Raum, angesichts des biblisch
bezeugten Gottes. Die schöpferische Erfahrung steht in einer ungeheuren Verantwortung. Wie sie zur Geisterfahrung werden kann,
zeigt das Pfingstgedicht, das in dieser Hinsicht eine Aufgipfelung des
»Geistlichen Jahres« darstellt.

VII
Die Briefe der Droste
Eine Kunst des persönlichen Erzählens

Wie sehr die Droste im Einklang mit der inneren Sprache Lyrik hervorgebracht hat, von der Trunkenheit des seelischen Erlebens bis zum
Anspruch des Religösen, sie ist nicht nur Lyrikerin, sie besitzt ein
Naturtalent des Erzählens. Man mag deshalb bedauern, daß ihr
Prosawerk nicht umfangreicher geworden ist. Bis auf die »Judenbuche« besteht es nur aus Fragmenten, aus Schreibversuchen, die mehr
als verheißungsvoll beginnen. Es sind sicherlich Eigenerfahrungen,
wenn die Droste in ihrer Prosa einen ihrer Erzähler sagen läßt, daß
er den Fehler habe, sich in Stimmungen hinein- und hinauszu-
schreiben.

Im Nachlaß blieb unvollendet der gewiß genial angelegte Jugend-
roman »Ledwina«, Selbstbespiegelungen als Weg zum eigenen Selbst.
»Bei uns zu Lande auf dem Lande« sollte zum umgreifenden Alles-
Roman werden und kam über die Anfangskapitel nicht hinaus. Das
Schicksalhafte ist in die »Judenbuche« eingegangen, während das in-
formative Konzept in den »Westfälischen Schilderungen« vorliegt.[1]
Will man die Kunst des Erzählens bei der Droste entdecken, so muß
man ihre Briefe lesen, Briefe, die nicht für die literarische Veröffentlichung gedacht waren und doch oder gerade deshalb in vielen Passagen eine schnörkellose Form des Erzählens darstellen. In den Briefen erschließt sich das erzählerische Ich Annette von Droste-Hülshoffs
unmittelbar, ist lebendig und nah, während es sich in den Prosa-
dichtungen hinter der Handlung verbirgt oder in die Rolle eines anderen verkleidet. In den Briefen wird die Alltagswelt der Dichterin
erzählt, kommen jene Vorgänge und Zustände des Lebens zur Sprache, die den Ausgangspunkt für ihre dichterische Phantasie bilden.
Der mitmenschliche Rahmen ihres Weltkontaktes wird deutlich.

In allen Briefen erzählt die Dichterin: Alltägliches, Banales, Wichtiges und Unwichtiges aus den Vorkommnissen in der Familie, im
Bekanntenkreis. Die Briefe werden zu Gesprächen, mit Antworten
und erneuten Fragen. Sie sind Korrespondenz. Der Briefpartner ist
immer gegenwärtig. Die Informationen nehmen zuweilen überhand;

Kleinigkeiten und Einzelheiten enthüllen die Beschränktheit vieler Tagesabläufe, wovon die Beschäftigung mit ihren dichterischen Projekten kontinuierlich bedroht ist.

Dazwischen aber, und das interessiert besonders, gibt es längere Stellen, in denen die Droste unbekümmert schreibend erzählt: Gehörtes, selbst Erlebtes in der Form von kleinen Episoden, auch längere Geschichten, die literarisch für sich stehen und über den Brief hinaus Gültigkeit beanspruchen können.[2] Es ist ein Erzählen, das unkompliziert abläuft und doch, wie zu zeigen sein wird, sowohl in Disposition wie im Sprachgebrauch die Gestaltungsabsicht deutlich werden läßt. Die Briefe sind und bleiben das große biographische Dokument. Dennoch ist das erzählerische Ich in ihnen auch ein literarisches, einmal weil Annette von Droste-Hülshoff sich selbst darstellt, zum andern ergibt sich dies aus der Eigengesetzlichkeit des Erzählens, daß nämlich schreibend etwas entsteht, was vorher so nicht gewußt ist. Bei den einzelnen Briefen und bestimmten Stellen darin dürfte das Ich der Dichterin unterschiedlich zum Vorschein treten.

Die Droste und ihre Briefpartner

Annette von Droste-Hülshoff war eine eifrige Briefschreiberin, wenn Krankheit oder andere ungünstige Umstände sie nicht davon abhielten. Die meisten ihrer Briefe haben eine beträchtliche Länge und spiegeln mit ihrer familiären Sprache und den Höflichkeitserweisungen die Briefkultur der Biedermeierzeit. In Adelskreisen, wie auch im gehobenen Bürgertum schrieb man im Prinzip so.[3] Oft waren die Briefe nicht nur an eine Person gerichtet, sie wurden weitergereicht oder auch im größeren Kreise vorgelesen und besprochen.

Der Briefstil Annettes ändert sich über die Jahre hinweg kaum, was sich ändert sind ihre Überlegungen im Hinblick auf den jeweiligen Adressaten. Annette schreibt nur das, was sie glaubt, daß der andere oder die andern von ihr erwarten, aber auch, was sie loswerden muß. Dies trifft in besonderer Weise auf die Briefe an die Mutter zu, aber auch auf die an die Verwandten. Wenn sie etwas »aus der Reihe« schreibt, so geschieht das auf einem gesonderten Briefbogen, der dem eigentlichen Brief beigefügt ist. Hinweise wie »für Dich allein zu lesen« oder die Bitte, den Brief nach dem Lesen zu verbrennen, sind nicht selten und zeigen den für Annette besonderen Grad der

Intimität an. Persönliche und offene Bekenntnisse dieser Art sind an ihre Schwester Jenny, vor allem aber an Levin Schücking und Elise Rüdiger gerichtet.

Die Briefkorrespondenz war für Annette selbst ein Stück Leben, wenn nicht sogar ein Stück Lebensersatz. Ihre Briefe rekapitulieren nicht nur, was in der jeweiligen Zwischenzeit alles passiert ist; sie geben Anlaß zu einem kontinuierlichen Nachdenken über das Vergangene, wodurch die Ereignisse nicht so schnell der Vergessenheit anheimfallen. Zu jemandem, dem man vertraut, über Freunde, Verwandte und Bekannte zu reden, ohne daß es zum bloßen Geschwätz wird, das gehört zum Briefeschreiben Annettes. Dabei ist das, was sie über andere schreibt zwar immer freundlich, klingt aber oft genug hart und realistisch offen. Die Menschen, die Annette kennt und charakterisiert, brauchen keine Engel oder Tugendbolde zu sein. Durch ihre Unzulänglichkeit werden sie ihr erst sympathisch. Kein Brief schließt ohne die Versicherung der Liebe und des Gutseins, des Denkens an den andern. Die Briefe der Droste sind inhaltlich wie formal auf den jeweiligen Briefpartner abgestimmt. So entsteht eine Vielfalt auf der Grundlage eines durchaus eigenen Schreibverständnisses.

1. Die Briefe an ihren ersten Mentor Professor Sprickmann, weisen auf eine starke Vertrautheit vonseiten der jungen Annette hin. Sie vertraut sich ihm an, da sie von ihm Hilfe und Unterstützung für ihr Schreiben erhofft. Er bringt ihr das so notwendige Verständnis entgegen und bestätigt ihre Schreibabsichten. Sie scheut sich nicht, ihm ihre Wünsche und Sehnsüchte vorzutragen, da diese zur Motivation ihres Schreibens gehören. Mehr oder weniger offen kommt in den Briefen aber auch Ungeduld zum Vorschein, die Unzufriedenheit mit ihrer Umgebung. Die häusliche Enge, die den jugendlichen Elan bremst, wird der Dichterin bewußt. Sie schreibt von Reiselust und Fernweh, wartet auf Anregungen für ihre brach liegenden Energien.

2. In den Briefen an die Mutter spiegelt sich Annette in der Rolle der gehorsamen Tochter.[4] Beispielhaft ist ein Brief vom 12. Januar 1837 aus Bonn. Sie entschuldigt sich zunächst für das versäumte Schreiben und führt ausführlich die Gründe dazu an. Indirekt erfährt die Mutter vom ausgefüllten Tagesablauf der Tochter. Man hat den Eindruck, daß sie alles aufzählt, was sie unternimmt, doch bleibt die eigene Erlebnisweise verdeckt. Sie plaudert verbindlich-unverbindlich über die aktuellen Geschehnisse, z. B. über die Geschenke zu Weihnachten, oder informiert die Mutter über die baldige Heimreise.

Karikatur der frühen Liebesaffäre der Droste: die Dichterin zwischen Arnswaldt und Straube, skizziert von Ludwig Emil Grimm

*Ich bin zuweilen etwas wild, wenn ich mal nicht an Straube denke, sondern
nur wie Ihr jetzt blindlings auf mich loshackt.*
(An Anna v. Haxthausen, 1820)

Dieses Erzählen ist ausführlich und breit, bewegt sich aber stets an der Oberfläche. Es bleibt herzlich und zugleich distanziert, was schon die Unterschrift »Deine gehorsame Tochter Nette« belegt (mit 40 Jahren!). Wenn die Mutter auf Besuchsreisen ist, berichtet Annette pflichtgemäß über die Vorgänge in Haus und Familie. Von den alltäglichen Besonderheiten wie Geburt, Taufe, Ehe, Krankheit und Tod weiß sie eindringlich zu erzählen. Doch über die Tochter erfährt die Mutter wenig, und wenn Annette über eine gerade überstandene Krankheit spricht, dann immer in beruhigender, beschwichtigender Form.

Rücksichtnahme übt Annette immer, wenn es um die schriftstellerischen Aktivitäten geht. Die Mutter wird nur mit den notwendigsten Informationen konfrontiert, zumal Annette weiß, daß das Interesse an ihrem literarischen Schreiben thematisch beschränkt ist, gegenüber vielen Unternehmungen sogar reserviert bleibt. Bescheiden, fast demütig schreibt sie nach Erhalt erster Lorbeeren als Dichterin: »Bitte, behalte dies letztere eher alles für Dich, es würde mir wohl als Prahlerei ausgelegt werden und freut mich doch hauptsächlich Deinetwegen; ich möchte so gern, daß Du doch etwas Freude von meinen Schreibereien hättest, meine liebe, liebste Mama.« (An die Mutter 1. 8. 1838) Anders klang es noch in dem Begleitbrief zum Anfang des »Geistlichen Jahres«, in dem Annette von ihrer eigenen inneren Verfassung spricht. (9. 10. 1820) Die Nicht-Reaktion der Mutter auf die persönliche Offenheit wird dazu beigetragen haben, daß Annette in Zukunft anders verfuhr.

3. Die Briefe an die Schwester Jenny wirken herzlich, aber auch lebhafter und zugleich offener. Quantitativ gesehen ist jedoch die Korrespondenz mit Jenny gering – durchschnittlich sind es zwei Briefe pro Jahr. Hierfür gibt es bestimmte Gründe: die längeren Besuche bei der Schwester, die einen Briefwechsel überflüssig machen, sowie der Aufenthalt der Mutter bei Jenny, da die an die Mutter gerichteten Briefe Jenny als Adressatin miteinschließen.

Ähnlich wie die Mutter wird Jenny über die familiären Umstände genauestens informiert. Oft genug handelt es sich um Antwortbriefe, denn sie greift stets die gestellten Fragen der Schwester auf, um sie exakt zu beantworten, ohne eine Frage auszulassen. Darüber hinaus erwähnt sie auch Neuigkeiten über ihre literarische Beschäftigung und die Probleme der Veröffentlichung. Über eingegangene Rezensionen berichtet sie ebenfalls, zitiert sie sogar auszugsweise. Dies geschieht wohl deshalb, da sie einerseits weiß, daß Jenny an ihren Dichtungen interessiert ist, zum andern will sie ihren Schwager Laßberg über Jenny von ihren Erfolgen wissen lassen. Anfangs bittet sie sogar um die Korrektur ihres »St. Bernhard« und »Des Arztes Vermächtnis«, da Laßberg ihr Hoffnung gemacht hatte, einen Verleger zu finden. Gleichzeitig bringt sie die Diskussion über ihr geplantes Westfalenwerk ein. Die Auseinandersetzung mit ihren Plänen ist ehrlich und überzeugend geführt, läßt sogar Selbstironie zu und zeugt von einer steigenden Sicherheit im eigenen literarischen Urteil.

4. Ab Juli 1834 setzt die Korrespondenz Annettes mit Schlüter ein, der bald die Funktion eines Freundes und Beraters ausübt.[5] Die Beraterfunktion nimmt allerdings in den vierziger Jahren durch den Kontakt mit Schücking ab und wird erst nach dem Bruch mit Schücking wieder neu belebt. Zunächst spiegeln die Briefe die literarische Auseinandersetzung. Man tauscht Bücher und Schriften miteinander aus, teilt sich Leseerfahrungen mit, bezieht Stellung zu mehr oder weniger bekannten Schriftstellern. Auf diese Weise ersetzen die Briefe öffentliche Diskussionen im Kreis der Familie und mit Bekannten. Schon bald spricht Annette auch über ihre eigenen Dichtungen. Stets ist ein freundschaftlich-persönlicher Ton zu finden. Eigene Empfindungen und Ängste werden nicht verschwiegen; Annette kommt dabei ins Erzählen und aus dem Erzählen bilden sich kürzere oder längere Geschichten.

Sieht man die Briefe an Schlüter vor sich, so fällt auf, daß gerade hier sehr oft das Rüschhaus in der jeweiligen Jahreszeit oder Tagesstimmung beschrieben wird. Bei Briefen von ihren Reisen nimmt die Beschreibung des Quartiers, der Umgebung, der Bevölkerung einen großen Raum ein. Es ist, als müsse sie dem blinden Schlüter das Sehen durch poetische Sprache ersetzen. Die Briefstellen, die von ihren Werkplänen, ihrem Arbeitsprozeß handeln, zeigen in der Formulierung eine immer stärker und sicherer werdende Urteilskraft gegenüber dem, was ihr schriftstellerisch gemäß ist oder nicht. Sie bezieht Schlüter in ihre Zweifel, Überlegungen und Vorentscheidungen ein, macht jedoch gleichzeitig deutlich, inwieweit sie selbständig handeln kann und will.

5. Seit dem Zusammentreffen Annettes mit Levin Schücking im literarischen Kreis Elise Rüdigers 1838 wird er zum wichtigsten Gesprächspartner.[6] Über die Beziehung zwischen beiden ist viel vermutet und geschrieben worden, und das zu recht, da ohne Schücking An-

nette von Droste-Hülshoff wohl kaum das Forum einer größeren Öffentlichkeit erreicht hätte. Er hat dazu beigetragen, daß Annette in ihrer schriftstellerischen Selbstreflexion die entscheidenden Fortschritte machte. In ihren Briefen spiegelt sich dies wider.

Schon zu Beginn ihrer Freundschaft schreibt Annette an ihre Schwester Jenny im Januar 1839 über Schücking: »Er hat ohne Zweifel das feinste Urteil in unserem Klub, und es ist seltsam wie jemand so scharf und richtig urteilen und selbst so mittelmäßig schreiben kann.« In gewisser Hinsicht hat sie mit diesem Ausspruch recht behalten, wenn er auch dazu gedient hat, das Bild Schückings in der Droste-Rezeption einseitig festzulegen.

Die Briefe Annettes an Schücking beginnen nach seiner Abreise von der Meersburg; sie lassen den intensiven menschlichen wie literarischen Austausch nachklingen. Alle Briefe nehmen in irgendeiner Weise darauf Bezug. Sie sind Erinnerungsprosa und zugleich der Versuch, den geistigen Kontakt unentwegt fortzusetzen, bis er später dann abrupt abbricht.

Die Briefe der Droste sind gegenüber denen von Schücking von einer größeren Erwartung bestimmt. Am Anfang steht noch das vertraute Du, das dann später aus Rücksichtnahme gegenüber Familie und Öffentlichkeit zurückgenommen wird: » – (auch dieser Brief darf das Leben nicht behalten; deshalb lasse ich mich auch so ruhig gehn mit dem lieben alten Du, dem es mir recht schwer wird fortan zu entsagen.)« In welcher Gemütsverfassung sie nach der Abreise von Schücking war, schreibt sie ihm offen und rückhaltlos: »In den ersten acht Tagen war ich todbetrübt und hätte keine Zeile schreiben können, wenn es um den Hals gegangen wäre; ich lag wie ein Igel auf meinem Kanapee und fürchtete mich vor den alten Wegen am See wie vor dem Tode.«

Die gesamte Briefkorrespondenz steht in der Spannung von eigener Produktivität und dem kritischen Urteil Schückings. Annette bekundet einerseits eine vertrauende Hinwendung zu ihm, andererseits aber besteht sie auf ihrer literarischen wie geistigen Selbständigkeit. Sie begibt sich nicht in seine Abhängigkeit, sondern sucht das partnerschaftliche Gespräch, wehrt sich gegen unvereinbarte Übergriffe. Im Januar 1844 schreibt sie an Schücking: »Sie sehn, Levin, ich möchte gern alles für Sie tun, was ich kann; nun geben Sie mir dagegen aber auch ein Versprechen, und zwar ein ernstes, unverbrüchliches, Ihr Ehrenwort, wie Sie es einem Manne geben und halten würden,

Katharina Busch
Mutter Levin Schückings

Sybille Mertens-Schaaffhausen
»Die Rheingräfin«

Freundinnen der Droste

Johanna und Adele
Schopenhauer

Elise Rüdiger
geb. von Hohenhausen

daß Sie an meinen Gedichten auch nicht eine Silbe willkürlich ändern wollen. Ich bin in diesem Punkte unendlich empfindlicher, als Sie es noch wissen, und würde grade jetzt, nachdem ich Sie so dringend gewarnt, höchstens mich äußerlich zu fassen suchen, aber es Ihnen nie vergeben und einer innern Erkältung nicht vorbeugen können.« Wie sehr ein Eingriff in ihre Schreibsubstanz Annette außer sich bringen konnte, belegt die Reaktion auf die Kürzung des zweiten Verhörs in der Judenbuche: »Zuerst war ich zürnig, grimmig wie eine wilde Katze, und brauste im Sturmschritt nach Deisendorf; auf dem Rückweg war ich aber schon abgekühlt und gab dem Operateur – Hauff, Dir oder gar mir selbst – recht.« (13. 6. 1842)

Ein wichtiges Gesprächsthema bezieht sich auf die Verlegerproblematik. Sie wird mit Schücking durchdiskutiert, der dann auch die entscheidende Verbindung mit Cotta zustande bringt. Sie wünscht, daß alle diesbezüglichen Verhandlungen über ihn gehen, überläßt ihm per Brief den ganzen »literarischen Verkehr«. Spannung kommt dadurch auf, daß zwischen ihnen beiden die Probleme des literarischen Marktes diskutiert werden müssen. Als Dichterin will sie Veröffentlichung und Öffentlichkeit, als Person spürt sie die Gefahr der Veräußerung und Verflachung. Auch wehrt sich der Adelsstolz in ihr gegen das Anbieten, Werben und Feilschen des Literaturbetriebs. Die Verquickung von menschlichem und literarischem Schicksal, dies wird in den Briefen an Schücking bis zum letzten Brief an ihn deutlich.

6. Von den Freundinnen, mit denen Annette korrespondiert, ist der literarische Austausch mit Elise Rüdiger besonders erfreulich. Sie ist sogar nach den Aussagen Annettes ihre einzige über die Verwandtschaft hinausgehende Bekanntschaft, mit der sie bis zum Ende ihres Lebens Kontakt behalten will. In den Briefen an sie werden nicht nur literarische Neuerscheinungen diskutiert, sondern auch persönliche Probleme besprochen. Zu Elise Rüdiger ist Annette am unmittelbarsten. Auch die Beziehung zu Schücking und sein weiteres literarisches wie persönliches Schicksal sind vielfach Gegenstand dieser Briefe. Annette spiegelt sich in der jüngeren Elise Rüdiger. Zum guten Teil sind es Selbstgespräche, an denen sie Elise Rüdiger teilnehmen läßt.

»Daß ich gern mitunter einen Brief von Ihnen, mein altes, mir immer gleich teures Herz, sähe, brauche ich nicht zu sagen, aber ein Brief, auf den man vielleicht erst nach einem halben Jahre Antwort erwarten kann, ist ein Opfer. Wollen Sie es mir zuweilen bringen, um unsrer Liebe willen, die doch wohl stärker ist als Krankheit und Tod? Und in die Briefe, die fortan wieder von hier an Mama abgehen, einige versiegelte Zeilen an Sie einlegen, das werde ich doch hoffentlich immer können, und unsre lieben Münsterkinder besorgen sie Ihnen dann, wären es auch nur die paar Worte: ›Ich lebe noch, und habe Sie sehr lieb!‹« *(7. 8. 1847)*

Die Geschichten in den Briefen

In den Briefen Annette von Droste-Hülshoffs finden sich zwischen den persönlichen Mitteilungen viele einzelne Erzählstücke, die oft zu einer Geschichte ausgestaltet sind. Alle diese Geschichten – man könnte sie herausnehmen und zu einem kleinen Erzählband zusammenstellen – besitzen besondere literarische Eigenarten und Vorzüge. Einige dieser Erzählmomente sollen herausgestellt werden.[8]

Wenn Annette in ihren Briefen zur Form des Erzählens übergeht, bleibt der Leser ihr voll gegenwärtig. Man kann sogar zu der Schlußfolgerung kommen, daß die Geschichten in ihren Briefen auf die betreffende Person hin disponiert sind, von deren stillem Einverständnis leben. Annette will nicht nur Informationen weitergeben, sondern mit dem, an den sie schreibt, Erlebnisse austauschen, ihn in eine ähnliche Stimmung versetzen. Dazu verhelfen in ihren Briefen die längeren oder kürzeren Erzählpartien. Dies ist auch der Grund, weshalb bei der Wiedergabe der einzelnen Geschichten die brieflichen Zusätze nicht gestrichen werden können. Der briefliche Kontext gehört zu diesem Erzählen dazu.

Die Form des Briefes sorgt dafür, daß streng und geordnet nacheinander erzählt wird, vielleicht manchmal etwas langatmig und detailliert ausführlich. So ist ein anstrengungsloses, zugleich aber sprachlich anspruchsvolles Erzählen entstanden, das keineswegs formlos ist oder naiv dahingeplaudert. Das ruhige Schreiben hat den Stoff gegliedert: das eine nach dem andern. Abschweifungen werden hierbei vermieden, nicht jedoch längere Einfügungen, wodurch eine Geschichte in die Länge gezogen wird. Bei aller Spontaneität und dem großen Einfallsreichtum wird viel Erzählzeit benötigt, ohne Hast und Eile.

Die meist noch angefügten Überlegungen und Reflexionen gehen unmittelbar aus dem Erzählten hervor, schaffen wiederum Situationen, die zu neuen Geschichten anregen. Das Nachdenken anläßlich der erzählten Geschichte drückt eine eigene Betroffenheit aus, fördert eine für Annette typische Lebensweisheit zutage. Es sind Selbstgespräche, an denen der Leser des Briefes teilnehmen soll, manchmal um Zustimmung bittend, manchmal nur als Ausdruck der vorausgesetzten gleichen Lebenseinstellung.

Das Thema der Geschichten bezieht sich durchweg auf etwas Unerhörtes, Geheimnisvolles, auf etwas, wovon die Dichterin selbst fasziniert ist, wofür sie sich begeistert, wodurch sie sich seelisch bedrückt fühlt. Selbst der Kauf des Fürstenhäuschens wird von ihr so erzählt, daß der reale Vorgang eine seelische Grundstimmung erhält. Naturschilderungen dienen dazu, die eigene Erlebnistiefe zu vermitteln. Dennoch bleibt alles Stimmungsvolle an genaue Beschreibungen gebunden. Das seelische Erleben, das sich mitteilen will, klammert sich an Gegenstände und sichtbare Vorgänge. Den Eindrücken entspricht ein unentwegtes Beschreiben. Bei Annette von Droste-Hülshoff kann man feststellen, wie eng Erzählen und Beschreiben zusammengehören. Während das Beschreiben Reales und Gegenständliches vor Augen führt, läßt das Erzählen den Wandel des Erlebens vorbeiziehen.

Vor allem sind es bildhafte Vorstellungen, die durch das Erzählen hervorgerufen werden. Man hat das Alpenglühen vor sich, man sieht das Kistchen mit den Leuten ringsum, man erblickt Annette oberhalb des stürmischen Sees, man erkennt das Fürstenhäuschen inmitten der Weinberge: ein imaginatives Erzählen. Mehr noch als der Briefleser ist die Dichterin als Person präsent, da sie sich selbst in die Geschichten hineingeschrieben hat. So vermittelt sie sich ihren Brieflesern.

Der Unterschied zum sonstigen literarischen Erzählen ist bei Annette von Droste-Hülshoff nicht sehr groß. Man kann das Erzählen in den Briefen als Grund- oder Ausgangsform ihres Erzählens überhaupt ansehen, das in ihren literarischen Projekten weiter ausgeführt ist. Der Bezug zum Leser tritt dort zurück, ohne daß er aufgegeben würde. Die erzählerischen Verweise werden vielfältiger und zum Teil auch verwirrender, da der Leser, wie in der »Judenbuche« in die Anstrengung des Vermutens gelangen soll. In den vorhandenen Kapiteln des Romans »Bei uns zu Lande auf dem Lande« ist das Erzählen dem in den Briefen ähnlich geblieben. Beschreibungen und Charakterisierungen herrschen hier vor; der Handlungsablauf ist eine Summierung von Begebenheiten, die selbst relativ einfach erzählt werden. Das Künstlerische liegt in der fiktionalen Form der Verknüpfungen, in der humoristischen Einstellung des Erzählers.

Was Annette in der geplanten Einleitung zur »Judenbuche« über das Erzählen geschrieben hat, gilt für ihr Erzählen überhaupt: ein tiefes dämmeriges Nachdenken und gleichzeitig der Versuch, wie ein Kindergedächtnis jeden Umstand festzuhalten.[9] Annette hat sich in der ersten der ausgewählten Geschichten als grandiose Grundbesitzerin bezeichnet, weshalb man dieser Geschichte diesen Titel geben sollte. Man könnte sie auch »Mein künftiges kleines Tuskulum« überschreiben, wie sie das Fürstenhäuschen in einem Brief an Schücking genannt hat. Solche poetisierenden Titel werden der Geschichte gerecht, sei es in der Form der humoristischen Übertreibung oder als idyllische Bezeichnung. Die Geschichte steht in dem Brief an Elise Rüdiger vom 18. November 1843. Dort berichtet Annette vom Kauf des Fürstenhäuschens, das sie mit ihrem erstverdienten Honorar so preiswert für sich erwerben konnte. Daß sie noch mit ihrer Leibrente etwas dazu beisteuern mußte, geht aus dem Brief an Schücking hervor. Der Erwerb des Fürstenhäuschens löste in ihr eine vielfache Faszination aus: eigene Selbständigkeit, künftige finanzielle Unabhängigkeit, Grundlage einer möglichen späteren Stiftung, das Bewußtsein, selbst etwas zu haben und zu besitzen, über den Rahmen der eigenen kleinen Sammlungen hinaus. Dies alles spiegelt sich in der berichteten Geschichte und macht sie über das bloß Biographisch-Faktische hinaus literarisch lesenswert.

Der Leser kann heute, wenn er die Geschichte liest, in die Rolle der Elise Rüdiger treten und mit der Dichterin den Erwerb des Fürstenhäuschens miterleben. Sprüche von Selbstbegeisterung finden sich zwischendurch. Die Geschichte erscheint als ein innerer Aneignungsprozeß. Man spürt direkt, wie die Dinge, die Annette nennt, sei es das Haus mit seinen Räumen, der Garten mit den Weinstöcken, ihr zu eigen werden. Mit dem Aneignungsprozeß kommen Vorstellungen der Veränderung auf. Sie übernimmt nicht nur, sie plant und verändert auch, und schon ist das Fürstenhäuschen in ihrer Vorstellung zu einem Zentrum ihrer Lebenswelt geworden, von dem aus ihr die Welt gewissermaßen zu Füßen liegt. Dabei vergißt sie aber nicht ihre westfälische Heimat: das Fürstenhäuschen gleichsam als dichterische Zufluchtsstätte.

Daß Annette von Droste-Hülshoff es dann doch nicht in der Weise wie sie es sich vorgestellt und geschildert hat, später benutzen konnte, spielt keine entscheidende Rolle. In ihrer dichterischen Vorstellung ist das Fürstenhäuschen das geblieben, was sich hier ausgedrückt hat, selbst wenn sie in dem Brief an Levin Schücking aus gegebenem Anlaß manches wieder relativiert hat.

Eine grandiose Grundbesitzerin

Jetzt muß ich Ihnen auch sagen, daß ich seit acht Tagen eine grandiose Grundbesitzerin bin. Ich habe das blanke Fürstenhäuschen, was neben dem Wege zum Frieden liegt – doch dort waren Sie nicht, aber man sieht es gleich am Tore, wenn man zum Figel geht – nun das habe ich in einer Steigerung nebst dem dazu gehörenden Weinberge erstanden, und wofür? Für 400 Reichstaler. Dafür habe ich ein kleines, aber massiv aus gehauenen Steinen und geschmackvoll aufgeführtes Haus, was vier Zimmer, eine Küche, großen Keller und Bodenraum enthält, und 5000 Weinstöcke, die in guten Jahren schon über zwanzig Ohm Wein gebracht haben. Es ist unerhört! Aber keiner wollte bieten, dieses unglückliche Jahr bringt nur Verkäufer hervor. Gottlob ist's kein armer Schelm, dem ich es abgekauft, sondern der reiche Großherzog von Baden, dem dies vereinzelte Stückchen Domäne lästig war. Früher gehörte es den Bischöfen von Konstanz, und der letztverstorbene ließ dies artige Gartenhaus bauen, wo er manchen Tag soll gespeist haben.

Die Aussicht ist fast zu schön, d. h. mir zu belebt, was die Nah- und zu schrankenlos, was die Fernsicht betrifft. Es ist der höchste Punkt dieser Umgebungen, gleich am Fuße des Hügels zwei sich kreuzende Chausseen, tiefer Stadt und Schloß Meersburg, die hier ganz niedrig zu liegen scheinen; als nächste Punkte darin (etwa tausend Schritt entfernt) und sich wunderschön präsentierend, rechts das alte Schloß, links das Seminar, von dem nachmittags der schöne Chorgesang so deutlich aufsteigt, daß keine Note verlorengeht; tief unten der See mit seiner ganzen Rundsicht, die Insel Mainau, Konstanz, Münsterlingen, das Thurgau, St. Gallen, auf der einen Seite nur durch die Alpen beschränkt (von denen ich hier noch die *ganze* Tiroler Kette als Zugabe habe), von der andern durch die höchsten Kegel des Hegaus. Es ist eigentlich wunderbar schön, und die Meersburger halten dieses Fürstenhäuschen (auch der Hindelberg genannt) für eine unschätzbare Perle. Mir ist's aber fast zuviel und zauberhaft, und wie ich so droben die ganze Gegend kontrollieren kann, jeden Bürger, der auf die Gasse oder auch nur ans Fenster, jeden Bauern, der in seinen Hofraum tritt, so komme ich mir vor wie der Student von Salamanka, dem der hinkende Teufel die Hausdächer abgehoben hat, und mir ist beinahe sündlich zumute. Vom Häuschen bis zur Chaussee hinunter führt eine Steintreppe mitten durch die Reben, die ich zum Laubengange machen und auf der Hälfte, mittelst zweier Ausbiegungen, mit ein paar niedlichen versteckten Ruhebänken versehen will. Unten ist die Treppe schon durch ein hübsches Gatterpförtchen verschlossen. Ich habe nichts zu tun als die nächsten Rebenreihn aufranken zu lassen und die kleine Rotunde in der Mitte zu besorgen, wozu ich nur drei oder vier Weinstöcke wegzunehmen und die dahinterstehenden zu benutzen habe; in zwei Jahren kann alles dicht und schattig sein. Was sagen Sie dazu?

Die Reben hat der alte Bischof mir aufs beste gewählt, Burgunder, Traminer, Gutedel et cet., und die eine (Sonnen-) Seite des Abhangs bringt solchen Wein, als Laßberg Ihnen vorgesetzt, die andere geringeren. So kann ich also in guten Jahren auf zehn Ohm vortrefflichen und ebensoviel mittelmäßigen Wein rechnen. Grad hinter dem Hause, wo der Schatten desselben den Reben sehr schadet, will ich diese ausroden, den Boden gleich machen und eine kleine Blumenterrasse, nicht groß genug zum Spazierengehn, aber angenehm fürs Auge, mit lange und reichlich blühenden Blumen, Georginen, Rosen, Levkojen et cet. bepflanzen lassen. Oh, Sie sollen sehn, ich mache ein kleines Paradies aus dem Nestchen! Schade, daß ich meine meiste Lebenszeit 200 Stunden davon zubringen werde! Oder vielmehr gottlob, daß der heimische Boden und ich uns immer einander treu und sicher bleiben und mir doch, falls mir von Zeit zu Zeit die hiesige Luft wieder nötig würde, bei allen denkbaren Wechselfällen ein niedliches Chez moi nicht fehlt.

(Aus dem Brief an Elise Rüdiger vom 18. November 1843,
geschrieben in Meersburg, Briefe II, S. 233-235)

Der Anblick der Alpen und der Spiegelgrund des Bodensees sind es, wovon Annette von Droste-Hülshoff bei ihren Aufenthalten auf der Meersburg so ungemein beeindruckt ist. In der ausgewählten Geschichte, die sich ebenfalls in dem November-Brief an Elise Rüdiger findet, wird beides in einer Höchstform gegenwärtig. Annette erzählt von einem Alpenglühen, wie sie es bisher noch nie gesehen hat, und dann von einem Seesturm, von dem sie in seiner Ungestümheit nahezu tödlich bedroht wurde. Es ist das Erlebnis des Elementaren, das Alpenglühen als Feuer, der Seesturm als Übermacht der Natur.[10] Ein solcher Gegensatz zeichnet diese Geschichte aus.

In ihren Briefen aus Meersburg hat Annette oft auf den Bodensee Bezug genommen, aber auch in ihrer Lyrik ist er zum Gegenstand von Erlebnis und Reflexion geworden. Für die hier erzählte Geschichte kann Annette bei Elise Rüdiger mit einem vollen Einverständnis rechnen, da ihre Freundin oft mit ihr am Strand des Sees entlang gewandert ist. So kann sie in der Erinnerung alles real mitvollziehen. Im Gegensatz dazu stehen in der Geschichte die Familienangehörigen, die Annette zwar umsorgen, aber kein Verständnis für das aufbringen, was sie erlebt und seelisch durchgestanden hat. Sie sehen, wenn auch unterschiedlich, das ganze nur aus der Sicht von Vernunft und Unvernunft.

Annette gibt der Geschichte selbst eine Deutung: »Da mir das Abenteuer nicht geschadet hat, ist's mir doch lieb, den See einmal in seiner tollsten Laune gesehn zu haben, um so mehr, da es nur für einmal im Leben ist, denn ein anderes Mal werde ich mich hüten!«

Der See

Sie sind jetzt wohl ganz gewiß wieder in Münster, lieb Herzchen, und so gehe ich denn an meine liebste Beschäftigung, die, Ihnen zu schreiben. Ich bin indessen noch keinen Tag von Ihnen getrennt gewesen, alle Nachmittage um drei (außer vorgestern, wo es hart regnete) habe ich an unserem Strande gesessen, der mir durch Sie so lieb geworden ist, daß keine andere Erinnerung neben Ihrem lieben Gesichtchen dort ein Haar breit Raum findet. Es hat mich ein paarmal selbst überrascht, wenn beim zufälligen Zurückblicken mir einer meiner alten Lieblingsplätze ins Auge fiel, wie ich so alle Tage dranher trotte, als wären's Laternenpfähle oder Rebstöcke. O vanitas vanitatum! Ich habe auf unserm Kiesgrund noch schöne, schöne Dinge gesehn, und das Herz hat mir ordentlich geblutet, daß Sie nicht da waren – zweimal ein Alpenglühen, wogegen das frühere gar nicht in Betracht kam, die ganze Alpenkette wie rotes Eisen und sonst noch prächtige mir ganz fremde Beleuchtungen, z. B. einmal die Kuppen der Berge ganz dunkelviolett, der Fuß ebenfalls, und um die Mitte ein breiter Wolkengürtel, in dem das Abendrot den brennendsten Purpur widerstrahlte, und der wie ein Lavastrom in allen Tinten wallte, es war unbeschreiblich schön und fremdartig!

Auch der See hat noch ein paarmal sein Bestes getan an Grüne und Schmelz, und einen Sturm habe ich erlebt, oh, einen Großpapa aller Stürme, und habe Gott gedankt, daß ich ihn allein überstehn mußte. Es war in der zweiten Woche nach Ihrer Abreise, ich hatte einen langen Spaziergang weit über Haltenau hinaus gemacht und mich eben zum Rückwege gewendet, als ein wahres Teufelswetter losbrach, ohne Regen, nur Sturm, aber um Berge zu versetzen. Bei jedem Ruck faßte er mein dickes wattiertes Kleid und wollte mich über die Mauer reißen, so daß ich gleich bergan in die Reben flüchten mußte, wo ich mich kümmerlich an den Pfählen fortlavierte bis Haltenau, und dort wie ein verunglückter Luftballon ins Haus mehr plumpste als flatterte, nämlich mit halbem Überstürzen, was sich wahrscheinlich eher mitleidswert als graziös mag ausgenommen haben. Die dicke Rebfrau konnte auch mit ihrem »B'hütis Gott! b'hütis Gott!« gar nicht aufhören und meinte, sie würde jetzt um fünf Gulden nicht über die Mauer nach Meersburg gehn. Was half das alles? Ich mußte doch nach Hause, obwohl das Wüten draußen mit jeder Minute ärger wurde. So ging ich wieder los und versuchte als letzten Ausweg, mich gleich den Berg hinauf zu arbeiten, wo ich schlimmstenfalls doch nur bis in die nächsten Rebpfähle geschleudert werden konnte – freilich, wenn's mit Vehemenz geschah, immer gefährlich genug, und zudem hätte ich, wie Sie wissen, Klippenwände passieren müssen. Vielleicht war's gut, daß der Versuch mißlang, es war keine Möglichkeit, bei jedem Schritt höher konnte mich der Wind derber packen, ich mußte mehr kriechen als gehn und bei jedem Ruck niederhocken, um nicht weggerissen zu werden, also wieder bergab! Doch blieb ich zwischen den Reben, etwa dreißig Fuß über dem Mauerwege. Es war eine greuliche Arbeit; ich habe über eine Stunde gebraucht; die meiste Zeit saß ich in einem Klümpchen dicht zusammen und wartete die Pausen der Stöße ab, um dann zehn oder zwölf Schritte voran zu arbeiten.

Was wir zusammen erlebt haben, kann Ihnen nicht mal einen schwachen Begriff davon geben, aber der See war unbeschreiblich schön, so durchsichtig und in allen Farben wechselnd, wie ich davon vorher keinen Begriff gehabt. Die Sonne warf durch Wolkenlücken ein prächtiges falsches Licht darauf, und ich wurde fast geblendet durch das Blitzen der Springwellen, die unter mir wie eine endlose Reihe Fontänen aufstiegen, und zwar nicht, wie wir es kennen, nur diesseits der Mauer, sondern wenigstens vierzig Fuß höher, weit über mir und meinen Rebstöcken, niederplatschten, so daß ich nach ein paar Minuten keinen trocknen Faden mehr am Leibe und mein Rock sich in einen gefüllten Schwamm verwandelt hatte, der mich niederzog wie Blei. Ich kann Ihnen sagen, Elise, daß ich froh war, als ich das Tor über mir und meine bedenkliche Fahrt sich in eine klatrige durch die Unterstadt verwandelt hatte. Noch einmal hatte ich einen schweren Stand, die Stiegen hinauf, wo der Wind wieder alle Macht hatte, und besonders auf der langen, schmalen Brücke über den Mühlrädern, wo ich einmal keinen andern Rat wußte, als mich platt hinzuwerfen, und doch wohl herabgeweht wäre, wenn nicht der Müller, der auch grad genötigt war die Brücke zu passieren, mich am Boden festgehalten und dann auch die letzte Stiege hinaufgeleitet hätte. Als ich ins Schloß kam, schnatternd und einen nassen Streifen hinter mir lassend wie ein geschwemmter Hund, ward ich auch empfangen wie ein armer Hund. Es mißlang mir, in mein Zimmer zu schlüpfen, Laßberg stand zufällig im oberen Flur und erhob ein solches Geschrei: »Um Gottes willen! Wo kommen Sie her! Was haben Sie gemacht! Was denken Sie auch!«, daß ich gleich auf eine sehr unerwünschte Weise en famille geriet. Mama war anfangs wirklich böse, glaubte mir aber doch sogleich, daß ich bei ganz leidlichem spazierfähigem Wetter ausgegangen sei. Laßbergen konnte ich mich nicht begreiflich machen, er war tauber wie gewöhnlich, und ich habe ihn mitten in seinen Exklamationen über meine Unvernunft müssen stehn lassen, denn mich fror erbärmlich. Jenny sagte nichts, aber sie bestellte sogleich einen heißen Krug und Tee, nahm mich dann beim Arm und brachte mich in meinem Zimmer zu Bette. Meinen dicken Rock habe ich acht Tage lang nicht anziehn können, solange hat er auf dem Boden trocknen müssen. Da mir das Abenteuer nicht geschadet hat, ist's mir doch lieb, den See einmal in seiner tollsten Laune gesehn zu haben, um so mehr, da es nur für einmal im Leben ist, denn ein anderes Mal werde ich mich hüten! Ich mag die Lachsforellen und Gangfische viel lieber essen, als von ihnen gegessen werden, und es würde mir sogar nur wenig Trost brin-

gen, wenn statt ihrer meine Lieblinge, die Möwen, mich aufpick-
ten. Am nächsten Tage hörten wir von vielem Unglücke am See,
einem untergegangenen Schiffe und einigen einzeln Verunglück-
ten. Und mit dieser Trübsal muß ich für heute schließen, denn es
schlägt eben acht. Gute Nacht, lieb Herz, bis morgen, ich wollte Sie
träumten von mir!

(Aus dem Brief an Elise Rüdiger vom 18. November 1843,
geschrieben in Meersburg, Briefe II, S. 229-231)

Die dritte ausgewählte Geschichte erzählt nicht nur von Begebenheiten und persönlich Erlebtem, sie ist im herkömmlichen Sinne als eine
literarisch ausgestaltete Geschichte anzusehen. Auf sie trifft zu, was
Annette über das Erzählen von deutschen Schriftstellern gegenüber
französischen in einem ihrer Briefe herausgestellt hat: »Der Deutsche legt dagegen (wenigstens die Neueren) gewöhnlich etwas von
ihm nur halb Bezweifeltes zum Grunde, etwas, das ihn beim Erzählen
mit einem Schauer überrieselt hat, und dieser Schauer – dieses
Schwanken – zwischen geistigem Einfluß? – unerklärter Naturkraft?
unabsichtlicher Täuschung? – läßt er auch über seine Leser herrieseln.
Hier ist unser Reich, was wir nun mit den Engländern und Schotten
teilen.«

Die Geschichte, die am besten mit dem Titel »Das Kistchen« zu
benennen ist, steht in einem Brief an Schlüter und ist in Eppishausen
in der Schweiz geschrieben, im November 1835, also in einer Zeit,
als Annette von Droste-Hülshoff noch nicht mit ihren größeren Prosaschriften zu schreiben begonnen hatte. Es ist, als wollte sich Annette
vor Schlüter in ihrem Brief als versierte Erzählerin ausweisen: Am
Anfang die Nachwirkung einer Stimmung aus einer literarischen
Lektüre, dann das unbekümmerte Erzählen einer gesellschaftlichen
Szene, um dann mit einem Überraschungseffekt aufzuwarten, das
Aufspringen der Geheimfächer und das Erstaunen darüber. Am Ende
der Geschichte steht eine lebensphilosophische Reflexion, die aber
noch einmal durch die Schilderung einer realen Begebenheit unter-
brochen wird, wodurch die Reflexion über Jugend und Alter, über
Schönheit und Vergänglichkeit zum Abschluß geführt wird.

Das Kistchen

Nun noch ein liebliches kleines Abenteuer vom Schlosse Berg, ganz
anderer Art, wobei mir beinahe angenehm schauerlich zumute wurde,

in Beziehung auf einen recht gut geschriebenen Geisterroman »*Der Überzählige*«, den ich erst vor einigen Tagen gelesen und in dem eine ähnliche Szene stattfindet. Also »*Schon tönt die Glocke Mitternacht!*« Nein, so spät war es nicht, aber doch etwa halb elf. Wir saßen nach dem Abendessen noch beisammen, der alte Graf Thurn, seine Schwester Emilie, seine Tochter Emma und ich. Vor uns auf dem Tische lagen allerlei alte Sächelchen, mit denen der gute Papa Thurn mich soeben beschenkt hatte; ein Calatravaorden, derselbe, dessen Kopie auf einem mehr als hundertjährigen Familiengemälde vorkam; eine Bügeltasche mit Schloß und Kette, stark genug, einen jungen Ochsen anzulegen. Die Tasche selbst von schwerer Seide, dreingewirkt aus Gold das älteste Thurnische Wappen, aus jener Zeit, wo sie noch unter dem Namen de la Torre Mailand beherrschten, bevor sie den Viscontis weichen mußten; ein sehr schön gemaltes kleines Bild und dergleichen mehr. Alles kam aus Schiebladen, die vielleicht seit 60 Jahren nicht geöffnet waren, der Modergeruch verbreitete sich im ganzen Zimmer und mir war fast, als berühre ich die wunderbar konservierten Glieder der Verstorbenen. Der alte Graf hielt ein schlichtes Kästchen von Elfenbein in der Hand, aus dem noch allerlei zum Vorschein kam; endlich war es leer. »Nun«, sagte er, »damit Sie die kleinen Dinger nicht verlieren, so schenke ich Ihnen das Kästchen dazu; es ist zwar weder etwas Schönes noch Merkwürdiges dran; indessen mag es doch ein paar hundert Jahre alt sein, ich wenigstens habe es schon über vierzig Jahre; als ich ein Kind war, hatte es mein Vater, und ich erinnere mich, daß er sagte, er habe es von seinem Großvater, der es ihm auch schon als ein altes Kästchen mit, ich weiß nicht was, drinne gegeben habe; so können Sie es auch unter die Antiquitäten rechnen.« Hierbei schlug er den Deckel so fest zu, daß ich gleich nachher ihn nicht aufzubringen vermochte; ich meistere und drücke dran, eigentlich nur zum Zeitvertreibe; mit einem Male fliegt es gewaltsam auf, und zwei wunderschöne Miniaturbilder liegen vor mir, das eine im Deckel, das andere gegenüber im Grunde des Kästchens. Emma und ich hatten uns, in der Erinnerung an den »Überzähligen«, beide erschreckt, daß wir blaß geworden waren. Weniger entsetzt, aber mehr verwundert waren die beiden alten Geschwister, die mit Gewißheit sagen konnten, daß seit wenigstens 130 Jahren niemand mehr um das Dasein dieser Gemälde gewußt hatte. Der alte Graf, dem das Kistchen früherhin zwanzig Jahre als Bonbonniere gedient, sah aus, als glaube er an Hexen. Es fand sich, daß ich mit meinem ungeschickten Meistern und Brechen die Feder getroffen, welche den Schieber vor den Gemälden bewegte. Die Bilder stellen zwei vollkommen erhaltene Porträts dar, einen jungen Mann und ein Mädchen, beide im Alter von etwa sechzehn Jahren, beide von großer Schönheit und einander so ähnlich, daß man sie für Geschwister, wo nicht gar für Zwillinge, halten muß. Beide haben runde, feine Gesichtchen, ein Teint von seltener Zartheit, die schönsten und größten dunkelblauen Augen, etwas aufgestutzte Näschen, hingegen wieder einen Mund und Kinn von wahrhaft idealer Lieblichkeit. Wäre der junge Mann ein Mädchen, so würde er die schönere von den beiden Schwestern sein, so aber lassen sich diese zarten Formen kaum mit der Jugend entschuldigen; das Mädchen ist schwarz gekleidet, mit ungeheuren hängenden Ärmeln, aus denen die schönen runden Arme und Händchen allerliebst herauskommen; dann eine weiße Schürze, ein weißes durchsichtiges Halstuch und ein sehr klares Häubchen, unter dem einige braune Löckchen hervorsehen. So sitzt sie in einem ungeheuren Sessel von dunkelrotem Sammet, etwas selbstgefällig, noch mehr ängstlich, ganz wie das arme Ding dem Maler mag gesessen haben und reicht mit dem einen Händchen einen Brief durchs offene Fenster, während die andere ein Körbchen mit Brezeln auf ihrem Schoße festhält. Der junge Mensch sieht nun vollends aus wie ein maskierter Amor. Soeben tritt er aus der Tür seines Hauses, mit der possierlichsten und dabei anmutigsten Prätension und einem Anfluge von wirklicher Würde, der sich späterhin recht vorteilhaft mag ausgebildet haben; eine ungeheure Allongeperücke läßt sein Gesichtchen hervorschauen wie ein Engelsköpfchen aus den Wolken; seine zarte, aufgeschossene Figur streckt sich in einer endlos langen goldgestickten braunen Weste und dito Rock; in der einen Hand hält er eine offene Tabakdose, die andere hat er trotzig in die Seite gestemmt. Die Farben sind frisch, wie eben aus dem Pinsel.

Das Kistchen ist mir geblieben, und ich betrachte es bis jetzt täglich mit den seltsamsten Gefühlen. Mein Gott! was ist die Zeit! was ist *ehemals*, jetzt und *dereinst*! (ich meine *irdisch* gerechnet). Die Bilder sind nicht grade so ausgezeichnet gut gemalt, aber sie kopieren das Leben bis zur ängstlichen Täuschung, ich habe es früher nie so gesehn; Emma Thurn behauptet, sie schlügen die Augen auf und nieder. Man ist gezwungen zu denken, sie seien nur eben erst nebst dem Maler zur Tür hinausgegangen, gleich voll der allerfrischesten Lebensessenz und des allerfestesten Köhlerglaubens an einen *Himmel voll Geigen;* man sieht recht, wie froh sie ihrer Schönheit waren und ihrer guten Kleider, vor allem der Knabe seiner köstlichen Perücke, welche ihm die Eltern ohne Zweifel eigens hierzu machen ließen – und wo sind jetzt ihre Knochen? Sollte man wohl noch einige Stäubchen zusammenlesen können?

Sie erinnern mich an ein sehr liebliches und ihnen ganz ähnliches Geschöpf, Lorchen Dalwig, die ich im vorigen Jahre in Belgien sah, ihr erster Ausflug, seit sie, vor vier Wochen, die Pension verlassen. Man kann sich nichts Anmutigeres und Frischeres denken; jede freie Minute wurde zu einer kleinen Tanz- oder Musikübung verwendet, denn wir waren schon im Spätsommer, und auf den Winter sollte sie in die Welt eingeführt werden. Ihre Augen funkelten schon vor Erwartung und die ihrer Eltern nicht minder. Aber nicht zwei Monate nachher erhielt ich eine Todesanzeige. Das Nervenfieber hatte sie fortgenommen. Nun möchte ich immer wissen, ob jene zwei frischen Blumen auch so geknickt sind, wie ich sie da vor mir sehe, oder ob sie zuvor verdorrten und unkenntlich wurden; für meine Träumereien verweile ich am liebsten bei der *ersten* Vorstellung. Mir macht das jugendliche Porträt eines gealterten Originals nur selten andre als unangenehme Eindrücke. Es ist nicht das Verfallen der *äußeren* Form, sondern das der *innern.* Wessen Persönlichkeit entwickelt sich wohl so voran, daß sie zu *allen* Zeiten *demselben* Individuum gleich ansprechend wäre? Bei Alten, denen ich Zutrauen und Ehrfurcht zolle, mag ich nicht daran erinnert werden, daß es eine Zeit gab, wo ich ihnen beides würde geweigert haben. Bei solchen, denen alles verlorengegangen ist, was die Jugend Edleres hatte, betrübt's mich zu sehn, daß man so gut ausgestattet sein und doch zuletzt so verkommen kann; selten, selten darf man denken: das ist grade die Blüte, die man nach der Frucht voraussetzen mußte.

(Aus dem Brief an Christoph Bernhard Schlüter vom 22. Oktober
1835, geschrieben am 9. November in Eppishausen,
Briefe I, S. 161-164)

Zum Abschluß der Untersuchung zu den Briefen sei noch ein Alltagsbericht der Droste an ihre Mutter angefügt, in dem ihre Lebenssituation als alleinstehende Frau erscheint. Eine normale Alltäglichkeit wird deutlich, aber auch die verborgene Absicht, die Mutter zu beschwichtigen. Die Droste bezeichnet die Aufzählungen in ihrem Brief als Geschichte einer »wohlgeordneten Haushaltung«, was nicht ohne Humor geschieht.

Im übrigen kann die Dichterin durch eine solche Geschichte aus ihrer Idealisierung (Seherin, Sibylle etc.) herausgeholt und in ihrem oft so monotonen, banalen Tagesablauf wahrgenommen werden. Das alltägliche Erzählen in den Briefen läßt Lebenswirklichkeiten, ohne daß eine Poetisierung intendiert ist, unverhüllt zum Vorschein kommen. Anspielungen und Relativierungen vonseiten der Schreiberin sind bei genauem Lesen noch genügend zu erkennen:

Ich lebe hier sehr still für mich, und das ist das Angenehme dran. Es fällt den Leuten in Münster gar nicht ein, daß ich hier sein könnte, sie denken auch nicht drüber nach, denn sie haben mich lange nicht gesehn, und »aus den Augen, aus dem Sinn!« Bei Tage lese ich, schreibe ich, ordne meine Sammlungen, gehe spazieren und stricke Strümpfe ab. Abends zünde ich kein Licht an vor dem Essen, sondern sitze solange beim Feuerschein. Mein Essen besteht mittags aus Suppe, wie die Leute sie essen, Pellkartoffeln und Leber, die ich den Sonntag warm und die übrigen Tage kalt esse. Abends Warmbier und Butterbrot mit Käse. Es ist ein Glück, daß ich immer dasselbe essen kann. Ich habe schon viel Leber gegessen, die mag ich am liebsten und verdirbt am wenigsten. Hermann backt jetzt Pflaumen, wir haben Obst in Überfluß, auch Kartoffeln und Gemüse ist gut geraten und das Korn gut zu Hause gekommen. Wir haben auch ein Viertel von einem Rinde gekauft und eingesalzen, und das Schweinchen nimmt gut zu.

(Rüschhaus, 24. 10. 1837, Briefe I, S. 248)

Das Erzählen in den Briefen der Droste, wie es in den angeführten Beispielen dokumentiert werden sollte, erweitert sich noch, wenn man die vielen kleinen Prosastücke, oft nur einen Abschnitt lang, als Erzähltexte dazu rechnet. Schlüsselt man das gesamte Brief-Opus unter diesem Gesichtspunkt auf, so kommt man auf über vierzig Texte. Es ist eine literarische Prosa, in der das Erzählen immer neu variiert wird, sowohl im Hinblick auf die Thematik, wie auch auf die formale Gestaltung der erzählten Lebenswelt. Schade, daß dieses Erzählgut so lange in den Briefen verborgen blieb.

VIII
»Die Judenbuche«
Eine Geschichte der Nicht-Heimkehr

Es gibt viele Deutungen der »Judenbuche«, und viele Deutungen sind auch tatsächlich möglich; welche Deutung vorgelegt wird, ist letztlich ein Gesinnungsproblem des Interpreten. Die erzählte Geschichte bleibt unter vielen Gesichtspunkten offen.

Das alles hängt mit dem von der Droste so ungemein kunstvoll angewandten Darstellungsmittel der Fiktionalisierung zusammen und nicht weniger mit dem direkt intendierten Leserbezug, wobei die Dichterin selbst viel eher Leserin ist als Erzählerin.[1] Verfolgt man beide Darstellungsmittel, so drängt sich eine neue Gesamtsicht des Werkes auf: das Problem einer Heimkehr in die Heimat, die für den Heimkehrer keine ist. Hierbei führt die »Judenbuche« zu einem Verdammungsurteil über die damalige Dorfmentalität, die sich christlich gibt und die doch keinen schicksalhaft Gezeichneten aufnimmt. Noch mehr bringt die so erzählte Geschichte alle Leser, die sie bisher lasen oder noch lesen werden, zur Reflexion ihres eigenen Standpunkts. Sie werden durch den Fiktionalisierungsprozeß in die dunklen Zonen der Verdächtigungen gelockt, um dann vor dem Selbstmord und der Verscharrung des Selbstmörders aufzuschrecken.

Wenn die »Judenbuche« als Heimkehr- oder als Nicht-Heimkehr-Geschichte vorgestellt wird – dabei ist natürlich der letzte Teil der Novelle der gedankliche Schwerpunkt –, dann kann dies nicht nur thematisch-inhaltlich geschehen, sondern muß im Zusammenhang von Erzählvorgang und Leserrezeption untersucht werden. Die in der »Judenbuche« angewandten Stilmittel sind entscheidend, da erst durch sie der endgültige Stand der literarischen und damit auch der menschlichen Auseinandersetzung der Dichterin sichtbar wird.

Bisherige Deutungen

Seit den Untersuchungen von Heinz Rölleke[2] und Walter Huge[3] sowie dem Sonderband der Zeitschrift für deutsche Philologie[4] sind die

Entwicklungen in der Rezeption der »Judenbuche« bestens bekannt. Sie seien hier kurz zusammengefaßt, da sie alle noch zum Verständnis dieses Werkes beitragen können, sich trotz großer Gegensätzlichkeiten ergänzen.

Von Anfang an hat man, wie die Droste selbst, die »Judenbuche« im Zusammenhang mit ihrem geplanten und nicht zur Ausführung gekommenen Westfalenroman gesehen. Der Schauplatz ist das Paderborner Land, das sie aus der Perspektive der »wilden Poesie«[5] betrachtet. Hierfür ist die »Judenbuche« ein Exempel. Die Droste spricht von einem Sittengemälde und meint damit eine literarische Darstellungsform, die der geschichtlichen Gewordenheit einer Landschaft nachgeht. Noch immer wird dieses Werk als eine Milieustudie betrachtet, worin die Droste die Zustände und Verhaltensweisen der damaligen Dorfbevölkerung erzählerisch zu erfassen versucht. Zumindest wird das Verhalten von Friedrich Mergel, der Zentralfigur, von fast allen Interpreten aus dem dargestellten Dorfmilieu gedeutet. Die einen sprechen von einer Art unausweichlicher Beeinflussung, die andern heben dennoch seine individuelle Verantwortung hervor.

Sehr früh schon hat man die »Judenbuche« mit den damals entstehenden Schicksalsdramen in Zusammenhang gebracht, um die Undurchsichtigkeit menschlicher Tragik zu begründen. Der Schicksalsbegriff in den sogenannten Schicksalsdramen sieht Unglück und Tragik außerhalb der menschlichen Kompetenz: Das Schicksal bricht unerwartet ein, ohne daß der Mensch dafür verantwortlich zu sein braucht, was für die »Judenbuche« in dieser Form sicherlich nicht zutrifft.

Unter dem Gesichtspunkt von Schicksal und Milieu, und dies ist wichtig, wurde der Realismus in der Erzählweise der Droste entdeckt, oft sogar als Vorform des Naturalismus angesehen. Daß die Droste die Wirklichkeit darstellen wollte und dazu ihre realistischen Erzählmittel aufbot, ist schon aus ihren Briefen zu erkennen[6], dürfte aber darüber hinaus für die weitere literarische Beschäftigung mit der »Judenbuche« grundlegend bleiben.

Nicht zu verwundern ist, daß die »Judenbuche« sogleich der Haupterzählform des 19. Jahrhunderts zugeordnet wurde: dem novellistischen Erzählen. Nicht unwichtig war hierbei, daß die »Judenbuche« in die vielbeachtete Novellensammlung von Paul Heyse aufgenommen[7] und dann von Paul Ernst von der Gattung der Novelle aus im einzelnen vorgestellt wurde: »Von Annette von Droste-Hülshoff besitzen wir eine einzige Novelle, die Judenbuche, welche zu den hervorragendsten Erzeugnissen unserer nicht sehr reichen Novellenliteratur gehört . . . Eine Novelle muß in ihrem Hauptpunkt etwas Unvernünftiges enthalten, etwas, wodurch sich das in ihr Erzählte als ein Besonderes und Überraschendes ausweist, wodurch es eben würdig wird, behandelt zu werden; am besten knüpft sich das an einen scharf bezeichneten Gegenstand, etwa wie in Boccaccios Meisternovelle an den Falken, den der verarmte Ritter seiner Dame als Speise vorsetzt. Diese Rolle spielt hier die Buche. Durch das Unvernünftige der Beziehung, die doppelt wirksam wird durch das völlige Schweigen über den Seelenzustand des Mörders, bekommt die Novelle erst ihre besondere novellistische Bedeutung; ohne die wäre es nur eine Erzählung.«[8]

Je nachdem, wie man die »Judenbuche« als literarische Gattung einordnet, ist auch ihre Deutung. Die erzählerische Konsequenz, die zur Novelle gehört, hat dazu geführt, den offenkundigen Selbstmord am Ende des Textes mit dem Mord am Juden Aaron im inneren Zusammenhang zu sehen.[9] Die Ballade »Die Vergeltung« wird dann gern herangezogen, um die metaphysische Beziehung von Schuld und Rache, bzw. von Schuld und Sühne aufzuzeigen. Auch losgelöst von der Novellentheorie haben sich wichtige Deutungen der »Judenbuche« unter der Thematik von Schuld, Recht, Sühne mit dem Mysterium des Bösen auseinandergesetzt und dabei zu zeigen versucht, meist unter Rückgriff auf den Vorspruch, wie sehr die Fragestellung der Droste in der »Judenbuche« zu einer Fragestellung nach dem religiös-metaphysischen Sinnhorizont überhaupt geworden ist.[10]

Neuere Interpretationen der »Judenbuche« gehen von der literarischen Gattung der Kriminalgeschichte aus, wie sie sich im 19. Jahrhundert allmählich ausgebildet hat.[11] Dadurch wird der gesamte Handlungsablauf neu überprüft und auf seine Folgerichtigkeit, auf die Beweisführung von Indizien und Aussprüchen hin untersucht. Dabei zeigt sich, daß dieser Ansatz, der von festen Anhaltspunkten ausgeht, vor allem für den Literaturunterricht in den Schulen, wo die »Judenbuche« immer noch zum Literatur-Kanon gehört, besonders brauchbar ist. Heinrich Henel kam bei seiner Formuntersuchung dann allerdings dazu, von einer Detektivgeschichte zu sprechen, was ihn zu der Einsicht brachte, daß die aufgedeckten Indizien in der »Judenbuche« nicht ausreichen, um eindeutig nachzuweisen, daß Friedrich Mergel der Mörder des Juden Aaron ist.[12] Damit trat ein neuer Ge-

Diese Jahrhunderte alte Eiche, in einem Wald bei Büren (Kreis Paderborn),
kann noch die Atmosphäre der »Judenbuche« wiedergeben.

sichtspunkt auf, mit dem sich die neueren Forschungen notgedrungen auseinandersetzen müssen.

Zur näheren Bestimmung des Textes werden, seit sie veröffentlicht vorliegen, die Vorstufen zur »Judenbuche« herangezogen, um über den Schreibprozeß zu einem abschließenden Gesamturteil zu gelangen. Zur Abgrenzung dient weiterhin, die von der Droste gekannte und verwendete Geschichte des »Algierer-Sklaven«. Das Fazit dieser Untersuchungen faßt Ronald Schneider folgendermaßen zusammen:

»Das historisch verbürgte Geschehen, wie es sich der Droste sowohl aus mündlichen Erzählungen wie aus der literarischen Version ihres Onkel Haxthausen erschloß, wurde der Dichterin zum frei verfügbaren Material einer Erzählung, in der nicht nur die Akzente völlig anders gesetzt, sondern auch Menschen und Ereignisse nach eigenem Gutdünken umgestaltet oder – wo es nötig schien – frei erfunden sind.«[13]

Wenn die »Judenbuche«, wie selbstverständlich vorausgesetzt wird, ein literarisches Werk ist, muß sie zu allererst literarisch gesehen werden, was viele allerdings sofort literaturwissenschaftlich verstehen. Das ist aber ein weit verbreiteter Irrtum: Der Unterschied von Kunst und Wissenschaft wird aufgehoben.

Zum literarischen Verstehen gehört bei einer Dichtung, wie sie die »Judenbuche« verkörpert, die subjektive Betroffenheit, bedingt durch den Selbstvermittlungsprozeß einer ästhetisch motivierten Lektüre. Es geht also nicht zuerst um Distanz und objektive Erkenntnis, sondern um sensible Emotionalität, vor der man sich als Leser bewußt nicht zurückzieht. Daß dies nicht ohne Einwirkung formaler Gestaltungselemente erfolgt, ist vorausgesetzt. Zur literarischen Lektüre gehört eine vielschichtig ausgebildete ästhetische Kompetenz, was ein wesentliches Lernziel des Literaturunterrichts sein muß.

Das Literarische bedingt Faszination, die gewissermaßen aus dem Mischungsprozeß von Problemen hervorgeht, die im Werk dargestellt sind und sich mit ähnlich gelagerten Problemen des Lesers berühren. Dies gilt vor allem bei Dichtungen, die einer realistischen Erzählweise angehören.

Eine solche – oder auch anders zu bestimmende – literarische Lektüreerfahrung bleibt oft diffus, stößt auf Unverständliches und gewinnt durch die literaturwissenschaftliche Kommentierung und Analyse an Klarheit. Das Literarische ist die primäre Erfahrungsebene und müßte auch die Zielvorstellung im Vermittlungsprozeß sein.

Literaturwissenschaftliche Erkenntnisse sind also Mittel zum Zweck. Auf diese Weise wird Dichtung nicht nur zu einer Fundgrube für Germanisten.

Wie sehr man auch literaturdidaktisch auf das literarische Verständnis zurückgreifen muß, so gewinnt die literaturdidaktische Vermittlung erst durch die literaturwissenschaftlichen Methoden ihre Absicherung und ihren Reflexionsstand. Bei der »Judenbuche heißt dies insbesondere, daß die Quellengeschichte zu beachten ist, ohne allerdings die Dichtung wieder auf den Tatsachenbefund zu reduzieren. Der im literarischen Text erfolgten Fiktionalisierung ist unter allen Umständen nachzugehen. Die Vermittlung der »Judenbuche« durch Publikationen, Vorträge, Lesungen, in der Öffentlichkeit, in der Schule – sollte auf ganz bestimmte Intentionen eingehen, die im Werk stecken und den Horizont gegenwärtigen Denkens tangieren. Wer vor solchen Lernprozessen zurückschreckt, zerstört die latente Aktualität der »Judenbuche«. Die wissenschaftliche Objektivität und Zurückhaltung, wie sie für Editionen und Kommentare üblich ist, muß als Voraussetzung dafür angesehen werden, daß bei der Vermittlung eigene Positionen bezogen werden können. Das Stehenbleiben auf einer rein wissenschaftlichen Ebene wäre Verrat an der Dichtung. Es soll indes nicht übersehen werden, daß bei den meisten literaturwissenschaftlichen Untersuchungen der literarische wie auch der literaturdidaktische Aspekt impliziert sind. Hier sollten sie nur eigens herausgestellt werden, damit bei der »Judenbuche«, die zur beliebten Schullektüre geworden ist, keiner der drei verschiedenen Gesichtspunkte verlorengeht.[14]

Imaginatives Erzählen – imaginatives Verstehen

Entscheidend für die »Judenbuche« ist der Erzählvorgang. Der Droste waren die Grundzüge dieser Geschichte vorgegeben, und es ist feststellbar, wie sie die tatsachenmäßigen Vorgegebenheiten des »Algierer-Sklaven« abgewandelt und verändert hat.[15] Diese Veränderungen ergaben sich – so möchte ich behaupten – weniger aus rationalen Überlegungen als aus der Notwendigkeit des Erzählvorganges selbst.

Man kann einen schrittweise erfolgenden Fiktionalisierungsprozeß erkennen, durch den für die Dichterin selbst das Erzählen immer imaginativer wurde, d. h. in den Raum einer inneren fasinativen Anschaulichkeit rückt; die jedoch nicht fixiert ist, sondern vielschichtig und variabel bleibt. Die Stilmittel, die die Droste angewandt hat, sind allgemein bekannt: Verdunkelung, Irritation, Spiegelungen, Anspielungen, Kontraste, Entsprechungen, Doppelgängermotiv.[16] Dadurch ist gegenüber der Vorlage, bzw. dem Vorwissen, etwas ästhetisch Neues entstanden: die alte Realität löst sich auf, und es entstehen neue Realitätsvorstellungen. Je mehr die Psyche Friedrich Mergels verdeutlicht werden soll, desto unbegreiflicher wird sie.

Dem imaginativen Erzählen entspricht aufseiten des Lesers ein imaginatives Verstehen, der Leser macht sich seine eigenen Gedanken, bekommt seine eigenen Vorstellungen. Die jeweils aufgeführten Gründe und Tatsachenverweise werden zu einem Bündel von Verdächtigungen. Und es wäre allein schon vom Erzählvorgang unsinnig, die Verdächtigungen im Hinblick auf den Totschlag des Juden Aaron durch Friedrich Mergel als pure Tatsache hinzustellen. Denn dann sind die Verdächtigungen unnötig; diese lösen sich nicht wie bei einer Kriminalgeschichte auf, sie bleiben und fluktuieren in der Vorstellung des Lesers.

In der »Judenbuche« weiß man nicht mehr, ob Friedrich Mergel den Juden Aaron erschlagen hat oder nicht.[17] Es gibt nirgendwo eine eindeutige Aussage. Literatur wie die »Judenbuche« will kein Rätsel sein, das man lösen kann. Es kommt der Dichterin vielmehr darauf an, die Unheimlichkeit möglicher Verdächtigungen durchzuspielen. Es muß letztlich offen bleiben, wenn man die »Judenbuche« als Heimkehrer-Geschichte interpretiert, ob Friedrich Mergel den Juden erschlagen hat. Die Möglichkeit, daß er es nicht getan haben könnte, macht den Ausgang erst schaudervoll. Das heißt: Die Dorfbevölkerung bekommt keinerlei Dispens. Bei der Vermittlung der »Judenbuche« – wobei es gleich ist, ob bei Erwachsenen oder Schülern – muß dieser durch die Fiktionalisierung hervorgerufene imaginative Erzählvorgang bewußt gemacht werden.

Das Imaginative ist besonders fähig, das Leiden einer gestörten oder verstörten Seele einzufangen, wie es nachdrücklich von der Droste in »Des Arztes Vermächtnis« vorgeführt wird. Der Leser gelangt selbst bis an die Grenze der Verwirrung der Sinne. Was vom tollen Christian von Braunschweig in der »Schlacht im Loener Bruch« gesagt wird, stimmt letztlich wohl für alle: »Und Christians verstörter Sinn / Ging endlich wohl in Klarheit auf.«[18] Die Darstellung des Verstörten als Aufgipfelung des Imaginativen ist nicht Selbstzweck, wohl aber der Versuch, die Seele und ihre psychischen Belastungen auszuproben, vor den Hintergründigkeiten der Realität nicht auszuweichen und dabei doch darauf zu hoffen, daß ein solches intensives Erleben, Mit- und Nacherleben, wie es die Dichtung anbietet, als seelische Bereicherung und Befreiung erfahren wird. Die imaginativste Deutung ist die der Droste gemäße.

An einer kurzen Textstelle soll nachgewiesen werden wie imaginatives Erzählen imaginatives Verstehen ermöglicht. Es ist die Passage, in der die Dichterin den künftigen Selbstmörder Friedrich Mergel noch einmal gesehen werden läßt. In der endgültigen Fassung heißt der Text:

> Ein Kind hatte ihn gesehen, wie er am Rande des Brederholzes saß und an einem Löffel schnitzelte; »er schnitt ihn aber ganz entzwei«, sagte das kleine Mädchen. Das war vor zwei Tagen gewesen. Nachmittags fand sich wieder eine Spur: abermals ein Kind, das ihn an der andern Seite des Waldes bemerkt hatte, wo er im Gebüsch gesessen, das Gesicht auf den Knien, als ob er schliefe. Das war noch am vorigen Tage. Es schien, er hatte sich immer um das Brederholz herumgetrieben.   *(HKD Bd. V, 1, S. 40)*

Als Zeuge dieses Vorgangs wird ein Kind erfunden, dessen Aussage naiv unverfänglich, vielleicht auch weniger überprüfbar ist. Daß die Dichterin dann noch einmal ein Kind hinzuerfindet, zeigt die Nachdrücklichkeit ihrer imaginativen Vorstellung, wodurch der erste Vorgang mit der Beobachtung »er schnitt ihn aber ganz entzwei« doppelt stark hervortritt. In früheren Fassungen war dieser Vorgang noch nicht endgültig gestaltet, d. h. noch nicht auf den letzten Stand der Fiktionalisierung gebracht:

> Ein Kind hat ihn vor zwey Tagen am Rande des Masterholzes in einem Steig stehn und ächzen sehn, die Holzhauer sahn ihn am folgenden Tage, an einer andern Seite des Holzes humpeln, und an einer Brodrinde nagen, es scheint er sey immer um das Holz umher gegangen (. . .)   *(Huge 1977, S. 121)*

In der späteren Fassung kommt der Text schon der endgültigen Form sehr nahe:

> – ein Kind hatte ihn gesehn, wie er am Rande des Selmer Holzes saß, und einen Löffel schnitzelte, er schnitt ihn aber ganz entzwey, sagte das Kind –   *(Huge 1977, S. 177)*

Es sind nur kleine Unterschiede im Fortgang der Fiktionalisierung. Die Abweichung von Selmer Holz in Breder Holz ist relativ unwichtig und als eine spätere Präzisierung von Ortsangaben anzusehen. Wichtiger ist schon, daß in der letzten Fassung das Kind zu einem kleinen Mädchen wird, wodurch eine Nähe zum Erzählstil märchenhafter Geschichten erreicht wird. Und schließlich noch die stilistische Funktion einer Präposition: Es heißt nicht mehr, »daß er einen Löffel schnitzelte«, sondern »an einem Löffel schnitzelte«. Hierdurch nimmt der Unbestimmtheitsgrad zu.

Bei der Schullektüre der »Judenbuche« bekamen Schüler einer 7. Klasse die Aufgabe, eben diese Textstelle aus dem Gesamtverständnis der Novelle in einer spontanen schriftlichen Äußerung zu deuten. Die Ergebnisse sind ein Dokument dafür, wie imaginatives Erzählen den eigenen Verstehens- und Vorstellungsprozeß fördert. Hinzu kommt bei dieser Stelle, daß sich die Schüler in irgendeiner Form mit dem »kleinen Mädchen«, das den Friedrich Mergel beobachtete, identifizieren können.

Er sitzt nachdenklich am Rande des Breder Holzes, er überprüft sein Gewissen. Ich glaube, daß er so stark mit seinen Gedanken beschäftigt war, daß er nicht merkte, daß er seinen Holzlöffel zerschnitzelte und entzwei schneidet. Sicherlich ist er dort auch auf den Gedanken gekommen, seinem schandhaften Leben ein Ende zu setzen.

Es kann verschiedene Gründe geben, warum er ihn entzwei schnitt, aber der wirklichste wird sein, weil er an all die Jahre zurückgedacht hat. Sein Vater starb im Breder Holz, dort schickte er den Förster in den Tod, im Breder Holz wurde der Jude erschlagen. Dann all die verlorenen Jahre, die er in Sklaverei war, weil man ihn verdächtigte, den Juden erschlagen zu haben. Nun war er alt und gebrechlich, er hatte seine Mutter nie mehr gesehen, und seine besten Jahre waren auch dahin. Deshalb schnitt er den Löffel wohl aus Wut entzwei.

Die Aussage des Mädchens, daß er den Löffel ganz entzwei geschnitten habe, ist meiner Meinung nach so zu deuten, daß er damit seiner Verzweiflung Ausdruck verleiht. Der, der sonst jeden Löffel sorgfältig schnitzt, zerschneidet nun einen. Er kann sich nicht auf seine Arbeit konzentrieren. Diese Handlung macht klar, daß er sich gerade mit einem Thema beschäftigte, das ihn so aus der Ruhe bringen konnte, daß er den sorgfältig geschnitzten Löffel einfach zerschnitt. Es könnte sein, daß er über sein eigenes Leben verzweifelt ist.[19]

Zum Erzählstil der »Judenbuche« gehört es, daß qualitativ unterschiedliche Ebenen von Realität und Vorstellung beieinander stehen, miteinander verschmolzen sind und dadurch eine eindeutige Sicht zu verhindern scheinen. Der Unterschied der bisher vorliegenden Gesamtdeutungen und Einzelinterpretationen rührt fast durchweg daher, daß betreffende Interpreten eine bestimmte Ebene auf gleicher Höhenlage verfolgen und daraus ihre Konsequenzen ziehen, mag dies nun auf der Ebene der Sittenvorstellung, der Rechtsauffassung oder des Schuldverständnisses liegen.

Bei genauem Hinsehen und innerem Nachvollzug des literarischen Gestaltungsprozesses geht einem aber auf, daß alle Ebenen nicht nur aufeinander bezogen sind; man stellt Vor- und Nachordnungen fest, ja, im Grunde gibt es so etwas wie einen geistigen Aufstieg, eine Höherentwicklung und damit eine vertikale Rangordnung, der der Handlungsablauf zuzuordnen ist. Literarisch gesehen ist dies zunächst eine Anstrengung der Fiktionalisierung, der jedoch ein Prozeß der Humanisierung entspricht. Hier und nirgendwo anders ist das Genialische der Droste zu suchen.

Bei Goethe gibt es ein ähnliches Phänomen, das er selbst mit dem Begriff der Metamorphose benannt hat, die einem innerweltlichen Verwandlungsprozeß entspricht. Bei der Droste müßte man eher einen altchristlichen Begriff für diesen Umwandlungsprozeß einsetzen, den der Metabolè. Dieser Begriff ist härter, zieht den Aspekt des Transzendenten bewußt ein, so daß beim Schuldproblem der Begriff der Gnade erscheint. Einem bestimmten Stand oder auch einer bestimmten Entwicklung innerhalb eines solchen Umwandlungsprozesses sind alle Personen im Werk der Droste hingeordnet. Meist geht die Bewegung, zumindest am Schluß, aufwärts, wie beim Roßtäuscher im »Spiritus familiaris«, oder grundsätzlich wie im »Geistlichen Jahr«. Wo die Figur abwärts fällt, bringt die Dichterin beim Leser oder Betrachter deutliche Ansatzpunkte einer möglichen Klärung, die das humane Anliegen ein Stück weiterbringen, so z. B. in der Ballade von den beiden Schwestern, und – wie noch zu zeigen sein wird –, wenn auch in doppelter Brechung, in der »Judenbuche«.

Für den Rechtsbereich gibt es hier in dieser Novelle, wie auch sonst im Werk der Droste, verschiedene Ebenen: die dunkelste ist die des Fluches, der Dämonisierung des Rechtes. Es gibt das Gewohnheitsrecht, und dies wiederum mit Abfallserscheinungen eines sich selbst behauptenden Rechts. Es gibt das kodifizierte Recht mit seinen unterschiedlichen Rechtsauffassungen. Besonders stark spielt in die »Judenbuche« auch hinein das engstirnig ausgelegte alttestamentliche Recht von »Aug um Auge, Zahn um Zahn«, in der Form der Vergeltung. Diese Ebenen der Rechtsauffassung erscheinen in der »Judenbuche« wie ein ungeklärtes Steingeschiebe. Bewegung, Spannung kommt in die Welt des Unrechts und des Rechts durch die Unterscheidung von innerem und äußerem Recht, wobei das innere Recht die eigene Glaubwürdigkeit bedingt. Noch größer wird die Anspannung durch die Auffassung, daß das Richten letztlich dem Gericht Gottes vorbehalten sein soll. Und dies wiederum urteilt und verurteilt nicht zuerst, sondern bringt den Menschen zur Einsicht, läßt ihn in seinem Schuldigsein betroffen werden, und befreit ihn und alle, die in Unrecht gefallen sind, sofern sie sich nicht daran festklammern. Dieser Vorgang ist auch an der »Judenbuche« nachweisbar.

Die Droste überläßt das Dunkle nicht dem Dunkeln, das Verstörte nicht dem Verstörten, sondern spürt diesem allen so lange nach, bis zumindest der Leser eine Möglichkeit des Heilvollen entdecken kann; und hier liegt ihr Beitrag zur Humanisierung. Die Anstrengung des literarischen Gestaltungsprozesses ist ein Anstrengungsprozeß für die Humanität.

Die Thematik der Heimkehr

Nach diesen mehr formalen Überlegungen kann nun gefragt werden, was die zentrale Thematik der »Judenbuche« ist. Bei einer Deutung, die von der strengen Form der Novelle und dem Dingsymbol der Buche ausgeht[20], kommt man notgedrungen zu der Hauptthematik von Gerechtigkeit und Schuld, bei der es allerdings auch noch gravierende Unterschiede gibt, ob man christlich von Sühne spricht oder aber von einer weltimmanenten Vergeltungsgerechtigkeit. Legt man die Form der Kriminalgeschichte[21] zugrunde, so spielen Totschlag und Mord nur eine geringe Rolle gegenüber dem gedanklichen Prozeß der Aufklärung.

Unter dem Aspekt des Schuldproblems, bei dem die innerseelischen Vorgänge in den Blick rücken, kann man, wie ich es selbst früher getan habe, die »Judenbuche« aus der Kategorie des Tragischen verstehen, dem aufseiten des Betroffenen eine Zunahme an seelischer

Verwirrung und Verstörtheit entspricht[22]; aufseiten des Lesers eine Urteilsenthaltung, die deshalb so schwer fällt, weil das Urteilen von der eigenen Betroffenheit ablenkt. Allen diesen Deutungen kann ich heute nur noch bedingt zustimmen. Auch meine eigene Deutung bedarf der weiterführenden Korrektur.

Die »Judenbuche« ist, wie die Droste sie selbst verstanden wissen wollte, Heimatdichtung im Sinne des 19. Jahrhunderts. Konzipiert war sie bekanntlich als eine Geschichte innerhalb des unvollendet liegengebliebenen Heimatromans »Bei uns zu Lande auf dem Lande«. Zur Heimatdichtung gehört als ein wichtiges Thema das Aufwachsen in der Heimat und die dadurch bedingte nicht abbrechende, nicht relativierbare Anhänglichkeit an diese Landschaft, an diesen Ort. Nach schuldhafter oder freiwilliger Abkehr bleibt der Traum oder die Tatsächlichkeit von Heimkehr. Das Wort Heimat darf jedoch nicht provinziell eingeschränkt begriffen werden, auch nicht als bloße Idylle, wohl aber als intensive Lebensvoraussetzung mit positiven oder auch negativen Auswirkungen. Im Prinzip aber sollte Heimat nach der Droste gegenüber »der alles nivellierenden Unbefangenheit der wandernden Schauspieler, Scheerenschleifer und vacirenden Musikanten« (HKA Bd. V, 1, S. 125) positiv sein. Positiv in dem Sinne, wie sie es in dem Gedicht »Ungastlich oder nicht?« formuliert hat:

> Hat jeder doch sein eignes Blut,
> Und seiner eignen Heimat Segen.[23]

Ein solches Verständnis von Heimat ist die Voraussetzung dafür, die »Judenbuche« als Heimkehr- oder Nicht-Heimkehr-Geschichte deuten zu können. Dennoch überschreitet das Thema Heimkehr auch hier den Rahmen von herkömmlicher Heimatdichtung. Das klassische Beispiel ist die Odyssee, in der das Thema der Heimkehr z. B. die letzte Station listiger welterfahrener Abenteuer ist.

Schließt man sich der Deutung der »Judenbuche« als Heimkehr-Geschichte an, so wird der erste längere Teil ganz von selbst zu einem »Sittengemälde aus dem gebirgichten Westphalen«. Die vielen Passagen, die sich nicht direkt auf Friedrich Mergel beziehen, sind dann eine Breitenschilderung, auf die die Dichterin nicht verzichten wollte.

Man sieht Friedrich Mergel, wie er in seinem Heimatdorf aufwächst, welche Position er einnimmt, wie er akzeptiert und in Frage gestellt wird. Daß er mit diesem Dorf total verwachsen ist, mit den guten, fragwürdigen und schlechten Seiten dieses Dorfes, liegt auf der Hand. Dieses Dorf ist sein enger Lebenshorizont. Mit allem, was er tatsächlich, wahrscheinlich oder nur auf der Ebene der Verdächtigungen getan hat, ist er ein Teil der Geschichte des Dorfes. So oder ähnlich wäre der erste Teil der »Judenbuche« bei dem formalen Verständnis als Heimkehr-Geschichte zu interpretieren.

Besonderes Gewicht bekommt bei dieser Interpretation der zweite Teil der Novelle. Hier fällt auch der Begriff vom Heimgekehrten:

> Der Heimgekehrte ward als Johannes Niemand erkannt, und er selbst bestätigte, daß er derselbe sey, der einst mit Friedrich Mergel entflohen.   *(HKA Bd. V, 1, S. 36)*

Wenn sich Friedrich Mergel in der Rolle von Johannes Niemand, seinem Doppelgänger, seinem Schattenbild, erkennen läßt, so liegt hier eine komplizierte Problematik, die deshalb so schwerwiegend ist, weil man – vordergründig gesehen – das Dorf entlasten kann, da Friedrich Mergel nicht als er selbst präsent wird. Man muß sich aber die Frage stellen: warum erkennt man nicht Friedrich Mergel als ihn selbst? Und die lapidare Antwort könnte sein: das Dorf konnte und wollte nur seinen Schatten, nicht ihn selbst ertragen und aufnehmen. Die Einführung des Doppelgängermotivs, immer als genialer Kunstgriff bei der Droste gepriesen [24], ist noch gar nicht genug ausgeschöpft. Hierdurch kann das Dorf, und vor allem die Gutsherrschaft, in ein heilvolles gutes Licht gerückt werden: Mitleid mit einem Erbärmlichen, quasi Unschuldigen. Die Unfähigkeit des Dorfes, einen schicksalhaft Gezeichneten aufzunehmen, bleibt im Untergrund naturhaft unchristlich bestehen.

Dieses Spiel auf zwei Ebenen, wobei die untere fast verdeckt bleibt, macht den zweiten Teil der »Judenbuche« so abgründig: heimkehren kann man nur mit seinem erbarmungswürdigen Schatten; und wenn man als der Rechte erkannt wird, wird man verscharrt. Dabei beginnt die Heimkehr so heilvoll: Ein Weihnachtsabend, die Transparenz der Christnacht, die Melodie der Versöhnung im alten Weihnachtslied:

> Der Mann am Hange war in die Knie gesunken und versuchte mit zitternder Stimme einzufallen; es ward nur ein lautes Schluchzen daraus, und schwere, heiße Tropfen fielen in den Schnee. Die zweite Strophe begann; er betete leise mit; dann die dritte und vierte. Das Lied war geendigt und die Lichter in den Häusern begannen sich zu bewegen. Da richtete der Mann sich mühselig auf

und schlich langsam hinab in das Dorf. An mehreren Häusern keuchte er vorüber, dann stand er vor einem still und pochte leise an. *(HKA Bd. V, 1, S. 35 f.)*
Gegenüber der Quellenvorlage hat die Droste die patriarchalische Welt der gutsherrlichen Herrschaft ungemein aufgewertet: Hilfsbereitschaft, Fürsorge, Nächstenliebe.[25] Das Heilvolle der Weihnachtsnacht scheint andauernde Wirklichkeit zu sein. Aber dies alles ist nur Schein. Es trifft nicht und befreit nicht den Menschen in seinem Innern. Alles bleibt wohlwollend äußerlich. Wie es den Menschen tatsächlich ergeht, zeigt die Droste am Schicksal der Mutter:

Margreth hatte länger gelebt, aber in völliger Geistesdumpfheit. Die Leute im Dorf waren es bald müde geworden, ihr beizustehen, da sie alles verkommen ließ, was man ihr gab, wie es denn die Art der Menschen ist, gerade die Hülflosesten zu verlassen, solche, bei denen der Beistand nicht nachhaltig wirkt und die der Hülfe immer gleich bedürftig bleiben. Dennoch hatte sie nicht eigentlich Noth gelitten; die Gutsherrschaft sorgte sehr für sie, schickte ihr täglich das Essen und ließ ihr auch ärztliche Behandlung zukommen, als ihr kümmerlicher Zustand in völlige Abzehrung übergegangen war. In ihrem Hause wohnte jetzt der Sohn des ehemaligen Schweinehirten, der an jenem unglücklichen Abende Friedrichs Uhr so sehr bewundert hatte. – »Alles hin, Alles todt!« seufzte Johannes. *(HKA Bd. V, 1, S. 37)*

Den zurückgekehrten Friedrich Mergel läßt die Droste diese unerlöste Realität des Dorfes unerbittlich erfahren; eine Realität ähnlich der von Büchners Woyzeck, voll Unzulänglichkeit, Schicksalhaftigkeit, schuldhafter Verquickung, Selbstüberlassenheit, Einsamkeit. Die Auswirkungen dieser Abgründigkeiten, worin Friedrich Mergel mitverquickt ist, ob als Totschläger oder Holzfrevler, als schuldhafter Mitwisser, ebenso der Glaube der Dorfbevölkerung an Fluch, dämonisiertes Heilswissen, bringen Friedrich Mergel Schritt für Schritt zum Irrsinn[26], zur Verstörung der Sinne, wovon er sich letztlich, vielleicht darf man es sagen, durch den Selbstmord erlöst. Nicht die jahrzehntelange Sklaverei mit der Hoffnung auf Heimkehr hat ihn zugrunde geschafft, sondern eine Heimkehr, die keine werden konnte.

Es muß einen tieferen Grund geben, weshalb die Droste der »Judenbuche« den lyrischen Vorspann vorangestellt hat, in dem sie den Leser um Verständnis angeht und ihn nachdrücklich darauf hinweist, sich des Urteils zu enthalten:

Leg hin die Wagschal', nimmer dir erlaubt!
Laß ruhn den Stein – er trifft dein eignes Haupt! –
(HKA Bd. V, 1, S. 3)

Die Dichterin mochte befürchten, daß die erzählte Geschichte aus sich selbst nicht genügend eigene Signale anbiete. Vielleicht aber noch mehr: Der Leser soll sich in Relation zum Dorf und zur Dorfbevölkerung sehen, wo diese Geschichte passiert ist und wo noch lange danach über sie gesprochen wurde. Hierbei ist der Droste, die in diesen Erzählerkreis sogar verwandtschaftlich einbezogen war, sehr viel von der dörflichen Mentalität aufgegangen. Ihr Realitätssinn hat eher verschärft als gelindert, wenn sie auch den Personenkreis um den Gutsherrn entschuldigend hochstilisiert hat. Das Verscharren des Selbstmörders, der in der Vorlage ein christliches Begräbnis bekommen hat, ist die äußerste Form einer solchen Verschärfung. Die Dorfbevölkerung fühlt sich in ihrer naturhaften Mentalität bestätigt: Absonderung von dem, der schicksalhaft gezeichnet ist. Kann ich es auch als Leser, der sich wie ein Quasi-Nachfahre aus der früheren Zeit begreift? Hierauf versucht der lyrische Vorspann eine vorsichtige, Richtung weisende Antwort zu geben.

Daraus die möglichen Lesekonsequenzen: Sie können nicht im literarischen Nachvollzug des Kunstwerks stehen bleiben, wie wichtig und entscheidend er auch ist. In irgendeiner Form muß man als Leser zu der Einsicht gelangen, daß die Lebenswelt, gleich welcher sozialer Gruppierung, so etwas braucht wie Verstehen, Verzeihen, Annehmen. Weitere religiöse und soziale Verhaltensweisen gehören noch dazu, je nachdem wie die Probleme gelagert sind. Nur so geschieht Humanisierung, selbst wenn sie auf Grenzen stößt, die außerhalb des Menschenmöglichen liegen. Literarisch einen solchen Komplex aufgearbeitet zu haben, ist das Verdienst der »Judenbuche«.[27]

IX
Schreiben - worüber man Bescheid weiß
Landschaft Westfalen

Über ihr Dichten, über die Voraussetzungen und den Prozeß des
Schreibens hat sich die Droste öfter geäußert, aber meist nur dann,
wenn ihr etwas nicht Selbstverständliches zugemutet wurde. Ob dies
nun ihren Stil betraf oder den Stoff für neue Pläne, immer beruft
sie sich darauf, daß sie nur schreiben könne, worüber sie von sich
aus Bescheid weiß. Sie hat sich auch bloß Gehörtem und Gesehenem
zugewandt, aber ihr eigentliches Feld war das, was sie selbst erlebt,
selbst durchgestanden und für das eigene Lebenskonzept durchprobt
hatte.

An Landschaften standen ihr dichterisch nur diejenigen zur Verfügung, wo sie gelebt, wo sie ohne Recherchen Sitte und Lebensgewohnheiten wie seit je kannte. Hierzu gehörten das Münsterland,
die Gegend um Paderborn und zum Teil auch die Uferlandschaft des
Bodensees. So mag auf den ersten Blick ihr Horizont begrenzt erscheinen, dafür aber ist ihre Literatur authentisch: Landschaft nicht
als Kulisse, sondern als Spiegelbild der Menschen, die in ihr leben.
So schreibt die Droste zu dem von ihr geplanten, dann aber nur frag-
mentarisch zur Ausführung gekommenen Westfalenwerk:

Mein Trost ist, daß ich selbst hier aufgewachsen und somit so sehr
Herrin meines Stoffes bin wie keines andern. Schlimmer ist es, daß
die Leute hierzulande es noch gar nicht gewohnt sind, sich ab-
konterfeien zu lassen und den gelindesten Schatten als persönliche
Beleidigung aufnehmen werden ... Ich weiß am besten, daß ich
meinen Landsleuten weit weniger Unrecht tun, als viel eher durch
zu große Vorliebe und Idealisieren mancher an sich unbedeutenden Eigenschaft mich lächerlich machen werde, und dennoch fürchte
ich gänzlich in Verruf zu kommen, denn alles kann ich ihnen und
meiner eigenen Liebe nicht aufopfern, nicht Wahrheit, Natur und
die zur Vollendung eines Gemäldes so nötigen kleinen Schatten.

(An Schlüter, 13. 12. 1838, Briefe I, S. 313)

Aufschlußreich ist an dieser Briefpassage, daß die Droste für sich erkannt hat und auch davon nicht abgewichen ist, daß nur ein reali-

stisches Schreiben, das der Wirklichkeit und Wahrheit verpflichtet ist, und nicht ein idealisierendes verklärendes Schreiben ihrer dichterischen Einstellung entspricht. Hierdurch ist sie dann auch den Verführungen ihrer Zeit so ungeschoren entgangen: Sie ist weder ins Triviale der Heimattümelei abgeglitten, noch hat sie das Fremde anderer Landschaften aus Heimat- oder Nationalstolz abgewertet.

Sehnsucht und Unruhe als Seelenzustand

Das aus der Romantik bekannte Schema von Sehnsucht und Heimweh gilt noch für die dichterischen Aussagen der jungen Annette vollends. Reisen, aus dem Gewohnten und Einengenden heraus ins Unbekannte, das wollte sie. Sie führt dies nicht auf literarische Lektüre oder auf eine andere Beeinflussung von außen zurück, sondern auf einen in ihr liegenden, gleichsam angeborenen eigenen Drang und Seelenzustand. Da diese Selbsterkenntnis als Beschreibung ihres Inneren für die Droste so charakteristisch und als Ausgangspunkt ihres späteren Heimatverständnisses anzusehen ist, sei die Briefstelle wenigstens in Auszügen zitiert. Sie schreibt an Sprickmann:

Ich muß mich einer dummen und seltsamen Schwäche vor Ihnen anklagen, die mir wirklich manche Stunde verbittert; aber lachen Sie nicht, ich bitte Sie noch einmal, mein Plagedämon hat einen romantischen und geckenhaften Namen, er heißt »Sehnsucht in die Ferne«; nein, nein, Sprickmann, es ist wahrhaftig kein Spaß. Sie wissen, daß ich eigentlich keine Törin bin; ich habe mein wunderliches, verrücktes Unglück nicht aus Büchern und Romanen geholt, wie es ein jeder glauben würde. Aber niemand weiß es, Sie wissen es ganz allein, und es ist durch keine äußern Umstände in mich hineingebracht, es hat immer in mir gelegen. Wie ich noch ganz, ganz klein war, ich war gewiß erst 4 oder 5 Jahre, denn ich hatte einen Traum, worin ich 7 Jahre zu sein meinte und mir wie eine große Person vorkam, da kam es mir vor, als ging ich mit meinen Eltern, Geschwistern und zwei Bekannten spazieren, in einem Garten, der garnicht schön war, sondern nur ein Gemüsegarten mit einer graden Allee mitten durch, in der wir immer hinauf gingen. Nachher wurde es wie ein Wald, aber die Allee mitten durch blieb, und wir gingen immer voran. Das war der ganze Traum, und doch war ich den ganzen folgenden Tag hindurch traurig und

Levin Schücking, 1834

Trink aus! – die Alpen liegen stundenweit,
Nur nah die Burg, uns heimisches Gemäuer,
Wo Träume lagern langverschollner Zeit,
Seltsame Mär und zorn'ge Abenteuer.
Wohl ziemt es mir, in Räumen schwer und grau
Zu grübeln über dunkler Taten Reste;
Doch du, Levin, schaust aus dem grimmen Bau
Wie eine Schwalbe aus dem Mauerneste.
(Die Schenke am See. An Levin S.)

weinte, daß ich nicht in der Allee war und auch nie hinein kommen konnte ...

Ich schreibe Ihnen diese unbedeutenden Dinge nur, um Sie zu überzeugen, daß dieser unglückselige Hang zu allen Orten, wo ich nicht bin, und allen Dingen, die ich nicht habe, durchaus in mir selbst liegt und durch keine äußeren Dinge hereingebracht ist; auf die Weise werde ich Ihnen nicht ganz so lächerlich scheinen, mein lieber, nachsichtsvoller Freund. Ich denke, eine Narrheit, die uns der liebe Gott aufgelegt hat, ist doch immer nicht so schlimm, wie eine, die wir uns selbst zugezogen haben.

(8. 2. 1819, Briefe I, S. 33 f.)

Mit dieser Briefstelle, die selbst ein dichterisches Dokument ist, korrespondiert ein frühes, vielleicht das erste gelungene Gedicht Annette von Droste-Hülshoffs, mit einem Wort überschrieben, das ihre damalige seelische Verfassung ausdrückt: »Unruhe«. Hier äußert sich ein innerer, nach außen verlagerter Freiheitsdrang, der sprachlich von Schillers Gedankenlyrik beeindruckt sein mag[1] aber dennoch eine eigene Erfahrungsweise artikuliert, wie sie später in dem Gedicht »Am Turme« wiederkehrt. Auch hier wird der Höhenflug ihres Geistes, der ihr so unwillkürlich aus der Feder geflossen, am Ende durch eine Form der Bescheidung aufgefangen, mit der noch zaghaften Einsicht: Der Ort meines Erlebens und Schreibens ist das Herz und die diesem Herzen bekannte Welt, was die Dichterin dann unter Heimat subsumiert hat. Die wichtigsten Abschnitte aus diesem Gedicht heißen:

> Ach! wie ist's erhebend, sich zu freuen
> An des Ozeans Unendlichkeit,
> Kein Gedanke mehr an Maß und Räume
> Ist, ein Ziel, gesteckt für unsre Träume,
> Ihn zu wähnen dürfen wir nicht scheuen
> Unermeßlich wie die Ewigkeit ...
>
> Möchtest du nicht mit den wagenden Seglern
> Kreisen auf dem unendlichen Plan?
> O! ich möchte wie ein Vogel fliehen,
> Mit den hellen Wimpeln möcht' ich ziehen
> Weit, o weit, wo noch kein Fußtritt schallte,
> Keines Menschen Stimme widerhallte,
> Noch kein Schiff durchschnitt die flücht'ge Bahn.

Und noch weiter, endlos ewig neu
Mich durch fremde Schöpfungen, voll Lust,
Hinzuschwingen fessellos und frei,
O! das pocht, das glüht in meiner Brust!
Rastlos treibt's mich um im engen Leben,
Und zu Boden drücken Raum und Zeit,
Freiheit heißt der Seele banges Streben,
Und im Busen tönt's: Unendlichkeit!

Stille, stille, mein törichtes Herz,
Willst du denn ewig vergebens dich sehnen?
Mit der Unmöglichkeit hadernde Tränen
Ewig vergießen in fruchtlosem Schmerz? . . .

Aus der Ferne klingt's wie Heimatlieder,
Und die alte Unruh' kehret wieder;
Laß uns heim vom feuchten Strande kehren,
Wandrer auf den Wogen, fahret wohl!

Fesseln will man uns am eignen Herde!
Unsre Sehnsucht nennt man Wahn und Traum,
Und das Herz, dies kleine Klümpchen Erde,
Hat doch für die ganze Schöpfung Raum!
(II, S. 68 f.)

Schreiben macht die jugendliche Annette von Droste-Hülshoff mutig:
Sie schreibt, was ihr in den Sinn kommt, und merkt dabei, daß gerade das so Formulierte ihr entspricht. Dieser Anstoß aus ihrem Ich
hat dafür gesorgt, daß ihre Beheimatung in Westfalen sich immer
entgrenzte, dem Fremden und Entfernten auf der Spur blieb, daß sie
sich nicht im Bekannten eingesponnen hat, sondern sich immer wieder dichterisch der Illusion hingab:
Und wenn ich allein bin, besonders des Nachts, wo ich immer einige Stunden wach bin, so kann ich weinen wie ein Kind, und dabei
glühen und rasen, wie es kaum für einen unglücklich Liebenden
passen würde. Meine Lieblingsgegenden sind Spanien, Italien,
China, Amerika, Afrika, dahingegen die Schweiz und Otaheite,
diese Paradiese, auf mich wenig Eindruck machen.
(An Sprickmann, 8. 2. 1819, Briefe I, S. 35)
Tatsächlich reiste die Droste nur ins Paderborner Land, wo sie sich
länger und öfter aufhielt, auch ins Sauerland, also in Gegenden, die

ihren westfälischen Lebenshorizont ausmachen. Sie reiste mehrfach an den Rhein, Köln und Bonn-Plittersdorf, einmal auch über die holländische Grenze. Zuletzt war es Meersburg, wohin sie ihre Aufenthalte verlegte. Immer waren es jedoch sogenannte Besuchsreisen, keine eigentlichen Bildungsreisen. Verwandtschaft und Freundschaften waren es, die ihr diese Reiselust ermöglichten oder auch abnötigten. Menschen waren es und nicht kulturelle Sehenswürdigkeiten, gewiß auch ihre kleineren literarischen Zirkel und der Umkreis ihrer geistigen Ambitionen. Vor ihrer ersten Reise nach Meersburg, ostentativ ein enges Westfalendenken und herkömmliches Heimatbewußtsein überschreitend, schreibt sie:

Und ich schreibe Ihnen, sobald ich mich ein wenig von meiner Reise erholte habe; wie manches Mal werde ich über den See weg nach Norden schauen! Und doch bin ich keine echte Westfälin; denn mir sind es unendlich mehr die Menschen wie das Land, und könnte ich alles Liebe um mich versammeln, dann möchte ich es wohl in Sibirien aushalten. *(An Schlüter, 19. 9. 1841, Briefe I, S. 553)*

Über Meersburg schreibt sie dann einige Jahre später:

So betrachte ich Meersburg wie die zweite Hälfte meiner Heimat und bin auch wirklich recht gern dort.

(An Phillippa Paersall, 25. 8. 1844, Briefe II, S. 331)

Der Rückgriff auf die frühen Äußerungen der Droste, kann sichtbar machen, daß erst ihre Ich-Erfahrung den Zugang zu einem adäquaten Heimatverständnis erschließt. Wenn sich später der Spannungsbogen von dem Plagedämon der Sehnsucht in die Ferne eindeutig auf das Heimatliche verlagert, so geht es vornehmlich auf Erfahrungen beim literarischen Schreiben zurück, sich nämlich auf jene Themen und Stoffe einzulassen, von denen sie primäre Kenntnisse besitzt, und das ist ihre westfälische Heimat. Die Unruhe, die am Anfang das dichterische Erleben bestimmte, ist als Intensität in der Wahrnehmung des Eigenen geblieben.

Heimat als literarisches Programm

Bei der Droste ist das Heimatbewußtsein einmal, wie schon dargelegt, aus ihrer Schreiberfahrung hervorgegangen, aus der Erkenntnis der eigenen Welt, und das sind ihre Stimmungen, Erlebnisse und persönlichen Beziehungen, wie auch Land und Leute ihrer näheren Umgebung. Zum andern ist der Heimatgedanke jedoch von außen

Das Rüschhaus bei Münster

Die Meersburg am Bodensee

171

an sie herangebracht worden. Sie hat sich bewußt in die damalige
politisch, aber noch mehr kulturell verstandene Westfalenbegeisterung
gestellt, sie zum Teil mitausgelöst und mitgetragen. Ihr Beitrag ist
in diesem Rahmen nicht zu untersuchen, er war literarischer Natur,
und das in einer Weise, daß er die Zeitströmungen transzendieren
konnte.

Beurteilt man die Position der Droste historisch, dann ist ihre Haltung, wie bei vielen anderen, als eine Abwehr gegen das aufkommende nationale Denken zu verstehen, womit das damalige Preußen,
unter dessen Herrschaft Westfalen, die drei von der Droste so geliebten Landstriche – Münsterland, Paderborner Land und das Sauerland – nach dem Wiener Kongreß gekommen waren, ihre Heimat also
zu beglücken dachte: Heimat als Teil eines größeren deutschen Vater-
landes. Das Heimatbewußtsein der Droste ist eine rückwärtsorien-
tierte, religiös-kulturelle Utopie und als solche Ansporn für ihr Dichten, ein durchaus literarisches Programm, für das sie plant, forscht
und sammelt, aus dem sie Konsequenzen zieht und literarisch argumentiert. Am deutlichsten zu fassen ist diese Einstellung in dem Gedicht »Ungastlich oder nicht« mit dem Untertitel »In Westfalen«, das
die Droste sogar, auf Vorschlag Levin Schückings, an den Anfang
ihres großen Gedichtbandes von 1844 gerückt hat:

Ungastlich hat man dich genannt,
Will deinen grünsten Kranz dir rauben,
Volk mit der immer offnen Hand,
Mit deinem argwohnlosen Glauben;
O rege dich, daß nicht die Schmach
Auf deinem frommen Haupte laste,
Und redlich, wie das Herz es sprach,
So sprich es nach zu deinem Gaste:

»Fremdling an meiner Marken Stein,
Mann mit der Stirne trüben Falten,
O, greif in deines Busens Schrein,
Und laß die eigne Stimme walten.
Nicht soll bestochner Zeugen Schar
Uns am bestochnen Worte rächen,
Nein, Zeug' und Richter sollst du klar
Dir selbst das freie Urteil sprechen. . . .

Wer unsres Landes Sitte ehrt,
Und auch dem seinen hält die Treue –
Hier ist der Sitz an unserem Herd!
Hier unsres Bruderkusses Weihe!
Wer fremden Volkes Herzen stellt
Gleich seinem in gerechter Waage –
Hier unsre Hand, daß er das Zelt
Sich auf bei unsern Zelten schlage! ...

Doch einem Gruß aus treuem Mut,
Dem nicken ehrlich wir entgegen,
Hat jeder doch sein eignes Blut,
Und seiner eignen Heimat Segen. ...

Dreimal gesegnet jedes Band
Von der Natur zum Lehn getragen,
Und einzig nur verflucht die Hand,
Die nach der Mutter Haupt geschlagen!«
                    (I, S. 7-9)

Das Gedicht verbindet mehrere Intentionen miteinander, ohne daß
sie voll zum Ausgleich gekommen wären. Wie bei allen Gedichten
der Droste, die nicht von einem subjektiv bestimmten Erlebnis ausgehen, vielmehr Gedankliches darstellen wollen, so erschließt sich
auch hier die Tiefenschicht beim Lesen erst allmählich. Zunächst will
dieses Gedicht schlicht und einfach eine Westfalen-Apologie sein, gegen damalige Verunglimpfungen, aber auch gegen ein im westfälischen Raum vorhandenes Ressentiment, nur eine Weltgegend zu sein
ohne besondere geschichtliche oder kulturelle Geltung. Man muß
schon, und hat es dann auch getan, in die frühe Sachsenzeit zurück-
gehen mit dem Helden Widukind oder noch früher bis zum Cherus-
kerfürsten Arminius, um Westfalen geschichtlich aufzuwerten. Die
Droste hat hierzu keine Affinität besessen. Sie bleibt in dem Gedicht
lieber im Geschichtslosen und sieht darin einen glücklichen Zustand,
der durch Geschichtsmächte eher gestört wird.

Die reinen Apologie- und Rechtfertigungsstrophen kann man zu-
rücktreten lassen, um die gewichtigeren Aussagen zu erkennen. Dazu
rechne ich auch noch nicht die Form des Westfalenlobs aus fremdem
Munde, wie die Droste es außerdem im »Berta«-Fragment und dann

in dem Roman-Fragment »Bei uns zu Lande auf dem Lande« getan hat; das ist nur ein Kunstgriff. Hinderlich für das Verständnis des Gedichtes sind die der Frömmigkeitssprache entlehnten Formulierungen und Metaphern wie Weihe, Hausaltar, Tempel, verquickt mit herkömmlichen Bildern, die stellvertretend höhere Vorstellungen ausdrücken sollen wie Herd, Kranz oder Fanfare. Das alles wird bemüht, um den heimatlichen Aussagen eine dementsprechende Bedeutung beizumessen, eine Konzession an die eigene, wie auch damals übliche Bildungssprache.

Worauf kommt es nun in diesem Gedicht an? Es ist das Verhältnis zu den Fremden[2], die als Gast angesprochen werden. Der »Fremdling« wird nicht nur herzitiert, um Westfalen zu loben oder es wenigstens mit dem eigenen Land gleichzusetzen, er wird unter der Feder der Droste zum entscheidenden Problem: Wie können Alteingesessene und Fremde miteinander auskommen, miteinander leben? Modern gesprochen, meint das Gedicht: kein Ausländerproblem, wohl ein Tourismusproblem, da hierdurch die eigene Welt verflacht und oberflächlich konsumiert wird. Von Touristen kommt nichts Substantielles auf. Gegenseitige Achtung, gegenseitige Befruchtung, darauf kommt es der Droste an. Die Grenze liegt im Respekt vor naturgegebenen Menschenrechten. Dies will der letzte Vers des Gedichtes sagen:

> Und einzig nur verflucht die Hand,
> Die nach der Mutter Haupt geschlagen!

Die Utopie der Droste geht davon aus, daß das menschliche Dasein ursprünglicher Lebensbedingungen bedarf, die überall in der Welt zu finden sind. Für sie ist es eben ihre westfälische Heimat, in der sie dies gewährleistet sieht und die sie deshalb literarisch ins Spiel bringt. In der Sprache der Briefe, besonders wenn sie respektvoll gegenüber einem Fürstbischof formuliert wird, klingt dieses um vieles konservativer und angepaßt:

> Gottlob ist unser gutes Westfalen noch um 100 Jahre zurück – möge es nie nacheilen auf dem Wege des Verderbens, und mögen andere Länder auf ihrem Kreislauf bald wieder bei ihm eintreffen!
> *(An Fürstbischof Melchior v. Diepenbrock, Ende Mai 1845,*
> *Briefe II, S. 400)*

Westfalen als Beispiel einer noch in sich geordneten Welt, als Utopie, an der die Droste in ihren Vorstellungen festhält, obwohl sie, wie in den »Westfälischen Schilderungen« und vor allem in der »Juden-buche«, die Realität anders gesehen und dargestellt hat. Dennoch ist an dieser Briefstelle literarisch faszinierend, wie die Dichterin gegen den linearen Weg des Verderbens, den der Geschichte, das Bild des Kreislaufes, ein naturhaft-kosmisches Denken, aufbietet.

Mit solchen Gedanken stehen wir schon bei einem zweiten litera-rischen Programmtext, den die Droste aus ihrem Heimatbewußtsein niedergeschrieben hat, der »Einleitung des Herausgebers« zu dem ge-planten Roman »Bei uns zu Lande auf dem Lande«.[3] Hier verbirgt sich die Dichterin hinter der Maske eines senilen Rentmeisters. Mit ihm zieht sie sich auf das idyllische Münsterland zurück und über-läßt in humoristischer Manier die große Welt sich selbst, ein Stück Prosa, das seinesgleichen sucht. Der so exemplarische Anfang sei hier eingefügt:

Ich bin ein Westfale, und zwar ein Stockwestfale, nämlich ein Münsterländer, – Gott sei Dank! füge ich hinzu und denke gut genug von jedem Fremden, wer er auch sei, um ihm zuzutrauen, daß er gleich mir den Boden, wo »seine Lebenden wandeln und seine Toten ruhen«, mit keinem andern auf Erden vertauschen würde, obwohl seit etwa zwei Jahrzehnten, d. h. seit der Dampf sein Bestes tut, das Landeskind in einen Weltbürger umzublasen, die Furcht, beschränkt und eingerostet zu erscheinen, es fast zur Sitte gemacht hat, die Schwächen der Alma mater, welche man sonst Vaterland nannte und bald nur als den zufälligen Ort der Geburt bezeichnen wird, mit möglichst schonungsloser Hand auf-zudecken und so einen glänzenden Beweis seiner Vielseitigkeit zu geben. Es ist bekanntlich ja unendlich trostloser, für albern als für schlimm zu gelten. Möge die zivilisierte Welt also getröstet sein, denn ihre Fortschritte zu der alles nivellierenden Unbefangenheit der wandernden Schauspieler, Scherenschleifer und vazierenden Musikanten sind schnell und unwidersprechlich. – Dennoch blei-ben Erbübel immer schwer auszurotten, und ich glaube bemerkt zu haben, daß, sobald man auf die Redeweisen dieser grandiosen Parteilosen fein kräftig eingeht und etwa hier und dort noch den rechten Drücker aufsetzt, sie geradeso vergnügt lächeln als ein Bauer, der Zahnweh hat.   *(II, S. 325)*

Das literarische Heimat-Programm der Droste, das sich in dem zi-tierten Text ankündigt, muß im Zusammenhang mit den zeitgenös-sischen Vorgängen gesehen werden. Nur so gelangt man zu einer adäquaten literaturgeschichtlichen Einordnung. Als erstes ist auf Immermann hinzuweisen, der mit seinem Oberhof-Kapitel in dem Roman »Münchhausen« auf das Westfalen-Thema literarisch aufmerksam gemacht hatte. Die Droste hat dieses Werk gekannt, sich aber hierdurch weder von ihrer eigenen Thematik abbringen lassen, noch ist sie von ihren Vorstellungen abgewichen.

Clemens Heselhaus hat den Unterschied zur Droste richtig beurteilt: »Auch wenn ... nicht eigens die ›grenzenlose Erweiterung des gesamten deutschen Denkens, Wissens und Dichtens‹ seit Lessing erwähnt würde, wüßte man daß es Immermann um die große Tradition des deutschen Bürgertums aus der Aufklärung geht; daß aber nach den Napoleonischen Kriegen diese Tradition von der nationalen Ideologie in Beschlag genommen wurde. In der westfälischen Mark wird diese national eingefärbte Tradition deshalb heraufgerufen, weil hier starke Kräfte für den Aufbau und für die Zukunft zu vermuten waren. Die Symbolisierung Westfalens durch Femlinden und Hofschulzen wurde von Immermann preußisch-national akzentuiert und damit auch für die Öffentlichkeit zugänglich gemacht.«[4] Für die Droste ist eine preußisch-nationale Akzentuierung nicht denkbar; das höchste, was sie anstrebt, ist ein literarisches Programm, das seine Bezüge aus einem sehr persönlichen Heimatbewußtsein nimmt.

Ein nicht leicht zu beurteilender Einfluß ging von dem groß angelegten Projekt »Das malerische und romantische Westfalen« aus, das Freiligrath in Angriff nahm, Schücking fortgesetzt hat und an dem die Droste couragiert mitgearbeitet hat.[5] Sie stellte Balladen zur Verfügung, die sie zum Teil eigens hierfür schrieb, als interessante Schmuckstücke, etwa wie die Stahlstiche von Städteansichten und Denkwürdigkeiten. Auch lieferte sie Notizen über Gegenden, die sie kannte. Von ihr wurde ohne Zweifel die kulturelle wie die poetische Tendenz dieses Standardwerkes unterstützt. Dennoch dürfte die Droste nur gering an der Westfalenideologie partizipiert haben, die diesem Werk zugrunde liegt, einer Ideologie, die besonders deutlich in dem Eröffnungsgedicht »Freistuhl zu Dortmund« von Freiligrath zu greifen ist.

»Die Titelvignette ›Die Vehmlinde‹ inspirierte ihn, Freiligrath, als ein neuer Freigraf das Land zu laden, um es von allen Anwürfen und Verleumdungen frei zu sprechen. Der massivste Vorwurf war: ›Das Fohlen Wittekinds, / Ein Schlachtroß weiland, sank zum Ackerpferde!‹ Damit spielte er gegen das Symbol der Femlinde das heraldische Symbol des Westfalenrosses aus, um das ganze romantische Westfalen einbeziehen zu können. Gegen Entartung und Entpoetisierung wird die Natur aufgerufen, Berg und Fluß, Felsbach und Quelle, Wälder und Klippen, Burgen und Dome, als ob Westfalen noch ein Land für ›Altsachsens Fohlen‹ sein könnte. Dann wird in zehn Strophen das Land zur Zeugenschaft geladen, daß Westfalen so reich an Natur, an Flüssen und Bergwäldern, wie an Geschichte, Bauten, Bildern und Ereignissen sei. Zuletzt ist es ein ›kräft'ger Menschenschlag, / Einfach von Wesen, schlicht und derb von Sitten!‹ Vieles ist rhetorisch Aufzählung, aber doch voller Leben und Farbe: ›Wohin er schau'n mag, Licht und Leben nur!‹ Das Urteil ist schon zu Gunsten des bis dahin geächteten Landes gefällt: ›An's Herz der Heimath wirft sich der Poet, / Ein Anderer und doch Derselbe!‹[6]

»Das malerische und romantische Westfalen« geht einer Auseinandersetzung mit den politischen, gesellschaftlichen wie industriellen Entwicklungen aus dem Wege. Es bleibt konservativ, berücksichtigt Sagen- und Geschichtsstoffe, trägt zur Stabilisierung des Herkömmlichen bei. Hier liegt nicht der eigentliche Unterschied zur Droste, obwohl sie sicher andere Akzente gesetzt hätte. Der Unterschied besteht vielmehr darin, daß in dem Westfalenbuch Freiligraths und Schükkings dem Land Westfalen eine romantische, eine poetische Weltansicht übergestülpt wird. Zur Ideologie wird diese Einstellung dadurch, daß der Glaube entsteht, durch eine solche poetische Weltansicht könne schon eine ganzheitliche Regeneration zustande kommen. Die Droste ist in ihren Darstellungen, insbesondere auch in den im Zusammenhang mit dem »Malerischen und romantischen Westfalen« entstandenen »Westfälischen Schilderungen«, viel realistischer und in ihren Erwartungen nicht von diesem Optimismus getragen.[7] Die eingefügten Balladen von ihr sind zwar eine Poetisierung aus Sage und Geschichte, aber keine Verklärung.

Charakterisierung der westfälischen Gegenden

Die Beschäftigung der Droste mit Stoffen und Themen ihres Heimatbereiches war nicht nur eine Hinwendung zu den konservativen Strömungen ihrer Zeit, in denen sie eine ihr gemäße Position einnahm, sondern auch eine Auseinandersetzung mit ihren dichterischen Schreibvorstellungen: die Entscheidung für die Prosa. Schon in ihrer Jugend hatte sie Prosa geschrieben, wie das Ledwina-Fragment belegt, aber dann war sie bei der metrisch gefügten Sprache der Versepen und lyrischen Strophen ihrer Gedichte und Balladen geblieben, mit denen sie ihr Glück versuchte.

Die Entscheidung für die Prosa lag sicher in der Luft. Heine hat diese Tendenz 1837, also genau zu dem Zeitpunkt der Drosteschen Entscheidung, in der Vorrede für die zweite Auflage seines »Buchs der Lieder« formuliert:

Diese neue Ausgabe des Buchs der Lieder kann ich dem überrheinischen Publikum nicht zuschicken, ohne sie mit freundlichen Grüßen ehrlichster Prosa zu begleiten. Ich weiß nicht, welches wunderliche Gefühl mich davon abhält, dergleichen Vorworte, wie es bei Gedichtesammlungen üblich ist, in schönen Rhythmen zu versifizieren. Seit einiger Zeit sträubt sich etwas in mir gegen alle gebundene Rede, und wie ich höre, regt sich bei manchen Zeitgenossen eine ähnliche Abneigung. Es will mich bedünken, als sei in schönen Versen allzuviel gelogen worden, und die Wahrheit scheue sich in metrischen Gewanden zu erscheinen.[8]

Bei ihrer Hinwendung zur Prosa knüpft die Droste nicht bei ihren frühen Versuchen an, auch orientiert sie sich nicht an der allgemeinen Erzählprosa der damaligen Zeit, sondern an der eigenen Erzählprosa ihrer Briefe. In ihnen ist, so muß man es heute sehen, ihre literarische Prosa vorgeformt.[9] Hier hat die Droste mehr investiert, als ihr selbst bewußt war. Der Stil Immermanns, für die Sprache des Romans im 19. Jahrhundert repräsentativ, wird von Jakob Wassermann so charakterisiert:

»Sein Deutsch ist wie klarer alter Edelwein, bei dem Erd- und Sonnenhaltigkeit zur Blumenessenz geworden sind. Die Periode gut gewachsen, lang hingeworfen, wie es in jenen Zeiten Brauch und Anstand war; das Beiwort immer schlagend und ausschließlich; die Metapher stets kühn, ohne in die Willkür überzugreifen; im Dialogischen lebendig, überraschend realistisch oft und, was im Roman sehr wesentlich ist, von jener reifen Erfahrung erfüllt, Welt- und Menschenkenntnis, die das Vertrauen des Lesers gewinnt. Wort und Wortfügung sind nicht nur mustergültig, sondern er gräbt auch aus dem Sprachschatz der Vergangenheit Formen und Bindungen aus, die den Bestand der Sprache bereichert, sie vor der immer mehr überhandnehmenden modernen Verflachung und Verweichlichung geschützt haben.«[10]

Analysiert man dagegen den Prosastil der Droste, dann ist er viel härter, kantiger und eigenwilliger, nicht von jener reifen Glätte, die Lebensweisheit vermitteln will. Als Erzählerin steht sie nicht über dem Geschehen, sondern ist beteiligt betroffen. Sobald sie in den allgemeinen Erzählstil des 19. Jahrhunderts kommt, bricht sie ab, wie beim Josephs-Fragment und »Bei uns zu Lande auf dem Lande«. Sie braucht den Widerstand, die Nähe zur Realität, den literarischen Umsetzungsprozeß, der ein Sich-Klarmachen und Wiederverdunkeln ist, das Spontane und damit das Festhalten des Unerwarteten und vorher so nicht Gewußten und Beabsichtigten.

Was die Droste in »Bei uns zu Lande auf dem Lande« von dem Herrn des Adelshauses sagt, gerade das gilt nicht von ihr. Bei ihr ist es eher umgekehrt. Sie weicht nicht auf, macht mit dem Mantel der christlichen Liebe die Welt und ihre Menschen nicht wieder gut und harmlos; sie bleibt bei dem harten, aber richtigen Urteil und wird so der Wirklichkeit gerecht, nach der zu handeln und zu verstehen, auch wohl zu verzeihen wäre:

Den Verstand des Herrn habe ich anfangs zu gering angeschlagen, er hat sein reichliches Anteil an der stillnährenden Poesie dieses Landes, der den Mangel an eigentlichem Geiste fast ersetzt, dabei ein klares Judizium und jenes haarfeine Ahnen des Verdächtigen, was aus eigner Reinheit entspringt: sein erstes Urteil ist immer überraschend richtig, sein zweites schon bedeutend vom Mantel der christlichen Liebe verdunkelt, und wer ihn heute als erklärter Filou anschauert, ist morgen vielleicht ein gewandter Mann, den man etwas weniger schlau wünschen möchte. *(II, S. 349 f.)*

Zur Prosa der Droste gehört seither nicht nur das erzählende Darstellen, sondern auch das Beschreiben, das Charakterisieren von Land und Leuten: die Information. In den »Westfälischen Schilderungen« hat sie das Erzählen bewußt überstiegen und eine Form der literarischen Inspektion entwickelt, in der die Nähe zum wissenschaftlichen Traktat angestrebt wird, der aber dann doch durch das Mittel von Fiktion und kurzen Geschichten literarisiert wird. In dieser Hinsicht ist die Darstellung der westfälischen Bezirke beispielhaft. Vielleicht nicht so konzipiert, aber durch die spezifische Form der Prosa sind die »Westfälischen Schilderungen« zu einer Dichtung mit ganz eigener Qualität geworden.

Man hat jedoch die »Westfälischen Schilderungen« bis in unsere Zeit hinein als reinen Sachtext verstanden, der Material für das überregional geplante Werk »Das malerische und romantische Deutschland im 19. Jahrhundert« liefern sollte. Wegen der Mitarbeit am Westfalen-Buch war sie hierzu in der Lage. Als volkskundlicher Sachtext wurden die »Westfälischen Schilderungen«[11] auch immer interpretiert, nachdem sie nach dem Scheitern des Projektes 1845 in den »Historisch-politischen Blättern« erschienen waren.

In dieser Form erregten sie Aufsehen, sowohl im Hinblick auf die Glaubwürdigkeit einzelner Aussagen wie der darin enthaltenen Tendenz. Man kritisierte die Adelsfreundlichkeit und die schlechte Meinung über den Bauernstand, fand besonders fatal die Darstellung des Paderborner Landes – so vor allem der nachträgliche Artikel »Berichtigungen eines Westfalen«.[12] Der Kommentar von Winfried Woesler lautet hierzu: »Seine Darstellung der Landbevölkerung ist sachkundiger, detaillierter und gerechter als die der Droste. Er berücksichtigt z. B. auch die historische Entwicklung von der fürstbischöflichen Zeit zu den unter preußischer Herrschaft durchgeführten Agrarreformen.«[13]

Mehr noch als die anderen Werke der Droste spiegeln die »Westfälischen Schilderungen« Zustände, Brauchtum und Lebensgewohnheiten in den einzelnen Teilen Westfalens. Die Droste verfolgte sogar einen strengen Wahrheitsanspruch, strebte Objektivität an, sicherlich nicht aufgrund wissenschaftlicher Studien, wohl aber sollte das, was sie schrieb, aus eigener Anschauung wie vom Hörensagen, authentisch sein.

Der volkskundliche Charakter sei den »Westfälischen Schilderungen« belassen. Vom literarischen Interesse aus muß allerdings eine andere Bewertung vorgenommen werden. Emil Staiger hob bereits die »meisterliche Prosa« der »Westfälischen Schilderungen« hervor[14]; darüber hinaus bieten sie eine eigenwillige, poetisch geprägte Geschichtsphilosophie, auf die man sogleich stoßen kann, wenn man die typisierende und stilisierende Schreibart dieses Werkes beachtet.

Schon Ronald Schneider hat auf eine sinnbildliche Stilisierung hingewiesen. Er sieht in der Drosteschen Darstellung des Münsterlandes eine Art »Geschichts-›Oase‹ innerhalb eines sich immer verhängnisvoller auswirkenden Geschichts-›Fortschritts‹«. Davon abgehoben wird die geschichtliche Entwicklungsstufe des Sauerlandes: »Das Sauerland repräsentiert auf dieser sinnbildlichen Ebene die Welt der Aufklärung und des bürgerlichen Erwerbsstrebens, die sich freilich in die tradierte politisch-gesellschaftliche Ordnung eben noch fügt.«

Folgerichtig wird dann auch das von der Droste entworfene Bild des Paderborner Landes gedeutet. Hier sei noch ein unter der Oberfläche des Christentums lebendig gebliebenes Heidentum vorhanden.

Der historische Bezug wird noch evidenter: »Wie der Paderborner im innersten besessen erscheint von diabolisch-zerstörerischen Mächten, so erscheint zugleich die Revolution von 1789 gedeutet als eine überdimensionale Freisetzung der gleichen diabolisch-zerstörerischen Mächte.«[15] Einer typisierenden Deutung der »Westfälischen Schilderungen« ist grundsätzlich zuzustimmen. Der hier der Droste zugeschriebene Kulturpessimismus geht allerdings zu weit; der Droste wird etwas unterschoben, was der Text selbst nicht hergibt. Die »Westfälischen Schilderungen« sollte man, auch wenn man zu volkskundlichen oder geschichtsphilosophischen Resultaten kommen möchte, zunächst literarisch aufschlüsseln. Sie sind vor allem poetischer Natur, spiegeln jeweils einen Aspekt des heimatlichen Bewußtseins der Droste. Was sie über Westfalen schreibt, das ist ihre Welt, wie sie sie erlebt hat und sieht. Wenn man so argumentiert, dann werden ihre Äußerungen zu einer die eigene Welt betreffenden Auseinandersetzung und dadurch erst auskunftsreich.

In ihrer Darstellung, vorher schon als literarische Inspektion bezeichnet, wendet sich die Droste gegen den oberflächlichen Beobachter, für den gewissermaßen alle Westfalen klischeehaft gleich sind.[16] Sie will, wie sie selbst schreibt, mit schärferem Auge sehen:

Das schärfere Auge wird indessen sehr bald von Abstufungen angezogen, die in ihren Endpunkten sich fast zum Kontraste steigern, und, bei der noch großenteils erhaltenen Volkstümlichkeit, dem Lande ein Interesse zuwenden, was ein vielleicht besserer, aber zerflossener Zustand nicht erregen könnte. *(I, S. 527)*

Aus der real erlebten Welt Westfalens bieten sich der Droste zwei wichtige literarische Stilmittel an, die sie auch in die Sprache ihrer Prosa umgesetzt hat: das Arbeiten mit Kontrasten und die nichtverklärende, eher desillusionierende Form der Inspektion. Auf diese Weise hofft sie zudem das Interesse der Leser zu wecken. Da Kontraste Gegensätze meinen, die aufeinander verweisen und so eine höhere Einheit bilden, kann man oder muß man sogar das vom Münsterland Ausgesagte mit dem Bild vom Paderborner Land zusammenbringen, wobei die Vorstellungen vom Sauerland eine vermittelnde Rolle einnehmen können und sollen.

Für das Münsterland steht eine idyllische Poesie, die im friedlich ruhenden Weiher ihre spezifische Metapher besitzt:

Wir haben alles genannt, was eine lange Tagereise hindurch eine Gegend belebt, die keine andere Poesie aufzuweisen hat, als die einer fast jungfräulichen Einsamkeit, und einer weichen, traumhaften Beleuchtung, in der sich die Flügel der Phantasie unwillkürlich entfalten . . .

Fast jeder dieser Weidegründe enthält einen Wasserspiegel, von Schwertlilien umkränzt, an denen Tausende kleiner Libellen wie bunte Stäbchen hängen. *(I, S. 531)*

Zum Vergleich eine ähnliche Stelle aus »Bei uns zu Lande auf dem Lande«:

Bleib in deiner Heide, laß deine Phantasie ihre Fasern tief in deine Weiher senken und wie eine geheimnisvolle Wasserlilie darüber schaukeln, – sei ein Ganzes, ob nur ein Traum, ein halbverstandenes Märchen – es ist immer mehr als die nüchterne Frucht vom Baum der Erkenntnis. *(II, S. 354)*

Im Kontrast zur idyllischen Poesie spricht die Droste bei den Paderbornern von einer wilden Poesie, in der die Leidenschaft vorherrscht, Schicksalhaftes aufbricht und oft genug tragisch endet. So erscheinen auch die Geschichten, die die Dichterin hier vorgefunden und lokalisiert hat.

Anders ist's im Hochstifte Paderborn, wo der Mensch eine Art wilder Poesie in die sonst ziemlich nüchterne Umgebung bringt, und uns in die Abruzzen versetzen würde, wenn wir Phantasie genug hätten, jene Gewitterwolke für ein mächtiges Gebirge, jenen Steinbruch für eine Klippe zu halten.

Nachher geht jeder seinem Jubel bei Tanz und Flasche nach, bis sich alles zum »Papen von Istrup« stellt, einem beliebten Nationaltanz, einem Durcheinanderwirbeln und Verschlingen, was erst nach dem Lichtanzünden beginnt, und dem »Reisenden für Völker- und Länderkunde« den Zeitpunkt angibt, wo es für ihn geratener sein möchte, sich zu entfernen, da fortan die Aufregung der Gäste bis zu einer Höhe steigt, deren Kulminationspunkt nicht vorauszuberechnen ist. *(I, S. 539 und 543)*

Der Sauerländer wird gegenüber dem Münsterländer und Paderbörner eher als poesielos geschildert, da sein Geschäftsgeist und ein praktisches Kalkulieren die Seelenkräfte beherrscht:

Begreift sich wohl; so wie aus dem Gesagten hervorgeht, daß nicht hier der Hort der Träume und Märchen, der charakteristischen Sitten und Gebräuche zu suchen ist; denn obwohl die Sage manche Kluft und unheimliche Höhle mit Berggeistern, und den Gespenstern Ermordeter, oder in den Irrgärten Verschmachteter bevölkert hat, so lacht doch jedes Kind darüber, und nur der minder beherzte oder phantasiereichere Reisende fährt zusammen, wenn ihm in dem schwarzen Schlunde etwa eine Eule entgegenwimmert, oder ein kalter Tropfen von den Steinzapfen in seinen Nacken rieselt.

(I, S. 538 f.)

Gegen die Vergeßlichkeit der Sauerländer hat die Droste hier eine Poesie ins Feld geführt, die sie selbst in ihren Balladen dargestellt hat. Sagen und historisch Zurückliegendes, die wichtigsten Stoffe in den Balladen der Droste, können eine Landschaft beleben und davor bewahren, daß sie rein ökonomischen oder industriellen Zwecken anheimfällt. Idyllisches, wild Poetisches und das von der Aufklärung verdrängte Sagenhafte fügen sich bei der Droste zusammen. Alle diese Aspekte gehören in ihre Dichtung und bilden gleichzeitig das Koordinatensystem ihres Westfalenbildes.

Innerhalb dieser poetischen Ansicht von Land und Leuten ist die Droste zwei Phänomenen besonders nachgegangen: dem sogenannten Besprechen im Paderborner Land und dem bis zum Vorgesicht gesteigerten Ahndungsvermögen im Münsterland. Aufgrund der kontrastiven Darstellungsform dieser beiden westfälischen Gegenden stehen auch die genannten übersinnlichen Phänomene in Entsprechung zueinander. Beides enthält ein unberechenbares Plus über das hinaus, was die Droste selbst im Vorgang ihres Dichtens erlebt hat. Das sogenannte Besprechen, durch das Tiere geheilt, Ungeziefer ferngehalten werden, reicht mit seinen Sprüchen in magische Bereiche hinein und wirkt auf eine geradezu unheimliche Weise. Ähnliches gilt für das Vorgesicht; denn das Gehörte und Geschaute trifft tatsächlich zu. Da diese Gabe nicht willentlich eingesetzt werden kann, dem Menschen zufällt, wurde sie von der Droste als von Gott gegeben gelten gelassen. In zwei Balladen »Vorgeschichte« und »Das Fräulein von Rodenschild« hat sie diese Thematik aufgegriffen, sicherlich um ein allzu abgesichertes, rationales Weltbild zu erschüttern.[17] Das Besprechen hat in der Geschichte vom Roßtäuscher vielfachen Niederschlag gefunden, aber in Distanz zum dichterischen Selbstverständnis der Droste. Indem das literarische Schaffen an solchen Vorgängen partizipiert, kann sie hoffen, daß die ästhetisch vermittelte Erfahrung eine Tiefenschicht erreicht, die im Menschen angelegt ist und angesprochen werden muß.

Mit den von ihrer poetischen Vorstellungskraft gesetzten Akzenten hat die Droste in den »Westfälischen Schilderungen« ihre eigene Lebenswelt zu erfassen gesucht: Was in ihr ist, sieht sie von außen bestätigt, zumal sie nur jene westfälischen Bezirke charakterisiert, die, wie sie selbst vom katholischen »Religionskultus« geschichtlich geprägt sind. Daher ist auch die harte Kritik am vorhandenen Christentum sowohl im Sauerland wie auch im Paderborner Land keine Kritik von oben herab, nicht einmal eine Abwertung aus der so heil erscheinenden Welt des Münsterlandes, sondern dieselbe Haltung, die die Droste im »Geistlichen Jahr« eingenommen hat: also keine Verklärung. Wenn bei der Darstellung des Münsterlandes doch verklärende Tendenzen eintreten, dann befürchtet die Droste zumindest das Stigma der Langeweile. Ein Fremder mag Westfalen loben, sie selbst aber schuldet ihrem Land eine Sprache aus Poesie und Wahrheit, in der mit Kenntnis und eigener Betroffenheit geurteilt wird.

Wer die Droste liest, wird mit ihr die Landschaft des Münsterlandes lieben, die Heide, wie sie die freie, einsame Natur genannt hat. Aber die Menschen des Paderborner Landes bieten ihr das schicksalhafte Milieu, um über Schuld und Recht, über soziales Verhalten, Hoffnung und seelisches Leid nachzudenken, über Entwicklungen, die in der Welt ihrer Zeit stecken. Als Autorin mag sie bei der Schilderung der Landbevölkerung auf der Seite einer patriarchalischen Gutsverwaltung stehen, aber in ihren Lesern erweckt sie Sympathie für jene Menschen, die ein Naturrecht in sich verspüren, sich durch das Leben schlagen und mit ihren Überzeugungen »nie ganz zugrunde gehen«.[18] Wo die Droste diese Welt beschreibt, wird ihre Prosa zu einer unerbittlichen und zugleich humoristisch durchsetzten Inspektion:

Nirgends gibt es so rauchige Dörfer, so dachlückige Hüttchen, als hier, wo ein ungestümes Temperament einen starken Teil der Bevölkerung übereilten Heiraten zuführt, ohne ein anderes Kapital, als vier Arme und ein Dutzend zusammengebettelter und zusammengesuchter Balken, aus denen dann eine Art von Koben zusammengesetzt wird, eben groß genug für die Herdstelle, das Ehebett, und allenfalls einen Verschlag, der den stolzen Namen Stube führt, in der Tat aber nur ein ungewöhnlich breiter und hoher Kasten mit einem oder zwei Fensterlöchern ist. *(I, S. 540)*

In den »Westfälischen Schilderungen« hat die Droste das literarische

Programm ihres geplanten, aber stecken gebliebenen Westfalenwerkes gleichsam resümiert dargestellt. Da keine erzählbare Handlung gefordert war, sondern Überblick und Anschaulichkeit, erscheint die Thematik prinzipiell ausgeschöpft. Es hätten, besser noch als es im »Malerischen und romantischen Westfalen« geschah, die westfälischen Balladen dieses Werk bereichern können. Diese Balladen enthalten Stoffe, die der Droste schon lange vertraut waren. Sie stellen Schicksale vor, die sich im westfälischen Adel abgespielt haben. Auch hier verfährt die Droste gesellschaftskritisch, arbeitet mit den Stilmitteln der Entlarvung. Ob es sich um die »Stiftung Cappenbergs«, »Das Fegefeuer des westfälischen Adels« oder »Kurt von Spiegel« handelt, immer wird deutlich gemacht, in welcher Weise dem Anspruch des Christentums nicht entsprochen wird. Als zum Adelsstand Gehörige fühlt sie sich auch hier mitbetroffen und verantwortlich. Weder von der Kirche, noch von dem Adel, noch von der Landbevölkerung erwartet sie einen Umbruch, zeigt aber, wie die Menschen tatsächlich sind und unter den geschichtlich vorgegebenen Umständen leben. Sie will keine prinzipielle Veränderung, weiß aber und schreibt es ausdrücklich, daß nach vierzig Jahren, eine Zeitangabe, die sie besonders liebt, die Lebenswelt Westfalens sich unter den rasanten Entwicklungen während der Mitte des 19. Jahrhunderts verändert haben wird. Die »Westfälischen Schilderungen« waren damals schon, wozu sie heute geworden sind: Erinnerungsprosa.

Die Suche nach einem Mittelpunkt

Nach der literarischen Einschätzung des Heimatlandes Westfalen muß das Werk der Droste noch einmal nach dem Stellenwert der Ich-Erfahrung befragt werden. In verschiedenen Gedichten aus der Hauptschaffensphase ist dieses Problem weiter verfolgt und zu einer abschließenden Klärung gebracht worden. Das Heimatbewußtsein weitet sich. Von einer höheren Ebene aus wird es zwar vielfach relativiert, aber gerade dadurch noch sinnträchtiger erlebt.

Eine radikale Aussage findet sich, wie nicht anders zu erwarten, im »Geistlichen Jahr«. Ausgehend von der biblischen Fragesituation: »Ist es erlaubt dem Kaiser Zins zu geben oder nicht?« werden die einzelnen Lebensbereiche, die alle implizite den Heimatgedanken einschließen, im Hinblick auf ihren Absolutheitsanspruch überprüft. Die

Antwort scheint zunächst traditionell simpel zu sein: Das Recht Gottes relativiert alle irdischen Verpflichtungen und Bindungen. Das Gedicht vom »24. Sonntag nach Pfingsten« will aber etwas ganz anderes herausstellen: Gott wird als Prinzip der Freiheit des Individuums deklariert. Was durch Geburt, durch politische Zugehörigkeit vorbestimmt ist, besitzt nur solange Gültigkeit, wie Raum für Gott, für die Freiheit des Menschen gelassen wird. Gott wird als absoluter Bezugspunkt gedacht, durch den das Ich in seiner Erfahrung unabhängig sein soll.

Wer dieses Gedicht anders interpretiert, so als wäre Gott nur eine vom Christentum vermittelte Summe von festliegenden Normvorstellungen, der mißversteht den personalen Charakter des Gedichts. Der erste Teil einer Strophe stellt die geordnete Welt von Staat, Familie, Ehe und Freundschaft dar; der zweite Teil der Strophe aber führt jedesmal zum Ein-Prinzip Gottes. Die Dichterin spricht von Gott als dem Einen und hat dies im Manuskript durch Großschreibung immer hervorgehoben.[19] Es handelt sich also keineswegs nur um eine so oder so zu vertretende Pflichtenkollision: Gott nicht als höhere Belastung, sondern als innere Befreiung. Um dies aus der bloßen Verstandesregion herauszuhalten, werden emotionale Bilder, die das Herz betreffen, in den entsprechenden Versen verwandt:

> Doch Gott und Welt im Streit: da Brüder gebet
> Nicht mehr auf Kaiserwort als Dunst und Rauch.
> Er ist der Oberste, dem alle Macht
> Zusammenbricht, wie dürres Reisig kracht . . .
>
> Doch wird die Liebe Torheit, o dann wahre,
> O halte deine tiefsten Gluten frei!
> Er ist es, dem du einer Flamme Zoll
> Mußt zahlen, die kein Mensch begehren soll.
>
> *(I, S. 689)*

Den umgekehrten Weg beschreitet das Gedicht »Das Ich der Mittelpunkt der Welt«. Die flott hingeworfene Bemerkung, daß das Ich die Mitte der Welt ausmache, wird überprüft und durch Lebenserfahrung und Einsicht in die mitmenschlichen Verhaltensweisen korrigiert und angereichert.[19] Die Argumentation geht hier vom Ich aus und gelangt zu der Übernahme von Erwartungen anderer, auch zur Konfron-

tation mit Fremdem und Schwerem. Die Erkenntnis aus der zweiten
Strophe:

> Wie könnte jemals wohl des Glückes Born
> Aus andrem als dem eignen Herzen fließen.

muß sich zur Welt hin, zu dem Nächsten öffnen, damit die Schlußfolgerung in der letzten Strophe stimmen kann:

> Dann bist du glücklich, bist geliebt und reich,
> Ein Fels, an dem sich alle Blitze spalten,
> Dann mag dein Kranz verwelken, mögen bleich
> Krankheit und Alter dir die Stirne falten;
> Dann bist der Mittelpunkt du deiner Welt,
> Der Kreis, aus dem die Freudenstrahlen quillen,
> Und was so frisch der Bäche Ufer schwellt,
> Wie sollte seinen Born es nicht erfüllen!
> *(I, S. 429 f.)*

Aus den dargelegten Erfahrungen, die das Ich näher bestimmen, wer-
den erst die so emphatischen Aussagen am Schluß der beiden Gedichte
»Spätes Erwachen« und »Grüße« voll verständlich. Hier schafft das
Herz, um das poetische Ich der Dichterin bildhaft zu belassen, selbst
Heimat für sich und alle andern, die daran teilnehmen wollen:

> Entzünden möcht' ich alle Kerzen
> Und rufen jedem müden Sein:
> Auf ist mein Paradies im Herzen,
> Zieht alle, alle nun hinein!
> *(I, S. 432)*

Zugleich aber wird durch die Sehnsucht, wie sie den frühen Texten
der Droste eigen war, durch die eigene Bedürftigkeit, wie sie zu ihren
Spätaussagen gehört, und die Fähigkeit zu einer äußersten Hingabe
ein heimatliches Gefühl der Zusammengehörigkeit wachgerufen, das
wohl stärker kaum möglich ist:

> Ich möcht' euch alle an mich schließen,
> Ich fühl' euch alle um mich her,

Ich möchte mich in euch ergießen
Gleich siechem Bache in das Meer;
O wüßtet ihr, wie krankgerötet,
Wie fieberhaft ein Äther brennt,
Wo keine Seele für uns betet
Und keiner unsre Toten kennt!

(I, S. 436)

Beim Schreiben einer solchen Strophe ist der Ort von der Dichterin, obwohl sie sich in Meersburg, ihrer zweiten Heimat aufhält, derart ins Allgemeine umgesetzt, daß man den Eindruck gewinnen muß, die Dichterin befände sich in einer ihr total fremd gewordenen Welt. So erst kommt das intensive Heimatgefühl auf, wozu auch die Toten aus ihrem Lebenskreis gehören, die Trost und Richtschnur des eigenen Ich sind.[20]

Immer wenn das Ich bedroht ist, sei es durch die Fremde oder durch die Fremdheit des seelischen Erlebens, in der Natur draußen oder im eigenen Innern, wird der Blick auf etwas Heimatliches zum Ausblick auf Mut und Ausdauer, zur Rückkehr in die vertraute Welt der Menschen. Dem Knaben im Moor, aus dem gleichnamigen Gedicht, hilft der heimatliche Schein der Lampe; ähnlich ist es in dem Moos-Erlebnis, in dem das Licht aus dem Hause mit dem Totenlicht ineinander übergeht:

Die Lampe flimmert so heimatlich
(I, S. 61)

Ich fuhr empor, und schüttelte mich dann,
Wie einer, der dem Scheintod erst entrann,
Und taumelte entlang die dunklen Hage,
Noch immer zweifelnd, ob der Stern am Rain
Sei wirklich meiner Schlummerlampe Schein,
Oder das ew'ge Licht am Sarkophage.
(Im Moose, I, S. 72)

Heimatbewußtsein und Ich-Erfahrung, wie sich gezeigt hat, gehören bei der Droste zusammen. Durch diese Verwiesenheit wird das Bild von Westfalen zu einer an der Realität überprüfbaren Innenschau, zu einer literarischen Aussage, in der die geschichtliche Zeit der Droste überdauert.

X
Konservativ oder liberal?
Heine und die Droste

Wenn Literatur sich mit den Tendenzen der Zeit auseinandersetzt, wenn diese zum guten Teil erst durch Literatur hervorgebracht werden, dann sollte dies auch im methodischen Vorgehen der Literaturwissenschaft Berücksichtigung finden. Eine solche Methode könnte die kontrastive Gegenüberstellung von Schriftstellern sein, die dem gleichen historischen Zeitabschnitt angehören.

Nicht mehr traditionell gattungs- und motivbestimmte Vergleiche, die rezeptionsgeschichtlich festgelegte Meinungen bestätigen, führen hier weiter, sondern ein Verständnis aus Gegenseitigkeit, das durch Unterschiede und Ähnlichkeiten gleichermaßen bereichert wird und vor einer politischen Beurteilung nicht zurückschreckt.[1]

Für die Vermittlung der Droste bedeutet dies: Literatur in Zeitgenossenschaft kann nicht bei einer Analyse und Positionsbestimmung von einzelnen Autoren stehenbleiben, nicht nur den einen durch den anderen deuten; es muß die Konfrontation mit dem, was die Autoren von ihrer Zeit wahrgenommen und wie sie mit ihr umgegangen sind, hinzukommen. Dazu soll bei einer Gegenüberstellung mit Heinrich Heine das Begriffspaar konservativ und liberal dienen, also kulturell kontrastive Vorstellungen, die neben den nationalen und sozialen seit dem Beginn des 19. Jahrhunderts in Deutschland bestimmend gewesen sind.

Annette von Droste-Hülshoff und Heinrich Heine sind beide im selben Jahr, 1797, geboren; das Werk beider ist mit der politisch so signifikanten Zeit zwischen 1830 und 1848 verquickt, einer geistigen Umbruchszeit, die, um mit einem Schlagwort von heute zu sprechen, auf eine Demokratisierung der Öffentlichkeit drängte.

Dementsprechend verschieden ist auch das literarische Gedächtnis an sie. Das Grab Heines auf dem Montmartre in Paris, aber auch das Grab der Droste auf dem Meersburger Friedhof wird oft besucht. Es gibt Gedenkstätten für Heine in Düsseldorf, Hamburg und Paris und vielerorts noch, für die Droste in Münster und Meersburg. Kritische Ausgaben werden besorgt (von Heine gleichzeitig eine in Düsseldorf und Weimar), Institute sorgen für den literarischen Nachlaß, ebenso die regelmäßig erscheinenden Heine- und unregelmäßig auf den Markt kommenden Droste-Jahrbücher, die von den »Kleinen Beiträgen zur Droste-Forschung« seit einigen Jahren ergänzt werden. Es gibt eine Heine- und auch eine Droste-Gesellschaft. Um die Droste geht es biedermeierlich friedlich zu, während Heine der große politisch-literarische Störenfried bleibt. Soweit erkennbar hat es in Münster keine Bestrebungen um die Benennung der Universität nach »Deutschlands größter Dichterin« gegeben, wie dies in Düsseldorf seit Jahren anstand und nicht zum Zuge kam.

Was aber noch nicht bewußt geworden und dennoch nachweisbar ist: zwischen Heine und der Droste ist eine gemeinsame Zeitgenossenschaft feststellbar. Indem man diese ernst nimmt, wirkt sie sich für das Verständnis beider äußerst förderlich aus und kann dazu dienen, die Zeit von 1830-48 literarisch präziser zu erkennen. Während die Droste die sie berührenden und bedrängenden Probleme nach innen literarisch umzusetzen versucht hat, was ihr auch unter den gegebenen Umständen gelang, hat Heine die Entwicklungen der Zeit literarisch wie politisch wahrgenommen und in die Diskussion der Öffentlichkeit gebracht. Beide Haltungen sind für ihre Zeit charakteristisch, sollten aber im Zusammenhang gesehen werden.

Henri und Annette, wie sie viele freundschaftlich verkürzt nennen, haben sich persönlich nicht gekannt, nicht miteinander korrespondiert, und ihre Werke dürften keine Anregungen voneinander erhalten haben. Bei Heines Popularität ist es beinahe selbstverständlich, daß die Droste von ihm wußte. Sie hat sogar ein Autograph besessen und schreibt darüber: »Meine Sammlung wird sich am Ende vor Hochmut selber nicht mehr kennen. Der Heine!«[2] Heine hat möglicherweise 1852 von Elise Rüdiger den Namen der Droste gehört, aber eine Stellungnahme zu ihr liegt von ihm nicht vor.[3]

Gerade diese Unabhängigkeit voneinander fordert zu einer gegenseitigen Analyse aus Zeitgenossenschaft heraus. Indem die als konservativ zu bezeichnende Position der Droste und die liberalen Intentionen Heines beachtet und zur Vermittlung gebracht werden, entsteht eine neue literaturgeschichtliche Fragestellung. Dabei wird sich zeigen, daß Aspekte zum Vorschein kommen, die bislang weniger gesehen wurden: das Biedermeierliche, das der Droste anhaftet, fällt ab, und eine Auseinandersetzung mit den Problemen ihrer Zeit wird sichtbar, wie man sie ihr kaum zugetraut hat.

Bei Heine ist das Ergebnis anders: Man entdeckt, daß nicht der Konservativismus, wie er von der Droste vertreten worden ist, zur diffamierenden Gegnerschaft Heines gehört, sondern der engherzige, andere ausschließende Nationalismus und Radikalismus. Gewiß wertet man dann auch die vielen Rückversicherungen, die bewußten Anknüpfungen Heines an die Tradition auch viel positiver, bei all seinen demokratischen Zukunftsaspekten.

Zu früh geboren

Der 10. Januar 1797 wird als Geburtsdatum der Droste angegeben; sie kam zu früh zur Welt und hat in ihrer Frühgeburt Schicksal und Bedeutung ihrer literarischen Arbeit gesehen. In dem Gedicht »Der zu früh geborene Dichter« hat sie dieses Thema humorvoll durchreflektiert:

Acht Tage zählt' er schon, eh ihn
Die Amme konnte stillen,
Ein Würmchen, saugend kümmerlich
An Zucker und Kamillen,
Statt Nägel nur ein Häutchen lind,
Däumlein wie Vogelsporen,
Und jeder sagte: »Armes Kind!
Es ist zu früh geboren!«

Doch wuchs er auf, und mit der Zeit
Hat Leben sich entwickelt,
Mehr als der Doktor prophezeit,
Und hätt' er ihn zerstückelt;
Im zähen Körper zeigte sich
Zäh wilder Seele Streben;
Einmal erfaßt – dann sicherlich
Hielt er, auf Tod und Leben.
. . .

So ward denn eine werte Zeit
Vertrödelt und verstammelt,
Lichtblonde Liederlein juchheit,

Heinrich Heine oder ein Lazarusgesicht,
von Bert Gerresheim, 1978

Ein Posten ist vakant! – Die Wunden klaffen –
Der eine fällt, die andern rücken nach –
Doch fall ich unbesiegt, und meine Waffen
Sind nicht gebrochen – Nur mein Herz brach.
(Heinrich Heine, Enfant perdu)

Und Weidenduft gesammelt;
Wohl fielen Tränen in den Flaum
Und schimmerten am Raine,
Erfaßte ihn der glühe Traum
Von einem Palmenhaine ...

Und bald erseufzt er: »Hin ist hin!
Vertrödelt ist verloren!
Die Scholle winkt, weh mir, ich bin
Zu früh, zu früh geboren!«
(I, S. 106-109)

Die Droste hält sich für zu früh geboren, weil sie das romantische
Liedermachen und Liedersingen noch mitmachen mußte, eine verspiel-
te Zeit, während sich der »Zeitenseiger«, wie sie es im »Geistlichen
Jahr« ausdrückt, schon auf andere Minuten, auf einen progressiven
Zeitablauf, eingestellt hatte.[4]
Die Droste vermaledeit nicht die alte Zeit, aus der sie herkommt,
mit der sie durch Familienbande verbunden ist – sie untersucht und
beschreibt sie sogar – aber sie wehrt sich gegen die altdeutsche Schreibart, die ihr Schwager von Laßberg ihr näher zu bringen suchte. In
einem Brief an Elise Rüdiger, der sie sich immer besonders offen an-
vertraute, heißt es:
»Gestern verging unter Kirchengehen, Besuchen, Neujahr-Abge-
winnen, kurz dem ganzen Einzugstrubel der neuen Epoche, und
heute läuft wieder alles im alten Gleise, nur daß ich statt Gedichte
Briefe schreibe und Laßberg statt seiner geliebten Pergamente mein
Manuskript liest und, da der heutige Stil ihm ganz fremd geblieben ist, den Kopf öfter schüttelt, als mir lieb ist. Ich fürchte nicht
sein Mißfallen, aber seinen Rat; manche Leute empfinden einen
mit einiger Überwindung gegebenen und dann vernachlässigten
Rat fast so schlimm als eine Ohrfeige, und ich fürchte, Laßberg
gehört zu diesen. Im ganzen hat er mich heute belobt, aber schon
einige Abänderungen vorgeschlagen, die sehr, sehr nach der alten
Schule schmecken, und mir nebenbei Gellert als den vollkommen-
sten deutschen Stilisten empfohlen. Sie sehn, wo das hinaus will!
Es würde mir überaus leid sein, den ritterlichen alten Herrn zu
kränken, aber in ganz veraltete Formen kann ich mich doch unmöglich zurückschrauben lassen und sehe somit dem Ende der

Lektüre, wo, wie er sagt, wir ›das Ganze gemeinschaftlich durch-
nehmen wollen‹, mit großem Unbehagen entgegen. Sie sehen, lieb
Lies, Anno 44 fängt bei mir mit einem Paar Stirnrunzeln an: entweder Verdruß im Hause oder die Kritiker auf dem Nacken. Gott
helfe mir durch Scylla und Charybdis!« *(Briefe II, S. 249 f.)*
Auch Heine bemitleidet sich als zu früh geboren. An Heinrich Laube
schreibt er noch in späten Jahren: »Ich kam immer in der Welt überall zu früh; dieses und meine falsche Position, die das Exil mit sich
führt, waren mein Unglück.« Aus seinem Selbstverständnis heraus
bezeichnete er sich gern als Kind der Jahrhundertwende:

»Ort und Zeit sind auch wichtige Momente: ich bin geboren zu
Ende des skeptischen achtzehnten Jahrhunderts und in einer Stadt,
wo zur Zeit meiner Kindheit nicht bloß die Franzosen, sondern
auch der französische Geist herrschte.«[5]

»Ich, Signora, bin in der Neujahrsnacht Achtzehnhundert geboren.«[6]

Schon aus diesen ironischen Anspielungen ersieht man, daß Heine
sich seine Tradition gesucht hat: Zurückgreifend über Romantik und
Klassik bis hin zur Aufklärung, insbesondere zur französischen. Sie
ist ja auch, wie noch zu zeigen sein wird, der Ausgangs- und Bezugspunkt der liberalen Ideen, die wiederum erst den Konservativismus
des 19. Jahrhunderts erweckten.

Wie Heine sich selbst literarisch eingeordnet hat, geht aus den oft
zitierten Sätzen seiner »Geständnisse« hervor. Das alte Epochen-
schema antiqui und moderni, die Ablösung der vorhergehenden Generation, die sich selbst als fortschrittlich verstanden hat, durch eine
neue mit anderen Intentionen, hat er sich dabei angeeignet[7] und in
persönlicher Weise durchgespielt.

»Trotz meiner exterminatorischen Feldzüge gegen die Romantik
blieb ich doch selbst immer ein Romantiker, und ich war es in
einem höhern Grade, als ich selbst ahnte. Nachdem ich dem Sinne
für romantische Poesie in Deutschland die tödlichsten Schläge bei-
gebracht, beschlich mich selbst wieder eine unendliche Sehnsucht
nach der blauen Blume im Traumlande der Romantik, und ich ergriff die bezauberte Laute und sang ein Lied, worin ich mich allen
holdseligen Übertreibungen, aller Mondscheintrunkenheit, allem
blühenden Nachtigallenwahnsinn der einst so geliebten Weise hingab. Ich weiß, es war ›das letzte freie Waldlied der Romantik‹,
und ich bin ihr letzter Dichter: mit mir ist die alte lyrische Schule

der Deutschen geschlossen, während zugleich die neue Schule, die moderne deutsche Lyrik, von mir eröffnet ward.«[8] Heine glaubt zwar, zu früh geboren zu sein, hat aber darin die Chance gesehen, zwischen den Epochen zu vermitteln. Er will kein Epigone sein, ebenso will es Annette von Droste-Hülshoff nicht, ein Etikett, das ihr engerer Zeitgenosse Immermann, Jahrgang 1796, durch seinen Romantitel bereitstellte.

Dennoch schleppen beide in ihren Werken, was ihr heutiges Verständnis nicht gerade erleichtert, eine Unmenge an vergangenem Bildungsgut mit sich. Sie verfügen noch beide über eine Gebildetensprache. Bemerkenswert ist aber, welche neuen Impulse sie aufgegriffen haben, um vor dem Epigonalen bewahrt zu bleiben, auch vor der Trivialität und dem Kitsch. Es geschah nicht nur durch ein sprachliches Formgespür, sondern ebenso, wenn auch bei der Droste zurückhaltender als bei Heine, durch den Willen zur Identität mit ihrer Zeit.

Der Umbruch in der Literatur und der dadurch bewirkte Zug zur Öffentlichkeit, die politischen und sozialen Vorgänge im Gefolge der Demokratisierungsbestrebungen in der ersten Hälfte des 19. Jahrhunderts, vor allem das Aufkommen des preußisch bestimmten Nationalgefühls in Deutschland, sind für Heine wie auch für Annette Ausgangspunkt ihrer Reaktionen und Reflexionen. Was für Heine die französische Julirevolution 1830 bedeutet hat, war für Annette von Droste-Hülshoff der Kölner Kirchenstreit. Zwar sind diese beiden Vorgänge an sich nicht vergleichbar, aber für die Droste waren die Kölner Wirren der Appell zum Nachdenken über die anstehenden gesellschaftlichen Veränderungen zwischen Staat und Kirche. Von dem sich ausbildenden politischen Katholizismus mit antipreußischer Tendenz wurde ihr Bewußtsein mitgeprägt.[9]

Im vulgären Sachverstand, bewußt oder unbewußt, grenzt man Heine und die Droste, wenn man sie überhaupt zusammen nennt, gern voneinander ab:

liberal	– konservativ
progressiv	– reaktionär
bürgerlich	– adelig
urban	– agrar-ländlich
demokratisch	– ständisch
säkularisiert religiös	– traditionell kirchlich
Literat	– Dichterin

Es handelt sich aber bei beiden nicht um eine simple, von Antithesen bestimmte Zeitgenossenschaft, als gehöre die Droste noch der alten Zeit an und Heine schon der künftigen. Man geht sicher nicht zu weit, wenn man behauptet, daß die Droste in ihrer Schreibart in bestimmter Hinsicht selbst moderner als Heine war, da sie im größeren Abstand zur Romantik »realistisch« schrieb, sowohl in ihrer Prosa wie auch in ihrer Lyrik. Heines Vorzug dagegen ist die Ausbildung eines journalistischen Stils, mit dem man sich in einer politischen Öffentlichkeit behaupten kann.

Zu früh geboren, unzeitgemäß im Wortverstande Nietzsches, so könnte man den Jahrgang 1797 bezeichnen. Heine wurde zu seiner Zeit verstanden, da er sich journalistisch artikulieren konnte. Aber man lehnte ihn mit seinen politischen Intentionen weitgehend ab, hielt sich an den Liederdichter. Die Droste dagegen wurde idyllisch-biedermeierlich verstanden und als Heimatdichterin und dichtendes Adelsfräulein konsumiert. Erst später, als man in den Jahren des Kulturkampfs nach einer katholischen Elite Umschau hielt, wurde sie als Deutschlands größte Dichterin gefeiert, ohne ihr politisches Zeitbewußtsein zu beachten.

Deutschlandkritik

Die Literatur der ersten Hälfte des 19. Jahrhunderts, die aus dem Biedermeierlichen herausstrebte, mußte sich unter dem Druck der politischen Zensur entwickeln. Erschwerend kamen die allgemeinen Repressalien aus gesellschaftlicher und finanzieller Abhängigkeit hinzu. Wichtig ist der Freiraum, der der Literatur unter diesen Voraussetzungen noch blieb und die Art, wie er von den einzelnen Schriftstellern in Anspruch genommen wurde.

Für Heine war aufgrund seines eigenen literarischen Selbstverständnisses dies alles nicht nur zu eng, sondern unangemessen und niederdrückend. Deshalb ging er, wie auch andere deutsche Journalisten und Schriftsteller seiner Zeit, nach Paris in die Emigration, um von dort federführend sich für ein liberales Deutschland zu engagieren, um die mit der heraufziehenden Industrialisierung aufkommenden sozialen Ideen und Strömungen literarisch zu verarbeiten. Eine seiner vielen Äußerungen über das Exil lautet:

»Die Könige gehen fort, und mit ihnen gehen die letzten Dichter.
›Der Dichter soll mit dem König gehen‹, diese Worte dürften jetzt

einer ganz anderen Deutung anheimfallen. Ohne Autoritätsglauben kann auch kein großer Dichter emporkommen. Sobald sein Privatleben von dem unbarmherzigsten Lichte der Presse beleuchtet wird und die Tageskritik an seinen Worten würmelt und nagt, kann auch das Lied des Dichters nicht mehr den nötigen Respekt finden. Wenn Dante durch die Straßen von Verona ging, zeigte das Volk auf ihn mit Fingern und flüsterte: ›Der war in der Hölle!‹ Hätte er sie sonst mit allen ihren Qualen so treu schildern können? Wie weit tiefer bei solchem ehrfurchtsvollen Glauben wirkte die Erzählung der Francesca von Rimini, des Ugolino und aller jener Qualgestalten, die dem Geiste des großen Dichters entquollen . . .

Nein, sie sind nicht bloß seinem Geiste entquollen, er hat sie nicht gedichtet, er hat sie gelebt, er hat sie gefühlt, er hat sie gesehen, betastet, er war wirklich in der Hölle, er war in der Stadt der Verdammten . . . er war im Exil! – – –«[10]

Das Elend und die Schrecken, wie sie hier heraufbeschworen werden, sind während der Zeit des Nationalsozialismus zu einer fatalen Realität geworden. Immer, wenn es in Deutschland Ausweisung und Emigration gab, gehörte Heine zu den Geächteten. Seine politische Liberalität wurde als Gefahr für Diktatur und Faschismus angesehen, und man verleumdete ihn mit Schimpfwörtern wie: Religionsverächter, Jude, Kommunist und Vaterlandsverräter.

Aus der nun schon eine Generation zurückliegenden Zeit des Nationalsozialismus stammt auch der Begriff der inneren Emigration. Man könnte ihn, wenn auch mit gewissem Vorbehalt, auf Annette von Droste-Hülshoff anwenden. Mit den Zeitbildern, dem »Geistlichen Jahr« und ihrer publizistischen Prosa, hatte sie im Umkreis ihrer Familie oft genug Schwierigkeiten. Man wollte nicht, daß sie ausbrach, Adel und herkömmlich verstandenen Katholizismus in Frage stellte. Sie hat sich gefügt, immer Rücksichten genommen, wie es das Image des westfälischen Adels verlangte.

Besaß die Droste einen zu großen Respekt vor Tradition und Kirche? Oder ist es nicht vielmehr so, daß sie dies alles in Kauf nahm, um den verbliebenen Freiheitsraum ohne allzu großen Protest wahrnehmen zu können? Es blieb ihr in der Tat keine andere Wahl übrig.

Dennoch findet man bei ihr keine frustrierte Resignation, nicht einmal in ihren letzten Äußerungen. Sie behauptet sich in der Selbständigkeit ihrer literarischen Tätigkeit. Hier ist sie unerbittlich und unnachgiebig, weil sie weiß, daß sie nicht mehr sie selbst wäre, wenn sie auch hier nachgäbe und über ihren Schreibstil willkürlich verfügen ließe.

»Levin, ich möchte gern alles für Sie tun, was ich kann; nun geben Sie mir dagegen aber auch ein Versprechen, und zwar ein ernstes, unverbrüchliches, Ihr Ehrenwort, wie Sie es einem Manne geben und halten würden, daß Sie an meinen Gedichten auch nicht eine Silbe willkürlich ändern wollen. Ich bin in diesem Punkte unendlich empfindlicher, als Sie es noch wissen, und würde gerade jetzt, nachdem ich Sie so dringend gewarnt, höchstens mich äußerlich zu fassen suchen, aber es Ihnen nie vergeben und einer inneren Erkältung nicht vorbeugen können.« *(Briefe II, S. 259)*

Wer wie Heine in die Emigration gehen muß, äußert sich zu den politischen Vorgängen direkt und zielbewußt: wer in der inneren Emigration verbleibt, zieht sich notgedrungen zurück auf das eigene Werk. Es aus diesem Grunde schon unpolitisch nennen zu wollen, wäre unrecht.

Man spürt bei der Droste überall den Zwiespalt, in dem sie sich befunden hat. Aufgeschlossen für alles Moderne, erkennt sie, wie schnell die Progressivität der Schriftsteller ihrer Zeit zur bloßen Tendenz wird, wie leichtfertig die Tradition über Bord geworfen werden kann. Aus dieser Problematik heraus sind letztlich ihre »Zeitbilder« entstanden.

Literatur in Zeitgenossenschaft meint etwas anderes als die Zugehörigkeit zur selben literarischen Epoche. Sie muß den politischen Hintergrund aufdecken und nach der Position fragen, die die in Zusammenhang gebrachten Schriftsteller bezogen haben.

Nicht nur eine durch die Zeitumstände ähnlich gelagerte Zeitgenossenschaft kann man zwischen Heine und Annette von Droste-Hülshoff feststellen. In einem Punkt üben sie die gleiche Zeitkritik, kommen unabhängig voneinander zu dem gleichen Ergebnis. Es ist die Kritik am Kölner Dombau.

Die Dombaubewegung, die in der ersten Hälfte des 19. Jahrhunderts aufkam, kann man als die religiös-politische Kehrseite der sogenannten Rheinromantik ansehen, eine christliche Erneuerungsbewegung, die durch den Zugriff Preußens immer stärker nationale Ausmaße und Auswirkungen annahm.[10] Heine als Rheinländer, wie Böll ihn gern aus eigener Sicht nennt, und Annette von Droste-Hülshoff als zum Rheinland hin orientierte Westfälin, waren davon unmittelbar tangiert. Es gab nur die Möglichkeit, in den Chor der Begeisterten einzustimmen oder aber härteste Zeitkritik zu üben.

Heine wie die Droste spürten im Kölner Dombauprogramm der vierziger Jahre den aufkommenden preußisch-deutschen Nationalismus. Sie stellt es aus ihrem kirchenkritischen Katholizismus in Frage, der nicht national bestimmt sein will, und Heine aus seiner Liberalität, die europäisch denkt und eine Frontstellung zu Frankreich verhindern will. Konservatives wie liberales Denken wehrt sich gegen einseitig national bestimmte Ideen.

Bei beiden ist es nicht einfach das Dombauprogramm, das kritisiert oder ironisiert wird – im Prinzip waren beide für die Vollendung des im Mittelalter begonnenen und dann liegengebliebenen Bauwerks – es ist die Verquickung mit der deutschnationalen Bewegung: der Kölner Dom als sichtbare Demonstration dieser Idee und damit ein Mißbrauch des Religiösen, wie Annette sich ausdrückt, ein Mißbrauch des Politischen, wie Heine es sieht.

In seinen Prosaschriften hat Heine öfter in anzüglicher Weise auf den Kölner Dombau hingewiesen. Am eindrucksvollsten ist seine Kritik in »Deutschland. Ein Wintermärchen«. In der Form ein Versepos, in der Thematik ein Reisebild, nutzt Heine die Möglichkeiten, die sich von beiden Gattungen anbieten. Dem Vers verleiht er die überspitzte, klingende Formulierung, von den Reisebildern übernimmt er die schonungslose Gesellschaftssatire. Er profanisiert den Zusammenhang, um so den pseudosakralen Aufbau nationaler Ideen einzuebnen. Die römisch-katholische Vorherrschaft wird kontrastiert mit dem Protest des Protestantismus und beides wiederum mit der Rationalität liberalen Aufklärungsdenkens:

> Doch siehe! dort im Mondenschein
> den kolossalen Gesellen!
> Er ragt verteufelt schwarz empor,
> Das ist der Dom von Köllen.

> Er sollte des Geistes Bastille sein,
> Und die listigen Römlinge dachten:
> »In diesem Riesenkerker wird
> Die deutsche Vernunft verschmachten!«

> Da kam der Luther, und er hat
> Sein großes »Halt!« gesprochen –

Seit jenem Tage blieb der Bau
des Domes unterbrochen.

Er ward nicht vollendet – und das ist gut.
Denn eben die Nichtvollendung
Macht ihn zum Denkmal von Deutschlands Kraft
Und protestantischer Sendung.

Ihr armen Schelme vom Domverein,
Ihr wolltet mit schwachen Händen
Fortsetzen das unterbrochene Werk
Und die alte Zwingburg vollenden! . . .

Ja, kommen wird die Zeit sogar,
Wo man, statt ihn zu vollenden,
Die inneren Räume zu einem Stall
Für Pferde wird verwenden.[12]

Es folgt die Darstellung der königlichen Herrschaft der Heiligen Drei
Könige,»die in der Not eine Konstitution / versprochen ihrem Reiche /
und später nicht Wort gehalten«. Die im Kölner Dom verehrten Heiligen Drei Könige sind also keineswegs vorbildlich, genauso wenig
wie der preußische König von damals, gegen den sich das»Wintermärchen« hauptsächlich richtet. In einem deutschen Nationalbewußtsein, das, statt die demokratischen Grundrechte zu fordern, in Franzosenhaß umschlägt, hat Heine das große deutsche Dilemma gesehen.

In ihrem Dombaugedicht hat Annette von Droste-Hülshoff ein politisches Zeitbild hinterlassen, das wie die Verse Heines keine Scheu
vor Tagesaktualität aufweist. Ist es ihre persönlich engagierte Absicht, die sie hier vorbringt? Oder steht dahinter die konservative
Haltung des westfälischen Adels, der sich im Kölner Dombau einer
weiteren preußischen Bevormundung ausgesetzt sah? Auf jeden Fall
hat die Droste – wenn diese Konspiration vorlag – die konservative
Adelshaltung weitergedacht und literarisch aktualisiert.

Grundsätzlich ist es nicht angebracht, die Haltung Annettes als restaurativ zu bezeichnen, wie man es gern tut; was sie als Autorin
angestrebt hat, ist eine politische Offenheit, in der sich auch die Religion frei auswirken kann, nicht zuletzt in Konfrontation mit politischen Tendenzen. Bei dem von mir verwandten Wortgebrauch wird

konservativ von restaurativ und reaktionär streng abgehoben, obschon zwischen restaurativ und konservativ im 19. Jahrhundert nicht immer unterschieden wurde. Verdächtig erscheint für die Droste das Deutschnationale und nicht weniger eine Religiosität, die sich ohne innere Glaubenssubstanz nach außen hin groß gebärdet. In keinem anderen Gedicht wird von ihr so bewußt und ideologisch überhöht das Wort »deutsch« gebraucht. Fast könnte man es in Verbindung mit Gott erwarten. Erst durch diese Überhöhung ist die von ihr beabsichtigte Desillusionierung möglich:

> »Der Dom! der Dom! der deutsche Dom!
> Wer hilft den Kölner Dom uns baun!«
> So fern und nah der Zeitenstrom
> Erdonnert durch die deutschen Gaun.
> Es ist ein Zug, es ist ein Schall
> Ein ungemeßner Wogenschwall.
> Wer zählt der Hände Legion
> In denen Opferheller glänzt?
> Die Leiderklänge wer, die schon
> Das Echo dieses Rufs ergänzt? ...
>
> Wo deine Legion, o Herr,
> Die kniend am Altare baut?
> Wo, wo dein Samariter, der
> In Wunden seine Träne taut?
> Ach, was ich fragte und gelauscht,
> Der deutsche Strom hat mir gerauscht,
> Die deutsche Stadt, der deutsche Dom,
> Ein Monument, ein Handelsstift,
> Und drüber sah wie ein Phantom
> Verlöschen ich Jehovas Schrift ...
>
> So baut denn, baut den Tempel fort,
> Mit ird'schem Sinn den heil'gen Hag,
> Daß euer beßrer Enkel dort
> Für eure Seele beten mag! ...
>
> Ob eures Babels Zinnenhag
> Zum Weltenvolk euch stempeln mag?
>   (I, S. 9-12)

Die Positionen Heines und der Droste im Hinblick auf den Kölner Dombau ergänzen sich: Entsakralisierung des Nationalbewußtseins zum Wohle der Politik, zum Wohle der Religion. Der Klang der damals populären nationalen Rheinlieder ist parodistisch in das Dombaugedicht der Droste eingegangen; die nicht von religiöser Einstellung getragene Spendenfreudigkeit wird bloßgestellt. Dadurch, daß der Dom als ein Geschäftshaus erscheint, wird die Umkehrung seiner Bestimmung genauso greifbar wie bei Heine mit dem Hinweis auf seine Umfunktionierung als Pferdestall. Die Dichterin gebraucht wie Heine literarische Stilmittel, um auf diese Weise ihre Zeitkritik aggressiv genug zu formulieren.

Der Stand der Emanzipation

Fragt man nach den wichtigsten Auswahlkriterien von Literatur, so wird auf deren Bedeutung für die innere und äußere Befreiung des Menschen hingewiesen: Literatur soll emanzipatorisch sein.[13] Trotz aller Einseitigkeit kann man dennoch diesen Auswahlkriterien zustimmen, zumal wenn diese an Autoren gewonnen werden, die nicht bei vordergründigen Tendenzen stehengeblieben sind, deren inhaltliche Problemstellung sich vielmehr durch formale Differenzierung ausweist. Hierfür ist das Werk Heines mehr als geeignet.

Sein Lebensweg wie auch seine liberale Einstellung zu Fragen der Religion und Politik sind wesentlich bestimmt durch seine Herkunft als Jude. Er selbst sah darin ein Handicap. Während seiner Studentenjahre in Göttingen glaubte er noch, durch die Konversion zum Protestantismus den damals für Juden bestehenden Einschränkungen zu entgehen, was jedoch eine Fehlkalkulation war. Seine Stellung als Jude im damaligen Deutschland hat seinen Blick auf die Emanzipationsfragen ungemein geschärft. Er ist zwar nicht mehr in einem Ghetto aufgewachsen, aber die Rolle des Außenseiters wurde ihm immer wieder aufgedrängt.

Trotz zeitweiliger Sympathien zum damaligen Sozialismus blieb Heine, wie Ludwig Marcuse formuliert, ein bürgerlicher Revolutionär, dem es darauf ankam, die Dirigismen der bürgerlichen Lebenswelt mit allen Mitteln zu schleifen. Dadurch, daß er eher das Zwielichtige ergriff, als dem Doktrinären verfiel, entzog er sich einer parteipolitischen Festlegung. Er behauptete sich als freier Schriftsteller.

Bei Annette von Droste-Hülshoff liegen die Dinge ganz anders. Sie gehört dem Adel an, der zu ihrer Zeit noch im besten Ansehen stand, gewichtigen politischen Einfluß ausübte und zudem bestrebt war, den alten Besitzstand zu wahren. Hinzu kommt, daß der westfälische Landadel, zu dem ihre Familie gehörte, nicht mit dem höheren Adel Verbindungen pflegte, sondern mehr zur bäuerlichen Landbevölkerung. Sie schreibt von sich selbst, daß sie zwischen Bauern aufgewachsen sei und selbst eine starke Bauernnatur in sich spüre.[14] Man muß sich fragen, ob nicht ihre adelige Familienzugehörigkeit ein Hemmschuh für gesellschaftskritische Einsichten gewesen ist. Hat die Droste nicht selbst dazu beigetragen, die patriarchalische Lebensform dichterisch abzusichern? Solche Fragen sind schwer zu beantworten, da hierzu der gesamte historische Kontext aufgearbeitet werden müßte. Es bleibt jedenfalls dabei zu unterscheiden: zwischen ihrem Stand als Adelsfräulein allgemein, den Reflexionen in den Briefen und den literarischen Aussagen in ihrer Dichtung selbst.

In Gegenüberstellung zu Heine könnte man sagen: Hier ein bürgerlich, großstädtisch orientierter Literat, der sich mit dem entstehenden Proletariat der Massen auseinandersetzt; dort eine adelige, ländlich bestimmte Dichterin, die sich mit den Bauern und Landarbeitern in patriarchalischer Weise verbunden fühlt.

Das Verhältnis Adel – Judentum, wie es die Reflexion über die Zeitgenossenschaft Heines und der Droste heraufbeschwört, erfährt im Hinblick auf die Emanzipation eine besondere Zuspitzung. Die Droste hat sich nie negativ über das Judentum geäußert, etwaige Zwielichtigkeiten in der »Judenbuche« müssen im Textzusammenhang richtig gesehen werden. Sie geben das Bewußtsein der von der Dichterin geschilderten Landbevölkerung wieder.[15] Heine hat wie kaum ein anderer Schriftsteller den Adel und die mit ihm verbliebenen feudalen Strukturen aufs heftigste angegriffen.[16] Wir sehen heute darin eine legitime, ja sogar notwendige Kritik, da schon damals die Zeit des Adels abgelaufen war und er Vorrechte beanspruchte, die der Entwicklung zu einer freien Gesellschaft im Wege standen. Annette hat ihren eigenen Stand geachtet und nur so weit kritisiert, wie er seine ererbten Aufgaben nicht in verantwortlicher Weise erfüllte. Hier stoßen liberale und konservative Vorstellungen hart aufeinander.

Anders verhält es sich beim Problem der Frauenemanzipation, wovon die Droste persönlich betroffen war und worüber sie sich auch dementsprechend geäußert hat. Zu ihrer Zeit kann man noch nicht von Frauenemanzipation im politischen Sinne sprechen, da sich diese Befreiungsversuche mehr oder weniger auf ästhetischer oder literarischer Ebene abspielten und es um die Ausnahmestellung besonders begabter Frauen ging. Die politische Frauenemanzipation kam erst in der zweiten Hälfte des 19. Jahrhunderts zum Zuge, als soziale Umschichtungen eingeleitet wurden.

Heine hat die Notwendigkeit der Frauenemanzipation theoretisch nie abgestritten. Es gibt eine Stelle in der »Lutezia«, in der er angesichts einer bedeutenden französischen Schauspielerin auf die politische Gleichstellung der Frau hinweist:

»Große, außerordentliche Talente bewundern wir, die sich hier um so zahlreicher entfalten können, da die Frauen durch eine ungerechte Gesetzgebung, durch die Usurpation der Männer, von allen politischen Ämtern und Würden ausgeschlossen sind . . .«[17]

In seinen dichterischen Werken ist das Frauenbild Heines im Grunde jedoch recht altmodisch: die Frau als Dienerin des Mannes, als idealisierte Spielgefährtin, als poetischer Bezugspunkt seiner dichterischen Vorstellungen. Er hat es verstanden, die verschiedenen Frauentypen meisterhaft nachzuzeichnen.[18] Dennoch bleibt er in seiner Haltung zur Frau gut konservativ.

Wie aber steht es mit dem Selbstverständnis der Droste? Bis in die Schulbücher hinein ist ihr Gedicht »Am Turme«, ein Dokument fraulichen Freiheitsdranges, auffindbar. Ob dieser Text allerdings so gesehen und vermittelt worden ist, bleibt fraglich. Über die ironische Selbstbescheidung am Schluß hat man vielleicht eher vergnüglich gelächelt. Tatsächlich spricht dieses Gedicht den kaum zu verwirklichenden Traum aus, als Frau ein eigenständig intensives Leben zu führen.

In ihrem kleinen Lustspiel »Perdu« und dem Zeitgedicht »An die Schriftstellerinnen in Deutschland und Frankreich« hat sich Annette mit den Ambitionen der dichtenden Frauen ihrer Zeit auseinandergesetzt. Dabei wird mehr als deutlich, in welch fataler Lage sich damals noch die Frauenemanzipation befand. Die Droste argumentiert hier zwischen modern und traditionell, wechselt ihre Position, um nicht einer modischen Oberflächlichkeit zu verfallen, aber auch nicht einem biederen Frauenbild.

Der Lebensstil der Droste unterscheidet sich von dem freien Spiel der Romantikerinnen Caroline und Dorothea Schlegel oder Bettina von Arnim. Diese sind bei aller Freizügigkeit – eine Ausnahme bildet vielleicht Rahel Varnhagen – im Grunde noch Abspiegelungen männlicher Genialität, an der teilzunehmen für sie den höchsten Reiz ausmachte. Annette dagegen versuchte, ihr Inneres in eigener Zuständigkeit zu klären, und erreichte so Unabhängigkeit und Selbständigkeit, wie sie damals unverheirateten Frauen kaum möglich war. Wie kein anderer Schriftsteller im Deutschland des 19. Jahrhunderts hat Heine den Stand der Emanzipation nach vorn gerückt. Bei ihm sind die Probleme der Literatur sogleich vom Ansatzpunkt her sozialpolitischer Natur. Seine Schriften beinhalten ein gesellschaftskritisches Programm, das die verschiedensten Themen umfaßt. Deshalb ist es nicht unerlaubt, an ihm das Werk anderer, zum Beispiel das Werk Annette von Droste-Hülshoffs, zeitpolitisch zu messen, also Analyse aus Zeitgenossenschaft.

Es hat sich bisher schon erwiesen, daß die Droste diese Konfrontation nicht zu scheuen braucht, wenn man an den Stand der Frauenemanzipation denkt und ihre Adelsherkunft nicht einseitig interpretiert. Wie aus der Sicht Heines die Emanzipation damals allgemein aussah, soll eine Textpassage aus den »Englischen Fragmenten« belegen:
»Wenn wir auch, was jetzt beständig geschieht, über bürgerliche Ungleichheit klagen, so sind alsdann unsere Augen nach oben gerichtet, wir sehen nur diejenigen, die über uns stehen, und deren Vorrechte uns beleidigen; abwärts sehen wir nie bei solchen Klagen, es kommt uns nie in den Sinn, diejenigen, welche durch Gewohnheitsunrecht noch unter uns gestellt sind, zu uns heraufzuziehen, ja uns verdrießt es sogar, wenn diese ebenfalls in die Höhe streben, und wir schlagen ihnen auf die Köpfe. Der Kreole verlangt die Rechte des Europäers, spreizt sich aber gegen den Mulatten und sprüht Zorn, wenn dieser sich ihm gleichstellen will. Ebenso handelt der Mulatte gegen den Mestizen und dieser wieder gegen den Neger. Der Frankfurter Spießbürger ärgert sich über Vorrechte des Adels; aber er ärgert sich noch mehr, wenn man ihm zumutet, seine Juden zu emanzipieren. Ich habe einen Freund in Polen, der für Freiheit und Gleichheit schwärmt, aber bis auf diese Stunde seine Bauern noch nicht aus ihrer Leibeigenschaft entlassen hat.«[19]
Als Aufschlüsselungstext zur »Judenbuche« bieten sich Heines Gedanken über die Gefängnisreform und Strafgesetzgebung an.[20] Da er bei diesem Thema die soziale Bedeutung hervorheben will, literarisiert er die juristischen Standpunkte und bleibt dadurch leichter verständlich für ein breites Publikum.

Heine unterscheidet vier Straftheorien. Die erste ist bestimmt von der Vorstellung der Vergeltung: Aug um Auge, Zahn um Zahn. Es geht hierbei um das religiös verstandene Prinzip der Sühne. Annette hat diesen Standpunkt in der »Judenbuche« erarbeitet und als einen zu überwindenden dargestellt. Man hat das »Dingsymbol« der Buche in der Droste-Philologie bisher immer überschätzt. Zusammen mit der hebräischen Inschrift weist sie nur auf eine von den Juden vertretene, bzw. ihnen nahegelegte Rechtsauffassung hin, der sich die Dichterin nicht anschließt.

Die zweite Straftheorie gründet nach Heine in der Abschreckung. Er bezeichnet sie als absurd. In der »Judenbuche« kommt sie im positiven Sinne nicht vor. Dieser Theorie fehlt der Ansatz einer inneren Befreiung. Bei den Aktionen gegen die Holzfrevel schimmert sie durch.

Die dritte große Straftheorie zielt auf die moralische Besserung des Verbrechers. Sie ist für Heine Ausdruck einer patriarchalischen, gemütlichen Weltansicht. Gerade mit dieser Ansicht hat sich Annette in der »Judenbuche«, wo sie die Rückkehr Friedrich Mergels schildert, weitgehend identifiziert. Die Tragik kommt dadurch auf, daß die patriarchalisch heile Welt von Dorf und Schloß Friedrich Mergel nicht halten und aufnehmen kann. Liegt es an der Ordnung der durch Sitte und Moral geprägten Lebenswelt, die nur das herablassende Gutsein und das Almosengeben kennt oder an der menschlichen Unzulänglichkeit? Der Text gibt hierüber keine Auskunft.

Als vierte Straftheorie nennt Heine die Präventionstheorie, die bei der Veränderung der gesellschaftlichen Lebenswelt einsetzt, um so Verbrechen überhaupt unmöglich werden zu lassen. Heine neigt dieser letzten Theorie zu, ohne selbst von einem Weltreich der Liebe zu schwärmen. Annette von Droste-Hülshoff hat diese Theorie nur in Ansätzen aufgegriffen. Sie konnte ihr nicht problemlos zustimmen, da sie einer aufklärerisch optimistischen Weltansicht skeptisch gegenüberstand.

Dennoch hat sie in der »Judenbuche« versucht, die sozialen Bedingungen für den Totschläger und Selbstmörder Friedrich Mergel im einzelnen aufzuspüren. Sie stellt die Frage nach Ursache und Grund. Dabei kann sie vieles verstehbar machen, läßt aber die Schuld letztlich ein nicht aufdeckbares Geheimnis sein. Sie strebt keine direkten Veränderungen der gesellschaftlichen Strukturen an, sondern Vermenschlichung der vorgegebenen Ordnung.

Freiheit entsteht für sie dadurch, daß die Menschen zu der Erkenntnis kommen, daß sie sich selbst nicht über andere Menschen als selbstgerechte Richter aufwerfen dürfen, sondern auch noch Verbrecher und Selbstmörder als Menschen wahrnehmen und behandeln. So geschieht für sie Humanisierung. Eine wichtige Sentenz, die die Dichterin erst später eingefügt hat, lautet:

»Denn wer nach seiner Überzeugung handelt, und sei sie noch so mangelhaft, kann nie ganz zugrunde gehen, wogegen nichts seelentötender wirkt, als gegen das innere Rechtsgefühl das äußere Recht in Anspruch nehmen.« *(I, S. 484)*

Die Analyse eines dichterischen Werkes aus Zeitgenossenschaft, wie sie hier kurz skizziert wurde, schafft neue Beurteilungskriterien, die über den Rahmen des Literarischen hinausgehen. Der Transfer auf den politisch-gesellschaftlichen Hintergrund wird greifbarer. Je nachdem, wer die Bezugsperson ist, ändert sich die Perspektive. Die Droste im Kontext mit Mörike erscheint biedermeierlich, im Kontext mit Heine dagegen politisch.

Die literarische Position: konservativ – liberal

Die liberalen Vorstellungen des 19. Jahrhunderts sind bekanntlich ein Ergebnis der Aufklärung und der von ihr ausgelösten Französischen Revolution. Sie sind sogar das Kernstück jeder bürgerlichen Revolution gewesen. Indem man die Freiheit des einzelnen und seine politischen Rechte hervorhob, konnte die bestehende Ordnung von Staat, Kirche, Familie, Besitz nicht mehr ungebrochen hingenommen werden. Es entstand eine geistige Agilität, die allerdings erst dann für viele Kreise bedrohlich erschien, als sie Veränderungen der vorhandenen politischen und ökonomischen Verhältnisse anstrebte.

Zu einem liberalen Grundverständnis gehören: die allseitige Anerkennung der Vernunft, die Argumentation mit rationalen Prinzipien, Gewerbefreiheit, der Rechts- und Verfassungsstaat. Die »Erklärung der Menschenrechte« ist das politische Programm. Es gibt aber kaum eine Bewegung, die sich so mannigfaltig und unterschiedlich entwickelt hat, wie der Liberalismus. So ist es notwendig, die Position Heines im einzelnen zu präzisieren.

Heine hat an den verschiedensten Stellen immer wieder seine liberale Überzeugung geäußert, und das Material ist so breit und vielfältig, daß man davon ausgehen kann, daß hier, wenn überhaupt, seine Grundeinstellung zu greifen ist. Ein sehr aufschlußreiches Beispiel ist seine Stellungnahme zum Hambacher Fest im Börne-Buch, wo er den Fortschritt des Liberalismus dem Vergangenheitskult der Altdeutschen gegenüberstellt:

»Und dennoch beurkundet das Fest von Hambach einen großen Fortschritt, zumal man es mit jenem anderen Feste vergleicht, das einst ebenfalls zur Verherrlichung gemeinsamer Volksinteressen auf der Wartburg statt fand. Nur in Außendingen, in Zufälligkeiten, sind sich beide Bergfeiern sehr ähnlich; keineswegs ihrem tieferen Wesen nach. Der Geist, der sich auf Hambach aussprach, ist grundverschieden von dem Geiste, oder vielmehr von dem Gespenste, das auf der Wartburg seinen Spuk trieb. Dort, auf Hambach, jubelte die moderne Zeit ihre Sonnenaufgangslieder und mit der ganzen Menschheit ward Brüderschaft getrunken; hier aber auf der Wartburg, krächzte die Vergangenheit ihren obskuren Rabengesang, und bei Fackellicht wurden Dummheiten gesagt und getan, die des blödsinnigsten Mittelalters würdig waren! Auf Hambach hielt der französische Liberalismus seine trunkensten Bergpredigten, und sprach man auch viel Unvernünftiges, so ward doch die Vernunft selber anerkannt als jene höchste Autorität die da bindet und löset und den Gesetzen ihre Gesetze vorschreibt; auf der Wartburg hingegen herrschte jener beschränkte Teutomanismus, der viel von Liebe und Haß des Fremden und dessen Glaube nur in der Unvernunft bestand, und der in seiner Unwissenheit nichts Besseres zu erfinden wußte als Bücher zu verbrennen.«[21]

Es wäre fatal, würde man den als Kontrast zum Liberalismus gezeigten Teutomanismus oder auch die von den Altdeutschen vertretenen Vorstellungen mit Konservativismus gleichsetzen. Was Heine beschreibt, ist nicht Konservativismus, sondern eine reaktionäre Welt. Die Unterschiede mögen sprachlich oft sehr gering sein, aber der Unterschied im Sachverhalt darf nicht übersehen werden. Wenn für die Droste nicht die Freiheit – das Wort fällt meist nur in der Form des persönlich verstandenen Adjektivs – das anspornende Element ist, sondern das Wort von der Treue, so hat ihr Konservativismus doch nichts zu tun mit den im obigen Text von Heine entlarvten Begriffen wie Liebe und Glaube, die Unvernunft und »Haß des Fremden« hervorrufen.

Schon zur Zeit Heines war deutlich, wie bedroht die liberalen Ideen waren, sowohl von außen und noch mehr von innen bei all denen, die sich einmal als liberal verstanden hatten. Man braucht nur an Schriftsteller wie Hoffmann von Fallersleben oder Freiligrath zu denken. Die liberalen Ideen waren schon sehr früh der Gefahr ausgesetzt, von nationalen Vorstellungen aufgesogen zu werden. Oft genug radikalisierten sie sich auch mit revolutionären Vorstellungen. Diesen politischen Vorgang, der die Liberalität zerstört, hat Heine in der Allegorie der Jagdgeschichte persifliert:

»Ich weiß eine Jagdgeschichte – bei Sankt Hubert! und ich weiß auch jemand, der tausend Taler Preußisch Kurant darum gäbe, wenn sie gelogen wäre. Ach! die ganze Zeitgeschichte ist jetzt nur eine Jagdgeschichte. Es ist jetzt die Zeit der hohen Jagd gegen die liberalen Ideen, und die hohen Herrschaften sind eifriger als je und ihre uniformierten Jäger schießen auf jedes ehrliche Herz, worin sich die liberalen Ideen geflüchtet, und es fehlt nicht an gelehrten Hunden, die das blutende Wort als gute Beute heranschleppen. Berlin füttert die beste Koppel, und ich höre schon wie die Meute losbellt gegen dieses Buch.«[22]

Heine muß sich von Börne den Vorwurf gefallen lassen, daß er den »Jesuiten des Liberalismus« spiele. Immer dann, wenn im Liberalismus die Gleichheit über die Freiheit gesetzt wird, wehrt sich Heine. Für ihn haben die Menschenrechte eine Rangfolge. Weite Passagen in seinem »Atta Troll« sind eine Abrechnung mit einem solchen Liberalismus, der politisch fatale Auswirkungen hatte. Letztlich ist die Liberalität so anspruchsvoll, daß sie nicht von einem einzelnen Menschen voll realisiert werden kann, sondern allein von der gesamten Menschheit.

Wie sieht nun der Konservativismus der Droste gegenüber dem Liberalismus Heines aus? Es liegen zum Thema des Konservativismus im 19. Jahrhundert wichtige neuere Untersuchungen vor, die eine genaue Ortsbestimmung der Droste ermöglichen.[23] Karl Mannheim hat den Konservativismus vom Traditionalismus abgegrenzt, den es überall dort gibt und gab, wo die vorhandenen kulturellen und religiösen Werte unproblematisch weitergegeben werden. Der Konservativismus ist dagegen eine bewußt vollzogene Einstellung, eine Reflexion im Sinne der Reaktion auf das moderne rationale Denken.[24] Dennoch kann man den Konservativismus nicht als eine Ideologie bezeichnen, sofern er der Vielfalt des gewachsenen Lebens Geltung verschaffen will. Inhalte des konservativen Denkens des 19. Jahrhunderts sind: Religion, Geschichte, Autorität, Adel, Königtum, Heimat, Familie, Sitte, Brauchtum. Der Konservativismus ist danach zu beurteilen, wie er im einzelnen diese Inhalte versteht. Es kann durchaus sein, daß er auf bestimmten Gebieten beharrender ist als auf anderen. Bei der Droste kann man nun feststellen, daß das konservative Denken keineswegs die Progressivität ausschließt. Sie möchte nur nicht, daß im modernen Säkularisierungsprozeß, der sich vor allem auch gegen die Religion wendet, ein Zustand eintritt, der ohne Rückbindung an die Werte der Tradition und des christlichen Glaubens zu einer totalen Wertverunsicherung führt und damit zu einer Anfälligkeit für Ideologien.

In den Texten des »Geistlichen Jahres«, zwischen Ostern und Pfingsten, kann man eine Auseinandersetzung mit Ideen der Französischen Revolution erkennen, wie sie noch zu ihrer Zeit wirksam waren. In der Droste-Forschung hat man schon immer diese Texte mit den »Zeitbildern« in Zusammenhang gebracht.

Greifen wir den noch wenig beachteten Text »Am zweiten Sonntage nach Ostern« heraus. Die biblische Vorlage ist das Evangelium vom Guten Hirten, und die Dichterin nimmt sie zum Anlaß, um über die Funktion von Autorität und Verantwortung, wie sie in Staat und Familie geübt werden, zu reflektieren. Dabei fallen auch die beiden so wichtigen Worte: »frei« und »Gleichheit«, denen sie je eine Strophe widmet:

> Doch bist du frei? darfst du so kühn denn sprechen
> Das Bannwort über tausend Menschen aus?
> Wem Kron' und Macht, wem Haus und Hof gebrechen,
> Schließt ihn die Pflicht von ihren Schranken aus?
> Denk nach! schwer ist die Frag';
> Um dein' und fremde Seele gilt's, denk nach!
>
> *(I, S. 625)*

Die Freiheit wird hier zum Problem des Nachdenkens gemacht, ohne daß eine Antwort darauf gegeben würde. Das Sprechen von der Freiheit ist für die Droste ein kühnes Sprechen, da mit der Forderung nach eigener Freiheit die Freiheit der vielen anderen Menschen betroffen ist. Zugleich, und das ist typisch konservativ, wird zu bedenken gegeben, ob nicht jede Art von Machtausübung, Besitz und menschlicher Gemeinschaft, Verpflichtungen nach sich zieht, die man um der eigenen Freiheit willen nicht aufgeben kann.

Die Eindringlichkeit der letzten Zeilen zeigt, wie wichtig sie die Freiheit nimmt; denn es geht – und damit ist sie selbst betroffen – um den möglichen Grad innerer Unabhängigkeit. Im Hinblick auf politische Freiheit ist die Droste nicht so konsequent wie im Hinblick auf die persönliche Freiheit. Man spürt bei ihr ein Spannungsverhältnis, das man nicht zu ungunsten der Freiheit auslegen darf.

Und wenn ein schwach Gemüt, ein stumpfes Sinnen,
Neugierig horcht auf jedes Wort von dir,
Um alles möchte Gleichheit sich gewinnen,
Aufzeichnet jede Miene mit Begier:
O, spricht nicht dies Gesicht:
Ich acht' auf dich, bei Gott verdirb mich nicht?

In dieser Strophe geht es nicht darum, daß die Hochgestellten, die Elitären, ihre Vorrangstellung aufgeben; der Droste kommt es vielmehr darauf an, daß den seelisch und geistig Unterentwickelten Recht geschieht, daß sie als Menschen in gleicher Weise geachtet werden. Sie befürchtet im Prinzip der Gleichheit eine Gleichschaltung, bei der nicht alle dem dadurch aufkommenden Leistungszwang gewachsen sind: ein Plädoyer für die Benachteiligten.

Wir kommen nicht umhin festzustellen, daß aus konservativen Voraussetzungen eine Humanität zum Zuge kommen kann, die gegenüber aller liberalen Fortschrittsgläubigkeit mehr als beachtlich ist. Ein ergiebiges Beispiel für den Konservativismus der Droste ist das Gedicht »Ungastlich – oder nicht?«, das in der neuen kritischen Ausgabe zu Recht als Programmtext an den Anfang gestellt ist. Vergleicht man dieses Gedicht mit den politisch brisanten Versen Heines, so mag es zunächst recht simpel dastehen. Vielleicht kann aber gerade dadurch der sprachliche Bildungsballast abfallen und die politisch sehr dezidierte Aussage zum Vorschein kommen: keinen zu diffamieren, keinen einzelnen, kein anderes Land, keine andere Religion, ein Recht, das man für sich in Anspruch nimmt, auch für andere zu verteidigen. Und genau dies ist Liberalität.

Über den späten Heine, vor allem über sein Verhältnis zur Revolution von 1848, über die wiedererwachte Religiosität, wie er seine innere Wandlung selbst bezeichnet hat, und seine langjährige Krankheit, als Matratzengruft bekannt, ist viel nachgedacht und geschrieben worden.[25] Nicht wenige sehen in der Spätzeit Heines ein Abweichen von seinen politischen Grundüberzeugungen, möchten ein Heine-Bild weiter tradieren, das im Grunde seiner mittleren Phase entspricht.[26]

Heines Krankheit, eine Multiple Sclerose, hat ihm bei all seinen Schmerzen und Leiden dennoch ermöglicht, geistig kreativ zu bleiben. Er hat seine Krankheit noch dichterisch thematisieren können: Texte von erschütternder Offenheit, uneingeschränktem Lebenswillen und geistiger Kritikfähigkeit, weshalb bei allem Mitleid mit sich selbst ironische Selbstüberwindung einsetzen kann.

Die Droste wurde von Heine überlebt, um acht Jahre. Aber auch bei ihr wurde in ihren letzten Jahren die Krankheit zum Maßstab ihres Daseins und Leidens. Ihre Kreativität brach spätestens 1846 ab. Es läßt sich nicht mit Sicherheit sagen, woran es lag. War es die Wiederkehr oder Verstärkung ihrer früheren Krankheiten?[27] War es eine nervliche Erschöpfung, die durch den Bruch mit Levin Schücking ausgelöst oder doch verstärkt wurde? In diesem Zustand, so gut wie nicht mehr schreiben zu können, wurden zusätzlich ihre körperlichen und seelischen Kräfte strapaziert.

Die Daguerrotypien vermitteln in ihrer Realistik und fotografischen Härte ein Gegenbild zu den oft idealisierten Bildnissen früherer Lebensphasen und den von diesen beeinflußten, nach ihrem Tode aufgestellten Marmorbüsten. Das Ich der Dichterin, das sich so großartig in ihrer Hauptschaffenszeit ausgedrückt hatte, verlor am Ende seine Ausstrahlung. Stattdessen blieben: Isolation, rückschrittliches Festklammern an der adeligen Herkunft, Verbitterung und Resignation hinsichtlich ihrer früheren literarischen Ambitionen.

Auch dieses Bild gehört zur Droste, und richtig verstanden, zeigt es eine über das Mitleiden hinausreichende Erbarmungswürdigkeit, die als solche akzeptiert werden sollte. Unter diesen Voraussetzungen ist eine Parallele zur Matratzengruft Heines erkennbar. Die späten Gedichte der Droste, nicht zuletzt auch das so bezeichnete Gedicht »Die ächzende Kreatur«, bringen eine Welterfahrung zum Vorschein, wie sie vielen christlichen Denkern in ihren Altersjahren beschieden war[28], einer Welt, die belastet ist von Schuld und Leid, was sich von Mensch auf Mensch überträgt und bis in die Natur hineinwirkt. Dieses Bewußtsein, aus alters- und krankheitsbedingter Entsinnlichung herrührend, muß als abschließender Aspekt gesehen werden, sollte aber das gesamte Werk nicht überschatten. Was für Heine gilt, mit seiner so eigenwilligen, im Subjektiven wiederbegründeten Religiosität, das gilt auch für die Droste. In Briefstellen kommt sie zu Aussagen, die den so radikalen literarischen Aussagen Heines über Alter und Krankheit an die Seite treten können. So seien ein Gedicht aus den »Lamentationen« Heines und eine Passage aus dem letzten Brief der Droste an Elise Rüdiger gegenübergestellt. Heines Lamentation richtet sich an die Hauptadresse, an Gott, während für die Droste diese Hauptadresse im Prinzip unangetastet bleibt, dafür lamentiert sie ihrer Freundin, mit der sie bis zuletzt noch Kontakt behalten wollte. Der humoristische Ton spart jenen Grad von Freiheit aus, der immer noch bleibt, wenn man todkrank daniederliegt.[29]

Die letzten Strophen aus Heines Gedicht »Miserere« lauten:

O Gott, verkürze meine Qual,
Damit man mich bald begrabe;
Du weißt ja, daß ich kein Talent
Zum Martyrtume habe.

Ob deiner Inkonsequenz, o Herr,
Erlaube, daß ich staune:
Du schufest den fröhlichsten Dichter, und raubst
Ihm jetzt seine gute Laune.

Der Schmerz verdumpft den heitern Sinn
Und macht mich melancholisch;
Nimmt nicht der traurige Spaß ein End,
So werd ich am Ende katholisch.

Ich heule dir dann die Ohren voll,
Wie andre gute Christen –
O Miserere! Verloren geht
Der beste der Humoristen![30]

In dem Brief der Droste vom 20. Juli 1847, der mit den Worten schließt:»Ich lebe noch und habe Sie sehr lieb« heißt es an Elise Rüdiger:

Mein liebes teures Lies! – Es ist Ihnen beim Anblicke dieser Zeilen wohl zumute, als hörten Sie eine Stimme aus der andern Welt. So schlimm ist es indessen nicht; ich bin lebendig und leide wenig, aber schwach, schwach! Jetzt ist es fast ein Jahr, daß ich meine Spiegelei nicht anders verlasse, als um bis zur grünen Bank auf dem Hofe zu schleichen. Mein Gehen ist so gut wie gar nichts mehr. Schreiben bringt mich nach wenigen Zeilen einer Ohnmacht nahe. Lesen darf ich nur mit großer Vorsicht ab und zu ein kleines Gedichtchen oder einen kurzen Zeitungsartikel. Im übrigen ist mein Schlaf, wenn nicht gut, doch zur Notdurft hinreichend, Appetit dito; fieberhafte oder schmerzliche Zustände nicht vorhanden; Stimmung heiter; Aussehen ganz erträglich; und endlich der langen Rede kurzer Sinn, daß ich nach der Aussage aller meiner Ärzte (ich bin jetzt schon in den Händen des dritten) durchaus nicht krank sein soll, nicht mal nervenleidend, sondern nur grenzenlos nervenschwach. Und dieser miserable Zustand (sein Anfang liegt in meiner zu frühen Geburt, seine gegenwärtige Steigerung in meinen fünfzig Jahren) soll mehrere Jahre, in denen ich nur vegetieren darf, anhalten, und dann? Nun, dann soll hintennach alles charmant und mir Gesundheit (soweit die Altersschwäche), Denkfreiheit (soweit die Altersstumpfheit) und sogar die Erlaubnis zu schreiben (soweit die Großmamas Brille es erlaubt) zuteil werden. Sind das nicht glänzende Aussichten? Zudem glaube ich nicht mal daran, nicht mehr als an den Juden-Messias. Aber das glaube ich selbst, daß unter günstigen Umständen (d. h. wenn ich mich behandle wie eine Seifenblase oder ein weiches Ei und kein Unglück von außen auf mich einstürmt) die Geschichte sich noch lange, lange hinspinnen kann. Doch wie Gott will! Ich bin jede Stunde bereit und meinem Schöpfer sehr dankbar, daß er mir durch das beständige Gefühl der Gefahr eine vollkommene Befreundung mit dem Tode, sowie, durch eben dieses Gefühl, eine doppelt innige und bewußte Freude an allen, auch den kleinsten Lebensfreuden, die mir noch zuteil werden, gegeben hat. *(Briefe II, S. 527 f.)*

Schlußbetrachtung
Die Modernität der Droste

Annette von Droste-Hülshoff wurde stets als konservativ und nicht selten sogar als altmodisch angesehen. Bedeutende Literaturwissenschaftler ordneten sie biedermeierlich ein und sprachen ihr, was zu ihren Gunsten gemeint sein sollte, das progressive Moment ab. Nicht erst die heutige Frauenliteratur hat die Modernität der Droste entdeckt, aber durch diese rückt ein solches Verständnis in die breite Öffentlichkeit.»Zu früh, zu früh geboren« so beklagte die Droste in einem Gedicht ihr eigenes Schicksal, nicht nur als Dichterin, sondern auch als Frau.

Bekannt sind und viel zitiert werden ihre Verse aus dem ersten Teil des»Geistlichen Jahres«:

> Meine Lieder werden leben,
> Wenn ich längst entschwand,
> Mancher wird vor ihnen beben,
> Der gleich mir empfand.
>
> (I/600)

Ein frühes dichterisches Selbstbewußtsein hat die Droste hier ausgesprochen und die Gewißheit, daß zwischen ihren Erfahrungen, die sie durchgestanden, und denen ihrer künftigen Leser Ähnlichkeiten bestehen werden. Diese Ähnlichkeiten können, auch über den historischen Abstand hinweg, bis zu modernen Formen der Identifizierung führen: im Anspruch des Religiösen, in der Korrespondenz zur Natur, im Heimatbewußtsein, in der Sprache, im Selbstverständnis der Frau, in der Abgründigkeit des Psychischen.

Was sich in den Dichtungen der Droste spiegelt, ist kein vergangenes, sondern ein auf die heutige Lebensrealität übertragbares literarisches Wissen, eine am Schreibprozeß der Dichterin aufweisbare Einstellung zu wichtigen Veränderungen in der Geschichte und Kultur unserer Gesellschaft. Man muß schon selbst als Leser und auch als Wissenschaftler einen eigenen modernen Erfahrungshorizont mitbringen, um das Werk der Droste dementsprechend einschätzen zu können.

Trotzdem sollte man nicht vergessen, daß die Droste auch ihren

Teil dazu beigetragen hat, daß sie in ihrer eigenen Vergangenheit eingekapselt blieb. Einige Aspekte seien hierzu nochmals genannt.

biographisch:

Die Droste behielt zeitlebens einen ausgeprägten traditionellen Familiensinn, aus dem sie Normen und Vorstellungen ableitete; sie besaß das Beharrungsvermögen einer vergangenen Welt. In einigen Gedichten spiegelt sich dies ungebrochen wider. Aber nicht in der Gesamtheit des Werkes. Ihre Zugehörigkeit zum Adelsstand hat die Droste nicht überwunden; man kann sogar einen Adelsdünkel an ihr beobachten. Ohne die Rücksichtnahme auf die Familie, ohne dieses adelige Standesbewußtsein wäre der Bruch mit Levin Schücking, nachdem er die »Ritterbürtigen« geschrieben hatte, nicht denkbar. Die Droste ist schon eine Adelige geblieben, zumindest ist sie es an ihrem Lebensende wieder geworden.

Dennoch: Dies bleibt eine biographische Außenansicht, die Schale eines anderen dichterischen Kerns. Welcher Schriftsteller hat nicht sogar solche oder ähnliche elitären verkrusteten Vorstellungen aus seinem Leben kultiviert? Zur Modernität der Droste stößt man nur vor, wenn das Spannungsverhältnis zwischen Biographie und Werk nicht übersehen wird.

literarisch:

Die Droste brauchte lange, bis sie über die Durststrecke mühseligen Reimens zu einem Schreiben fand, in dem sie die eigene Identität zum Ausdruck bringen konnte. Die anfänglichen Texte, so wichtig sie für den Entwicklungsprozeß sind, haben das ohnehin nicht allzu große Oeuvre belastet, sieht man einmal von den Briefen ab. Von der Droste darf man schon Texte mit dem Salzgehalt des Meerwassers erwarten. Modernität war bei ihr nicht vorgegeben, sondern mußte erst in langwierigen Schreibversuchen erreicht werden.

Nicht in ihrer Prosa, die Briefe eingeschlossen, dafür zum Teil in ihrer Lyrik, besonders stark aber im »Geistlichen Jahr« arbeitet die Droste mit poetischen Stilmitteln und Mustern, die einem vergangenen Bildungsstand entsprachen. Durchbricht man diese Sprachschicht, wie es gerade für das »Geistliche Jahr« möglich ist, dann entdeckt man die vielleicht modernste menschlich-religiöse Selbstaussage des 19. Jahrhunderts.

Die Modernität der Droste unter der Schale der Biographie, unter den Bildungsinteressen ihrer Zeit, dies herauszuarbeiten ist die Intention der einzelnen Untersuchungen gewesen.

Viele Schriftstellerinnen von heute berufen sich auf die Droste, in deren dichterischer Existenz sie ihre eigenen Probleme vorgebildet sehen. In ihrem Resümee über Karoline von Günderrode schreibt Christa Wolf:

Zu spät, der Bann hat gewirkt, und die Frauen, die nicht wissen, wie ihnen geschieht, kennen den Gegenzauber nicht. Also werden sie unrealistisch. Denn was realistisch ist, bestimmen die Männer, die über Politik, Produktion, Handel und Forschung verfügen; indem sie sich um des wirklich Wichtigen . . . willen, ihren Frauen als ganze Person entziehen, erfahren diese einen schrecklichen Realitätsverlust und zugleich ihre eigne Minderwertigkeit, werden kindisch oder zu rachsüchtigen Furien, stilisieren sich zur ›schönen Seele‹ hinauf . . . fühlen sich überflüssig und halten den Mund. Unter den wenigen, die reden, dichten, singen, wird die Mehrzahl versuchen, ihren Schwestern ihr Los schmackhaft zu machen: Die ›Frauenliteratur‹ beginnt. Einige aber, die nicht gezähmte Haustiere werden, sprechen ein wildes ›männliches‹ Glücksverlangen aus:

> Wär ich ein Jäger auf freier Flur,
> Ein Stück nur von einem Soldaten,
> Wär ich ein Mann doch mindestens nur,
> So würde der Himmel mir raten;
> Nun muß ich sitzen so fein und klar,
> Gleich einem artigen Kinde,
> Und darf nur heimlich lösen mein Haar
> Und lassen es flattern im Winde![1]

Wer, außer speziellen Kennern, würde diese Strophe der Annette von Droste-Hülshoff zuschreiben, von der man lesen konnte, sie sei ›nervenkrank‹ gewesen – zumindest nervenschwach?[2]

Das Sympathie-Gedicht von Sarah Kirsch sei als weiteres Dokument angeführt:

> Der Droste würde ich gern Wasser reichen
> in alte Spiegel mit ihr sehen, Vögel
> nennen, wir richten unsre Brillen
> auf Felder und Holunderbüsche, gehen
> glucksend übers Moor, der Kiebitz balzt

Ach, würde ich sagen, Ihr Lewin –
schnaubt nicht schon ein Pferd?

Die Locke etwas leichter – und wir laufen
den Kiesweg, ich die Spätgeborne
hätte mit Skandalen aufgewartet – am Spinett
das kostbar in der Halle steht
spielen wir vierhändig Reiterlieder oder
das Verbotene von Villon
der Mond geht auf – wir sind allein

Der Gärtner zeigt uns Angelwerfen
bis Lewin in seiner Kutsche ankommt
der schenkt uns Zeitungsfahnen, Schnäpse
gießen wir in unsre Kehlen, lesen
Beide lieben wir den Kühnen, seine Augen
sind wie grüne Schattenreiche, wir verstehen
uns jetzt gründlich auf das Handwerk Fischen[3]

Karin Struck sieht in der Droste ihre »rebellische Schwester«, erlebt
in ihr das eigene Schicksal fast abergläubisch wieder. »Denn in der
Droste am Steintisch des Schreibens erkennen wir ›Schriftstellerin-
nen in Deutschland . . .‹ uns selbst wie in einem Spiegel. Und die
Erzählung, die ich eines Tages über sie schreiben werde, wird vielleicht so beginnen: Sie war froh, daß sie kalt essen durfte. Wie sie
da so lebte, im Rüschhaus: kalt.«
(Interview in: Westfalenspiegel 1975)
In den Dichtungen Annette von Droste-Hülshoffs spiegelt sich das
an Erfahrungen überprüfte Ich der Dichterin mehr als unterschiedlich:
Das poetische Ich in der Lyrik steht in Spannung zu dem personalen
Ich des »Geistlichen Jahres«, beides wiederum hebt sich kontrastiv
vom erzählerischen Ich ab, das in den Briefen relativ unmittelbar präsent ist, in den Balladen und noch mehr in der Prosa sich auf den
Stoff zurückzieht, um an bestimmten Stellen, Positionen benennend,
doch unmittelbar wieder hervorzutreten.
Der Prozeß der poetischen Umsetzung, und dies sei zum Schluß
noch einmal betont, ist kein biedermeierliches Verinnerlichen – Innen-
welt und Öffentlichkeit fordern sich vielmehr in den Dichtungen der
Droste gegenseitig heraus. Es ist kein romantisches Verklären – die

reale Welt wird in ihren bedrohlichen wie heilvollen Möglichkeiten aufgedeckt. Es ist auch kein christlicher Universalismus – das Ich behauptet sich, steht zu den eigenen Erfahrungen, sucht dabei jedoch dem Anspruch des Glaubens zu entsprechen.

Die vom biographischen Ich der Droste ausgehende dichterische Subjektivität müßte bei vielen Lesern ähnliche, ihnen gemäße Erfahrungen und Einsichten freisetzen.[4] Es ist vor allem das Zutrauen zur eigenen Person, aber auch das Gefühl dafür, daß Dichtung ein Medium sein kann, sich mit den Lebensrealitäten auseinanderzusetzen. Langjährige Bemühungen scheute die Dichterin nicht, um endlich zu jenen dichterischen Erfahrungen vorzustoßen, die sich in ihrer Jugend im ersten Teil des »Geistlichen Jahres« wie in dem Romanfragment »Ledwina« angemeldet hatten.

In dem Gedicht »Am Bodensee« ist die Droste dem Problem von Dauer und Vergangenheit nachgegangen. Der See ist zum Spiegelbild der Seele geworden, in der das Zurückliegende aus der Tiefe herangespült wird. Melancholisch die Grundstimmung über das Zerbrökkeln der eigenen Lebenswelt, über das Vergangensein des einmal Erlebten, über das Ausmaß der dadurch entstandenen Einsamkeit. Was in der Zeit geschah, was die Dichterin erlebt hat, ist aber nicht total vergangen, es kehrt im Traum, in der Dichtung wieder, unruhig, gleißend, oft unheimlich und beglückend zugleich. Im mythisch verzauberten Bild der Wasserfei zeigt die Dichterin ihr schon der Vergangenheit und Vergänglichkeit angehörendes Bild. Es gewährleistet die Gegenwärtigkeit des Geschriebenen:

> O, schau mich an! ich zergeh wie Schaum,
> Wenn aus dem Grabe die Distel quillt,
> Dann zuckt mein längst zerfallenes Bild
> Wohl einmal durch deinen Traum!
>
> *(I, 74)*

Daß ihr Dichten nicht vergeblich war, dürfte die Droste trotz ihres durch Krankheit und seelische Erschöpfung bedingten Rückzugs aus der nie besonders groß gewesenen Öffentlichkeit im Alter gewußt haben. »Verlassen, aber einsam nicht«[5], so formuliert sie zunächst noch trotzig, um dann zu schweigen.

Ein Denkmal der Droste.
»Deutschlands größte Dichterin« als Touristenattraktion

Daten
zum Leben Annette von Droste-Hülshoffs

Geburtstag Annette von Droste-Hülshoff: 10. 1. 1797
Geburtsort: Schloß Hülshoff bei Münster
Eltern: Clemens August von Droste-Hülshoff (1760-1826)
Therese, geborene von Haxthausen (1772-1853),
Amme: Maria Katharina Plettendorf (1765-1845), zu der die Droste
ein vertrautes Verhältnis behielt.
Geschwister: Jenny (1795-1859), verheiratet mit Joseph Freiherr von
Laßberg (1770-1855).
Werner (1798-1867), er übernahm nach dem Tod des Vaters das
elterliche Erbe.
Ferdinand (1800-1829).
Bis zum Tod des Vaters 1826 Wohnsitz auf Schloß Hülshoff, danach
Übersiedlung ins Rüschhaus, dem Witwensitz der Mutter, das die
Droste seitdem als ihre heimatliche Bleibe ansah. Das Rüschhaus, von
dem bekannten Baumeister Johann Conrad Schlaun als Sommersitz
für sich erbaut, war vom Vater der Droste erworben worden.
Münster als städtischer, kultureller Bezugspunkt. Hier auch schon re-
lativ früh ein persönlicher, literarisch interessierter Bekanntenkreis:
Anton Matthias Sprickmann (1749-1833)
Wilhelm Junkmann (1811-1886)
Christoph Bernhard Schlüter (1801-1884)
Mit ihnen stand die Droste über lange Perioden hinweg im Brief-
wechsel.
Katharina Busch, Mutter Levin Schückings (1791-1831)
Elise Rüdiger (1812-1899), mit der sie bis zum Lebensende eng be-
freundet blieb.
Levin Schücking (1814-1883), um viele Jahre jünger als die Droste,
mit ihm stand sie menschlich und literarisch in enger Verbindung.
Er vermittelte ihr darüber hinaus den Kontakt zum damaligen Litera-
turbetrieb. Nach ihrem Tode sorgte er für die Verbreitung und Anerkennung ihres Werkes.
Todestag Annette von Droste-Hülshoffs: 24. 5. 1848, gestorben auf
der Meersburg, Grab auf dem Meersburger Friedhof.

Aufenthalte in der Paderborner Gegend

Da die Mutter der Droste, eine geborene von Haxthausen, aus Bökendorf stammte und die Verwandtschaft mütterlicherseits in der Paderborner Gegend seßhaft war, ergaben sich viele, auch länger andauernde Besuchsreisen dorthin, nach Bökendorf und dem nahe gelegenen Abbenburg. Bei den ersten Aufenthalten wurden für die Droste die Kontakte zu dem literarisch orientierten Bökendorfer Kreis wichtig, der auf Initiative des Onkels August von Haxthausen dort zusammenkam (Sammlung von Märchen, Sagen, Volksliedern).

Sommer 1805 – Bökendorf, Erster Besuch bei den Großeltern
Sommer 1813 – Bökendorf, Bekanntschaft mit Wilhelm Grimm
Sommer 1818 – Bökendorf, Besuch der Familien Grimm und Hassenpflug in Kassel
1819-1820 – Aufenthalt in Bad Driburg, Bökendorf und Abbenburg. Sommer 1820: sogenannte Jugendkatastrophe, Bruch der Beziehung zu Heinrich Straube und August von Arnswaldt.
Herbst 1824 – Reise ins Sauerland zu Verwandten
Sommer 1837,
Sommer 1838,
Sommer 1839,
Sommer 1843,
Sommer/Herbst 1845 – Aufenthalte in Abbenburg

Aufenthalte am Rhein

Am Rhein, in Köln und Bonn, besaß die Droste Verwandte mütterlicher- wie auch väterlicherseits: u. a. Werner von Haxthausen in Köln, Clemens von Droste und Moritz von Haxthausen in Bonn. Wissenschaftliche Anregungen erhielt sie aus dem Bonner Professorenkreis um Clemens von Droste. Von persönlicher Bedeutung wurden für die Droste die hier geschlossenen Freundschaften mit Sibylle Mertens-Schaaffhausen und Adele Schopenhauer. Später wurde Bonn zur Zwischenstation auf den Fahrten nach Meersburg.
Erste Rheinreise: Oktober 1825-April 1826 – Köln, Bonn, Reise nach Koblenz

Zweite Rheinreise: Sommer 1828 – Bonn und Plittersdorf (Sibylle Mertens), Godesberg (Wilhelmine von Thielmann)

Dritte Rheinreise: Herbst 1830-Frühjahr 1831 – Bonn, Freundschaft mit Johanna und Adele Schopenhauer; Krankenpflege der Sibylle Mertens in Plittersdorf.

Aufenthalte in Meersburg

Vor den Aufenthalten in Meersburg liegt ein längerer Aufenthalt in Eppishausen/Schweiz: September 1835-Oktober 1836, wo zunächst ihre Schwester Jenny nach ihrer Heirat mit Joseph Freiherr von Laßberg wohnte. Laßberg, der ein großes Interesse für die altdeutsche Literatur und Kultur aufbrachte, erwarb später die alte Meersburg als Wohnsitz.

Erster Meersburg-Aufenthalt: Herbst 1841-Herbst 1842, Zusammenarbeit mit Levin Schücking, der von Oktober 1841 bis zum April 1842 als Bibliothekar auf der Meersburg tätig war.

Zweiter Meersburg-Aufenthalt: Herbst 1843-Herbst 1844. In diese Zeit fällt der Kauf des »Fürstenhäusles« und der Besuch des Ehepaars Schücking.

Dritter Meersburg-Aufenthalt: Oktober 1846 bis zum Tode der Dichterin. Diese Zeit ist belastet durch Krankheit und innere Erschöpfung, die keine erneute literarische Produktivität aufkommen ließen.

223

Überblick zur Entstehung der Dichtungen

Anfangsphase

Bertha – Fragment gebliebenes Trauerspiel; Beginn Frühjahr 1813, Abbruch etwa 1819. Interessant sind lyrische Passagen, in denen sich die Dichterin selbst spiegelt.

Walter – Versepos, 1818; in der Tradition der Rittergeschichten. Selbsturteil der Droste:»Das Gedicht ist im ganzen sehr mißglückt und matt, im einzelnen aber nicht immer.« (Brief an Schlüter vom 2.1.1835).

Geistliches Jahr – erster Teil, 1820. Nach Versuchen mit geistlichen Gedichten zu einer Intensität durchgeschrieben, die es der Droste ermöglichte, nach zwanzig Jahren diesen Teil wieder aufzugreifen, weiterzuführen und das »Geistliche Jahr« abzuschließen.

Ledwina – Roman (Fragment); Beginn 1821, später liegengeblieben. Da die Droste ihre eigene Erlebniswelt erzählerisch zu gestalten versucht, entstand eine Prosa von erstaunlicher Sensibilität.

Übergangsphase

Bei der Droste, die zeitlebens dichterisch produktiv war, setzte die Hauptschaffenszeit etwa 1838 ein. Vorher liegt eine Periode, die man mit der Gedichtausgabe bei Aschendorff/Münster 1838 als abgeschlossen ansehen kann. Wesentlich geprägt ist diese Zeit durch die Arbeit an den Versepen.

Das Hospiz auf dem Großen St. Bernhard – Versepos; Beginn 1828, endgültige Gestalt 1838. Der dritte Gesang blieb Fragment und wurde ausgeschieden.

Des Arztes Vermächtnis – Versepos 1834. Hier wird die damals übliche Form des Versepos durchbrochen von einer modern anmutenden psychologischen Darstellung.

Schlacht im Loener Bruch – Versepos, 1838. Dieses Werk war eine Auftragsarbeit für die Aschendorff-Ausgabe; es greift die Westfalenthematik auf.

Gedichte, Nachdichtungen – wie »Der Säntis«, »Des alten Pfarrers Woche«, »Nach dem Angelus Silesius«.

Hauptphase

Sie ist bestimmt durch die Hinwendung zur Prosa und die Arbeit an Balladen; beides ist im Zusammenhang zu sehen mit dem Interesse der Dichterin am geplanten »Westfalenwerk«. Hinzu kommt die erneute Beschäftigung mit der geistlichen Dichtung; vor allem tritt eine umfassende Lyrikproduktion ein.

Geistliches Jahr – zweiter Teil (1. Sonntag nach Ostern bis Am letzten Tage des Jahres, Silvester), 1839-1840. Auf Wunsch der Droste nicht zu ihren Lebzeiten erschienen.

Die Judenbuche. Ein Sittengemälde aus dem gebirgichten Westfalen – Erste Erwähnung des Stoffes 1837, Abschluß 1841; erstmals erschienen 1842 im Cottaschen »Morgenblatt«; in der Literaturgeschichte durchgängig als Novelle bezeichnet.

Bei uns zu Lande auf dem Lande – Romanfragment, Beginn 1841; anfänglich als groß angelegtes »Westfalenwerk« konzipiert.

Westfälische Schilderungen (in vielen Ausgaben »Bilder aus Westfalen« genannt) – 1842, entstanden als Beitrag für das geplante Werk »Das malerische und romantische Deutschland im 19. Jahrhundert«; erschienen 1845 in den »Historisch-politischen Blättern«. Diese in sich abgeschlossene Darstellung wird meist als wissenschaftlicher Sachtext bezeichnet, ist aber als literarische Inspektion anzusehen.

Balladen – Fast alle Balladen entstanden von Sommer 1841 bis Frühjahr 1842 im Rüschhaus und in Meersburg. Lange Zeit hindurch wurde die Droste vor allem als Balladendichterin geschätzt. Von ihren Balladen wurden mehrere in »Das malerische und romantische Westfalen« aufgenommen: »Vorgeschichte«, »Kurt von Spiegel«, »Das Fegefeuer des westfälischen Adels«.

Der Spiritus familiaris des Roßtäuschers – 1842, von der Droste selbst als ein größeres Gedicht bezeichnet, herkömmlich zu den Versepen gerechnet. Clemens Heselhaus wies dieses Werk mit seiner magischen Verquickung und Erlösungsthematik den Balladen zu.

Gedichte – Sie wurden beim ersten und zweiten Aufenthalt in Meersburg (1841/42 und 1843/44) geschrieben und werden heute von vielen als Zentrum des dichterischen Schaffens der Droste verstanden. Zu den besonders bekannt gewordenen Gedichten zählt der Zyklus »Heidebilder«.

Zu erwähnen ist noch: »Perdu! oder Dichter, Verleger und Blaustrümpfe« – entstanden 1839/40, von der Droste selbst als Lustspiel bezeichnet. Der sie umgebende Literaturbetrieb wird humoristisch karikiert.

Die Balladen und Gedichte dieser Hauptschaffensphase erschienen in der für die Droste-Rezeption grundlegend gewordenen Ausgabe: »Gedichte von Annette Freiin von Droste-Hülshoff«, Stuttgart (Cotta) 1844. Die Anordnung der Gedichte geschah in Absprache mit Schücking.

Spätphase:

Nach der Veröffentlichung des Gedichtbandes 1844 suchte die Droste nach einer neuen geistigen Orientierung, schrieb Gedichte, die dem Meditativen zugewandt sind.

Gedichte – In der Ausgabe »Letzte Gaben« 1860 von Schücking veröffentlicht. Ein Teil dieser Gedichte erschien bereits in Einzelveröffentlichungen vor dem Tod der Dichterin. Die »An-Gedichte« sind nicht nur als bloße Gelegenheitsgedichte anzusehen.

Späte geistliche Gedichte – »Gethsemane«, »Das verlorene Paradies«, »Die ächzende Kreatur« (An einem Tag . . .). Sie runden die Thematik des »Geistlichen Jahres« im Hinblick auf eine allgemeinmenschliche religiöse Fragestellung ab.

Joseph. Eine Kriminalgeschichte – Fragment geblieben, etwa 1845; Zugang zum Stoff erhielt die Droste wahrscheinlich auf ihrer Hollandreise 1834.

***

Briefe – Sie sind nicht nur eine unerschöpfliche Quelle zum Leben und Werk der Droste. Man muß die Briefe, jedenfalls in den Abschnitten, in denen die Dichterin ins Erzählen kommt, als bedeutende literarische Prosa ansehen.

Anmerkungen

I. Zum literarischen Verständnis der Droste

[1] Die unterschiedlichen Drostebilder scheinen schon von Anfang an durch Elise Rüdiger, dann durch Christoph Bernhard Schlüter und Levin Schücking vorkonzipiert zu sein. Während Schlüter vor allem die geistliche Dichterin hervorhob und ihre katholische Religiosität, hat Levin Schücking das Bild der westfälischen Dichterin gefördert, sie aber wegen der überregionalen Bedeutung nicht auf eine Heimatdichterin festgelegt. Elise Rüdiger kommt das Verdienst zu, die Droste als Vertreterin der Frauendichtung gesehen zu haben. Schlüter, Schücking und Elise Rüdiger sehen die enge Verquickung von Leben und Werk, stellen die Person der Droste in den Vordergrund. (Die Nekrologe, Rezensionen und Stellungnahmen sind zusammengefaßt in: Winfried Woesler, Hrsg., Modellfall der Rezeptionsforschung. Droste-Rezeption im 19. Jahrhundert, Frankfurt/Main 1980.)

[2] Zur Biographie vgl. Peter Berglar, Annette von Droste-Hülshoff in Selbstzeugnissen und Bilddokumenten, rowohlts monographien 130, Hamburg 1967; Karl Schulte Kemminghausen, Winfried Woesler, Annette von Droste-Hülshoff, Deutscher Kunstverlag München 1981.

[3] Die literarische Bildungswelt wurde untersucht von Bernd Kortländer, Annette von Droste-Hülshoff und die deutsche Literatur, Kenntnis – Beurteilung – Beeinflussung, Münster 1979.

[4] Die romanhaft geschriebenen Biographien vermitteln nicht nur Wirklichkeit und erfundenes Nacherleben, sie verfestigen zudem ein traditionelles Bild von der Droste. So: Mary Lavater-Sloman, Annette von Droste-Hülshoff, Einsamkeit und Leidenschaft, Wilhelm Heyne Verlag, München 1981 (1. Aufl. Zürich 1950); Doris Maurer, Annette von Droste-Hülshoff, Ein Leben zwischen Auflehnung und Gehorsam, Bonn 1982.

[5] In diesem Sinne ist das Buch von Clemens Heselhaus zu verstehen, Annette von Droste-Hülshoff, Werk und Leben, Düsseldorf 1971.

[6] Vgl. Erwin Rotermund, Die Dichtergedichte der Droste, in: Jahrbuch der Droste-Gesellschaft, hrsg. von Clemens Heselhaus, Münster 1962, Bd. IV, S. 53-78. Hier wird allerdings noch die Meinung vertreten, als hätte die Droste sich mit den vorgestellten Dichterbildern identifiziert.

[7] Folgende Gedichte aus dem Geistlichen Jahr sind besonders charakteristisch:
> Am fünften Sonntage in der Fasten
> Am vierten Sonntage nach Ostern
> Am sechsten Sonntage nach Ostern
> Am zweiten Sonntage nach Pfingsten
> Am neunten Sonntage nach Pfingsten
> Am fünfundzwanzigsten Sonntage nach Pfingsten
> Am vierten Sonntage im Advent

[8] Zu diesem Text vgl. Clemens Heselhaus, Der Distel mystische Rose, in: Jahrbuch der Droste-Gesellschaft Bd. II, Münster 1950, S. 38-47. In dem Kapitel »Die heilende Kraft des Dichters« meines Buches »Das Schuldproblem im Werke Annette von Droste-Hülshoffs«, München 1956, gehe ich noch von einer totalen Selbstbetroffenheit aus.

[9] Vgl. S. 82-84.

[10] Vgl. S. 155-160.

[11] Das Gedicht »Die junge Mutter« (I, 129-131) war im 19. Jahrhundert eines der beliebtesten Gedichte von der Droste, vgl. Karl Schulte Kemminghausen, Winfried Woesler, a. a. O., S. 22. Die Brieferzählung steht in dem Brief der Droste an ihre Mutter (28. 10. 1848).

[12] Vgl. Renate Böschenstein-Schäfer, Die Struktur des Idyllischen im Werk der Annette von Droste-Hülshoff, in: Beiträge zur Droste-Forschung Nr. 3, 1974/75, S. 25-49.
[13] Vgl. Wilhelm Gössmann, Der Weg Friedrich Schlegels zu einer nachromantischen Ästhetik, in: Hochland 1963, S. 45-59.

II. Dichterisches Selbstverständnis
»Das Spiegelbild«

[1] Vgl. Marita Fischer, Gestalt und Sinn in der Lyrik der Annette von Droste-Hülshoff, Berlin 1957. In einem Anhang hat sie die Geschichte des Spiegelbildmotivs entfaltet.
[2] Vgl. Wilhelm Gössmann, Das Frauenbild in der modernen Frauenliteratur, in: Informationen des Arbeitskreises für Jugendliteratur 2/1984, S. 23-38.
[3] Aus: Probleme Probleme, in: Ingeborg Bachmann Werke 2, Erzählungen, Piper-Verlag, München 1978, S. 347 f.
[4] Aus: Die Dame im Spiegel, in: Virginia Woolf, Die Erzählungen und Flush, S. Fischer-Verlag, Frankfurt/M. 1965, S. 110.
[5] A. Glaus, Über Depersonalisation, nihilistische Wahnideen, Spiegelbilder, Doppelgänger und Golem im Werke Annettens von Droste-Hülshoff, in: Monatszeitschrift für Psychiatrie und Neurologie 125, 1953, Nr. 5/6, S. 406.
Wenn auch nicht auf die Droste bezogen, so ist doch für die Einordnung des Spiegelbild-Gedichts der Essay von Otto Rank wichtig: Der Doppelgänger (1914), in: Psychoanalytische Literaturinterpretation, dtv. 4363, Tübingen 1980.
[6] Zum »Spiegelbild« liegen verschiedene Interpretationen vor: Marita Fischer, Annette von Droste-Hülshoff, Das Spiegelbild, in: Wege zum Gedicht, Bd. I, 1956, S. 221-227. Rudolf Haller, Eine Droste-Interpretation, in: Germanistisch-romanische Monatszeitschrift 37, 1956, N. F. 6, H. 3, 253-261.
Clemens Heselhaus, Annette von Droste-Hülshoff, »Das Spiegelbild«, in: Die deutsche Lyrik. Form und Geschichte. Interpretationen, hrsg. von Benno von Wiese, Bd. 2, 1956, S. 174-181.
Eine dem »Spiegelbild« der Droste entsprechende Strophe in dem Gedicht »Die Rose« von Ferdinand Freiligrath lautet:

> Ich sprach zu ihm: Dein Blick erregt mir Graun!
> Ich wagt' es oft in mitternächt'gen Stunden,
> Mir vor dem Spiegel selbst ins Aug' zu schaun –
> Da hab' ich gleiches schaudernd wohl empfunden!
> Daß ich ein Leib noch, ich vergaß es dann!
> Aus ihrer Höhle wüsten Finsternissen
> Sah mich die Sphinx, die eigne Seele, an,
> Und sprach ihr Rätsel, höhnisch und verbissen.

III. Trunkenheit und Desillusion
Das poetische Ich der Droste

[1] Wilhelm Dilthey, Das Erlebnis und die Dichtung. Lessing, Goethe, Novalis, Hölderlin, Göttingen 1970^{15} (1. Aufl. 1905), S. 306.
[2] Außer dem Gedicht Das Spiegelbild und dem Fragment Ledwina ist auf »Die Judenbuche« hinzuweisen (I, S. 495), sowie auf folgende Gedichte: Am fünften Sonntage nach Pfingsten (I, S. 646, Z. 13-17); Am Bodensee (I, S. 74, Z. 55 f.); An ... (I, S. 117, Z. 13-18); An ... (I, S. 120, Z. 13-16); Meine Sträuße (I, S. 132, Z. 41-44); Der Todesengel (I, S. 146, Z. 19-20); Spätes Erwachen (I, S. 430, Z. 8); Das Bild (I, S. 453-456); Das Fräulein von Rodenschild (I, S. 225-229); Die Schwestern (I, S. 234-241).
[3] Modellfall der Rezeptionsforschung. Droste-Rezeption im 19. Jahrhundert, Bd. II, hrsg. von Winfried Woesler, Frankfurt/M. 1980, S. 1063.

[4] Annette von Droste-Hülshoff. Sämtliche Werke, hrsg. von Clemens Heselhaus, München 1966. Clemens Heselhaus: Annette von Droste-Hülshoff. Werk und Leben, Düsseldorf 1971.

[5] Vgl. dazu den Brief der Droste an L. Schücking vom 17. 1. 1844; Clemens Heselhaus: Die Gedicht-Verzeichnisse für die Ausgabe von 1844, in: Jahrbuch der Droste-Gesellschaft V, 1972, S. 53-61.

[5] Vgl. die Werkausgabe v. Günther Weydt und Winfried Woesler, Bd. I, S. 741: »Die Herausgeber des vorliegenden Bandes halten aber an dem von der Dichterin gewählten Prinzip fest und verweisen zudem auf die auch von Heselhaus nicht immer gemeisterte Schwierigkeit, die Entstehung eines Textes auf ein bestimmtes Datum zu fixieren«; vgl. auch S. 747-749.

[7] Josefine Nettesheim: Die geistige Welt der Annette von Droste-Hülshoff, Münster 1967, S. 37-39.

[8] Vgl. hierzu Elisabeth Gössmann: Hildegard von Bingen. Das Verhältnis des Menschen zum Kosmos, in: E. G.: Die Frau und ihr Auftrag. Gestalten und Lebensformen, Freiburg 1965², S. 84-110.

[9] Vgl. hierzu folgende Gedichte aus dem »Geistlichen Jahr«: Am vierten Sonntage nach Ostern; Am sechsten, sechzehnten und siebenundzwanzigsten Sonntage nach Pfingsten.

[10] Vgl. hierzu die Gedichte: Die Schenke am See, Der Hünenstein, Die Mergelgrube, Am Turme, Unruhe, Im Moose, Die rechte Stunde, Die Taxuswand, Neujahrsnacht, Durchwachte Nacht.

[11] Vgl.: Des Arztes Vermächtnis, Der Spiritus familiaris des Roßtäuschers, Der Knabe im Moor.

[12] Am zwanzigsten Sonntage nach Pfingsten (I, S. 676, Z. 17-24); Am zweiundzwanzigsten Sonntage nach Pfingsten (I, S. 680, Z. 15-18); Am zweiten Sonntage im Advent (I, S. 701, Z. 31-36).

[13] Vgl. Wilhelm Gössmann: Das Schuldproblem im Werk Annette von Droste-Hülshoffs, München 1956, S. 7-15.

[14] Zur Humoristik vgl. S. 28 f.

[15] Heinrich Heine. Sämtliche Schriften, hrsg. von Klaus Briegleb, München 1969, Bd. 3, S. 144 f.

IV. Politisches Zeitbewußtsein der Droste

[1] Gegen eine solche Haltung wendet sich Friedrich Sengle in dem Droste-Beitrag seines Biedermeier-Werks; er spricht von einer rücksichtslosen interpretatio moderna. Seine eigene Interpretationsweise jedoch bleibt, so möchte man argumentieren, im Historischen, im biedermeierlich Dichterischen stecken, weshalb er konsequenterweise zu diesem Urteil kommen muß. Vgl. Biedermeierzeit, Bd. 3, Die Dichter, Stuttgart 1981, S. 592-639.

[2] »Zeitbilder. Bin ich ungewiß, ob sie so zusammen sich nicht zu grell ausnehmen, und zwischen den vermischten Gedichten sich besser machen würden, ... und sind doch gewiß, einzeln genommen, von den besten mit.« (Briefe II, S. 381).

[3] Zur literarischen und politischen Einstellung des Jungen Deutschland und des Vormärz vgl. die beiden im Reclam-Verlag erschienenen Bändchen: Jost Hermand (Hrsg.), Das Junge Deutschland, Texte, Dokumente und Nachwort, Stuttgart 1966 Nr. 8703-07 und Der deutsche Vormärz, Texte, Dokumente und Nachwort, Stuttgart 1967, Nr. 8794-98.

[4] Annette von Droste-Hülshoff, Sämtliche Werke, hrsg. von Karl Schulte Kemminghausen, München 1925, I, S. 413.

[5] Vgl. hierzu das Kapitel »Die heilende Kraft des Dichters« in: Wilhelm Gössmanns, Das Schuldproblem im Werk Annette von Droste-Hülshoffs, München 1956, S. 1-6.

[6] Vgl. hierzu Elisabeth Gössmann, Annette von Droste-Hülshoff, Die Frau in der Auseinandersetzung mit ihrem Selbst, in: Die Frau und ihr Auftrag, 2. Aufl., Freiburg 1965, insbesondere S. 118-123.

[7] Zum Zeitgedicht vgl. das Kapitel über Annette von Droste-Hülshoff »Erinnerung und Zukunft«, in: Wilhelm Gössmann, Glaubwürdigkeit im Sprachgebrauch, München 1970, S. 160-164.

[8] Zum Verständnis des Möglichkeitssinnes vgl. Robert Musil, Der Mann ohne Eigenschaften, hrsg. von Adolf Frisé, Hamburg 1965, S. 16-18.

[9] Zu dem Begriff »überwert« heißt es in den Briefen: »Es heißt nicht ›überwehrte‹, sondern (ironisch) ›überwerte‹, soviel wie übervortreffliche, überglückliche«, in: Die Briefe der Annette von Droste-Hülshoff (Briefe), hrsg. von Karl Schulte Kemminghausen, Jena 1944, Bd. II, S. 273. Diese distanzierte Einstellung zur eigenen Gegenwart beeinträchtigt nicht die Gesamtinterpretation.

[10] Das schließt keineswegs aus, daß die Droste einen ausgesprochenen Sinn für das Historische hatte, vor allem im Hinblick auf Landschaft, Sitte und Brauchtum Westfalens.

[11] Josefine Nettesheim, Die geistige Welt der Dichterin Annette Droste zu Hülshoff, Münster 1967, S. 165.

[12] Friedrich Schlegel, Die Signatur des Zeitalters, Schriften und Fragmente, hrsg. von Ernst Behler, Stuttgart 1956, S. 334-335.

[13] Zur Interpretation des Pfingstsonntagsgedichtes vgl. S. 113 f.

[14] Clemens Heselhaus, Die Zeitbilder der Droste (Heselhaus, Zeitbilder), Droste-Jahrbuch IV, 1962, S. 82-83.

[15] Einen Hinweis darauf sehe ich in der Briefstelle über das Gedicht »Die Stadt und der Dom«, Briefe II, S. 273.

[16] Briefe II, S. 282.

[17] Vgl. Günter Häntzschel, Tradition und Originalität, Allegorische Darstellung im Werk Annette von Droste-Hülshoffs, Stuttgart 1968, S. 76-81.

[18] Briefe II, S. 268.

[19] Heselhaus, Zeitbilder, S. 84.

[20] Briefe II, S. 161.

[21] Bekanntlich hat die Droste ihre Vorliebe für exotische Bilder von Freiligrath übernommen.

[22] Heselhaus, Zeitbilder, S. 86.

[23] Heselhaus, Zeitbilder, S. 85.

[24] Joseph von Eichendorff, Neue Gesamtausgabe in vier Bänden, hrsg. von G. Baumann, Stuttgart 1957, Bd. IV, S. 927.

[25] Heselhaus, Zeitbilder, S. 92.

[26] Erentraud Wild, Das Verständnis des Dichters bei Annette von Droste-Hülshoff, Weingarten 1969, S. 61.

[27] Josefine Nettesheim, Die Droste und der Kölner Dombau, Eine geistesgeschichtliche Studie zu dem Gedicht »Die Stadt und der Dom«, Droste-Jahrbuch II, 1950, S. 120-131.

[28] Es ist vor allem das Bild der heiligen Stadt, die vom Himmel herabkommt, Offb 21,10. Sie ist das Gegenbild zu Babylon, Offb 18,2.

[29] Vgl. S. 196-202.

V. Das »Geistliche Jahr« als Confessio

[1] Vgl. Erik Wolf, Vom Wesen des Rechts in deutscher Dichtung, Frankfurt 1946.

[2] Vgl. Joachim Müller, Natur und Wirklichkeit in der Dichtung der Annette von Droste-Hülshoff, Münster 1941.

[3] Schon die Rezension des »Geistlichen Jahres« durch Levin Schücking hat dieses Werk geistesgeschichtlich wie auch literarisch adäquater beurteilt als viele späteren Befürworter und Kritiker. Mit seinem Hinweis auf Augustinus hat er die »Confessiones« gemeint und damit den menschlichen Grundgehalt mitaufgezeigt. (In: Kölnische Zeitung, Nr. 34-36, 1852, abgedruckt in: Winfried Woesler, Modellfall der Rezeptionsforschung, S. 134-142).
Aus der reichhaltigen Literatur über das »Geistliche Jahr« vgl. A. Bankwitz, Die religiöse Lyrik der Annette von Droste-Hülshoff, Berlin 1899; Klemens Möl-

lenbrock, Die religiöse Lyrik der Droste und die Theologie der Zeit. Versuch einer theologischen Gesamtinterpretation und theologiegeschichtlichen Einordnung des Geistlichen Jahres, Berlin 1935; Cornelius Schröder, Das Geistliche Jahr von Annette von Droste-Hülshoff, Münster 1939; Clemens Heselhaus, Das Geistliche Jahr der Droste, in: JDG 2, 1948/50, S. 88-115; Edgar Herbert Eilers, Probleme religiöser Existenz im Geistlichen Jahr. Die Droste und Sören Kierkegaard, Werl 1953; Günter Häntzschel, Tradition und Originalität. Allegorische Darstellung im Werk Annette von Droste-Hülshoffs, Stuttgart 1968, S. 27-75; Winfried Woesler, Religiöses und dichterisches Selbstverständnis im Geistlichen Jahr der Annette von Droste-Hülshoff, in: Westfalen Bd. 49 (1971), Heft 1-4, S. 165-181; Stephan Berning, Sinnbildsprache. Zur Bildstruktur des Geistlichen Jahres der Annette von Droste-Hülshoff, Tübingen 1975; Winfried Woesler (Hrsg.), Annette von Droste-Hülshoff, Geistliches Jahr in Liedern auf alle Sonn- und Festtage, Erste Hälfte: Text, Zweite Hälfte: Lesarten und Erläuterungen, München 1971; Heide Heinz, Die fromme Hexe, Annette von Droste-Hülshoff: Am sechsten Sonntage nach Pfingsten, in: Die Eule, Nr. 5, Wuppertal/Düsseldorf 1981, S. 3-41.

[4] Zur Entwicklung der Frömmigkeitssprache vgl. Wilhelm Gössmann, Sprache der Frömmigkeit und Meditation, in: Wörter suchen Gott, Zürich 1968, S. 57-69; zur franziskanischen Theologie vgl. Elisabeth Gössmann, Metaphysik und Heilsgeschichte. Eine theologische Untersuchung der Summa Halensis, München 1964.

[5] Mit der Bezeichnung »Vorwort« ist der Begleitbrief »An meine liebe Mutter« 9. 10. 1820 gemeint, der bei den Ausgaben gleichsam die Funktion eines Vorwortes übernommen hat.

[6] Drittes Buch, 25. Kapitel, zitiert nach einer Übersetzung von Johann Michael Sailer.

[7] Vollständiges Lese- und Gebetbuch für katholische Christen, Zweyte durchaus verbesserte Auflage, München 1785, Zweytes Bändchen, S. 36 f. Zur Sprache Johann Michael Sailers vgl. Wilhelm Gössmann, Pastorale Sprache – deutsch, in: Glaubwürdigkeit im Sprachgebrauch, München 1970, S. 96-118.

[8] Zur Einordnung des »Geistlichen Jahres« in die geistlichen Jahreszyklen von der Reformationszeit bis ins 19. Jahrhundert hinein vgl. Stephan Berning, Sinnbildsprache. Zur Bildstruktur des Geistlichen Jahres der Annette von Droste-Hülshoff, Tübingen 1975, S. 7-41. Die gattungsmäßigen Ähnlichkeiten lassen aber die religiöse Erfahrungsebene außer acht, klammern sie aus literaturwissenschaftlichen Gründen einfach aus. Dies schadet dann auch den an sich sehr differenzierten Bild-Interpretationen: Die Metaphern verlieren ihre Intensität.

[9] Dieser Aufsatz erschien 1949 in der Zeitschrift: Die Sprache.

[10] Vgl. hierzu Wilhelm Gössmann, Die Schuld als dichterische Kategorie, in: Das Schuldproblem im Werk Annette von Droste-Hülshoffs, München 1956, S. 141-148; ebenso die Ausführungen über das »Geistliche Jahr«, S. 28-70.

[11] Zu Kierkegaard vgl. sein Werk: Krankheit zum Tode, und zu Schlegel dessen Aufsatz: Von der Seele, sowie dessen letztes Werk: Philosophie der Sprache und des Wortes.

[12] Vgl. Gen 19,26; wie sehr diese Metapher die Dichterin fasziniert hat, zeigt eine Briefstelle, in der sie gleichsam damit spielt: »Damit ich nicht auf meiner poetischen Bahn, wie Lots Weib zur Salzsäule versteinert, ewig auf demselben Flecke stehn bleibe, allen korrigierenden Seelen zum warnenden Beispiel. (An Wilhelm Junkmann, 4. 8. 1837).

[13] Das Bild des Wuchrers muß biblisch verstanden werden, daß mit dem, was der Mensch erhalten hat, er in höchstmöglicher Form umgehen soll. Vgl. Lk 19, 11-27 oder Mt 25, 14-30.

VI. Geisterfahrung
»Am Pfingstsonntage«

[1] Vgl. Friedrich Schlegel, Von der Seele, hrsg. von Günther Müller, Köln-Augsburg 1927.

[2] Wilhelm Gössmann, Das Schuldproblem im Werk Annette von Droste-Hülshoffs, München 1956.

[3] Vgl. Clemens Heselhaus, Der Distel mystische Rose, in: Jahrbuch der Droste-Gesellschaft Bd. II, Münster 1950, S. 38-47.

[4] Zu dem Gedicht von Brentano vgl. die Interpretation von Curt Hohoff und Anneliese Haas, in: Wege zum Gedicht, hrsg. von Rupert Hirschenauer und Albrecht Weber, München-Zürich 1956.

[5] Aufschlußreich ist hierzu der erste Teil der Untersuchung von Edgar Eilers, Probleme religiöser Existenz im Geistlichen Jahr. Die Droste und Sören Kierkegaard, Werl 1953.

[6] Was hier unter Bewegungsgang verstanden wird, dürfte dem nahestehen, was Clemens Heselhaus unter »Fugen-Technik« herausgearbeitet hat: Die Heidebilder der Droste, in: Jahrbuch der Droste-Gesellschaft Bd. II, Münster 1959, 154 f.

[7] Wie der Bewegungsgang in der Naturlyrik abläuft, dafür vgl. S. 53.

[8] Vgl. die Einleitung zu der Ausgabe des Geistlichen Jahres von Cornelius Schröder, Münster 1939.

[9] Zu den Lesarten vgl. Geistliches Jahr, Lesarten und Erläuterungen, hrsg. von Winfried Woesler, Münster 1971, S. 259-261.

[10] Am stärksten kommt dies zu Wort in dem Gedicht »Die ächzende Kreatur«, II, 105.

[11] Gen 3,14.

[12] Das Prophetische ist am stärksten in dem Gedicht »Am vierten Sonntage im Advent« ausgedrückt. Dieses Gedicht dürfte in einer polaren Entsprechung stehen zum Pfingstsonntagsgedicht.

VII. Die Briefe der Droste
Eine Kunst des persönlichen Schreibens

[1] Hinzu kommt noch das Fragment »Joseph. Eine Kriminalgeschichte«, II S. 357-375.

[2] Wie Briefe erzählerisch eingearbeitet werden, zeigt Gottfried Honnefelder am Beispiel Fontanes, Der Brief im Roman: Untersuchung zur erzähltechnischen Verwendung des Briefes im deutschen Roman, Bonn 1975, vgl. S. 199-216.

[3] Zur Briefkultur vgl. Friedrich Sengle, Biedermeierzeit. Deutsche Literatur im Spannungsfeld zwischen Restauration und Revolution 1815 bis 1848. Bd. 1: Allgemeine Voraussetzungen. Richtungen. Darstellungsmittel, Stuttgart 1971.

[4] Auch die Briefe von der Mutter an die Dichterin berücksichtigt Marga Wilfert, Die Mutter der Droste. Eine literarische und psychologische Untersuchung im Hinblick auf die Dichterin, Münster (Diss. masch.) 1942. Korrekturen dazu bringt Bernd Kortländer, Annette von Droste-Hülshoff und die deutsche Literatur, Münster 1979.

[5] Vgl. hierzu Josephine Nettesheim, Schlüter und die Droste. Dokumente einer Freundschaft, Briefe von Christoph Bernhard Schlüter an und über Annette von Droste-Hülshoff, Münster 1956.

[6] Zum Verständnis der Beziehung zwischen der Droste und Levin Schücking vgl. Clemens Heselhaus, Annette und Levin. Die Schücking-Gedichte der Droste, Münster 1948. Zu den Briefen von Levin Schücking an die Droste vgl. Reinhold Conrad Muschler, Briefe von Annette von Droste-Hülshoff und Levin Schücking, Leipzig 1923[3].

[7] Vgl. Annelinde Esche, Elise Rüdiger geb. von Hohenhausen. Ein Bild ihres Lebens und Schaffens, Emsdetten 1939.

[8] Zu den Formen des Erzählens allgemein vgl. Wilhelm Gössmann, Werkstatt des Erzählens, in: Wirkendes Wort, 1983, S. 163-176.

[9] Vgl. Walter Huge, Annette von Droste-Hülshoff, Die Judenbuche. Ein Sittengemälde aus dem gebirgigten Westphalen, Münster 1977, S. 61.

[10] Zur Thematik des Feuers und seiner semantischen Verwendung in der Dichtung

der Droste vgl. Silvia Bonati Richner, Der Feuermensch, Studien über das Verhältnis von Mensch und Landschaft in den erzählenden Werken der Annette von Droste-Hülshoff, Bern 1972: »Das Verströmen in die Unendlichkeit setzt den Tod voraus. Beide, Feuer und Wasser, sind daher nicht nur Gegenstand der Sehnsucht, sondern auch der Furcht und des Grauens.« (S. 43).
11 »An...« (O frage nicht), I, S. 120; vgl. auch die beiden Gedichte »An einen Freund« (Zum zweiten Male), II, S. 63 f. und »Die Schenke am See«, I, S. 66 f.

VIII. »Die Judenbuche«
Eine Geschichte der Nicht-Heimkehr

1 Die Droste arbeitet nicht zuerst mit Lesersignalen, rechnet nicht zuerst mit einem impliziten Leser, wie dies in den Publikationen von Jauss, Iser oder Weinrich analysiert wird. Für sie ist es der Erzählvorgang selbst, dem der Leser zuhört, wobei sie sich selbst nicht als Erzählerin, wie in anderen Werken, herausprofiliert. Sie hat die Geschichte ja auch selbst gehört.
2 Annette von Droste-Hülshoff: Die Judenbuche. Bad Homburg v. d. H., Berlin, Zürich 1970 (Commentatio. Analysen und Kommentare zur deutschen Literatur. Hrsg. von Wolfgang Frühwald. Bd. 1) – Nachdrucke: Frankfurt a. M.: Athenäum 1972; Wiesbaden: Athenaion 1974.
3 Annette von Droste-Hülshoff: Die Judenbuche. Ein Sittengemälde aus dem gebirgigten Westphalen. Masch. Diss. Münster 1977.
4 99. Band 1979.
5 Westfälische Schilderungen I, S. 539.
6 In Schlüter 22./24. 8. 1839: »Hierbei fällt mir meine Erzählung ein. Ich habe jetzt wieder den Auszug aus den Akten gelesen, den mein Onkel August schon vor vielen Jahren in ein Journal rücken ließ und dessen ich mich nur den Hauptumständen nach erinnerte. Es ist schade, daß ich nicht früher drüber kam; er enthält eine Menge höchst merkwürdiger Umstände und Äußerungen, die ich jetzt nur zum Teil benutzen kann, wenn ich die Geschichte nicht ganz von neuem schreiben will. Vor allem ist der Charakter des Mörders ein ganz anderer, was zwar an und für sich nicht schadet, aber mich nötigt, mitunter das Frappanteste zu übergehen, weil es durchaus nicht zu meinem Mergel passen will. ... So fürchte ich die Vergleichung nicht, die sonst jedenfalls zu meinem Nachteile ausfallen würde, denn einfache Wahrheit ist immer schöner als die beste Erfindung.«
7 Deutscher Novellenschatz (2. Serie, Band 6, S. 51-128) München 1876.
8 Schlußwort zur Judenbuche, in: Der Weg zur Form, München 1906, 3. Aufl. 1928, S. 85-97.
9 Vgl. vor allem Benno von Wiese: Annette von Droste-Hülshoff: Die Judenbuche. In: Die deutsche Novelle von Goethe bis Kafka. Interpretationen (Bd. 1) Düsseldorf 1956, S. 154-175 u. 346. Ebenso: Porträt eines Mörders. Zur Judenbuche der Annette von Droste, Zeitschr. f. d. Phil. Sonderheft 1979, Bd. 99, S. 32-48.
10 Vgl. Emil Staiger, Annette von Droste-Hülshoff, 2. Aufl. Frauenfeld 1962 (1. Aufl. 1933); Erik Wolf, Vom Wesen des Rechts in deutschen Dichtungen, Frankfurt/M. 1946, S. 223-358; Wilhelm Gössmann, Das Schuldproblem im Werk Annette von Droste-Hülshoffs, München 1956; Heinz Rölleke, Erzähltes Mysterium. Studie zur Judenbuche Annette von Droste-Hülshoff, in: DVjs 42, 1968, S. 399-426.
11 Vgl. Walter Huge, Die Judenbuche als Kriminalgeschichte. Das Problem von Erkenntnis und Urteil im Kriminalschema, Zeitschrift für deutsche Philologie, Sonderheft 1979, Bd. 99, S. 49-70.
12 Annette von Droste-Hülshoff, Erzählstil und Wirklichkeit. In: Festschrift für Bernhard Blume. Aufsätze zur deutschen und europäischen Literatur, hrsg. von Egon Schwarz, Hunter G. Hannum und Edgar Lohner, Göttingen 1967, S. 146-172.
13 Ronald Schneider, Annette von Droste-Hülshoff, Stuttgart 1977, S. 78.

233

[14] Für die Schullektüre ist die »Judenbuche« didaktisch mit viel Material aufgearbeitet worden. Sowohl der lokalhistorische Hintergrund (wirtschaftliche Verhältnisse, Stellung der Grundherren, Lage der Juden), die Erzählstruktur und Gattungsproblematik wie auch die Wirkungsgeschichte werden im einzelnen dargelegt in: Karl Philipp Moritz, Droste-Hülshoff, Die Judenbuche, Sittengemälde und Kriminalgeschichte (Modellanalysen: Literatur), Paderborn 1980.

[15] Vgl. Michael Werner, Dichtung oder Wahrheit? Empirie und Fiktion in A. von Haxthausens Geschichte eines Algierer-Sklaven, der Hauptquelle zur Judenbuche der Droste, Zeitschrift für deutsche Philologie, Sonderheft 1979, Bd. 99, S. 21-31.

[16] Zu den Stilmitteln vgl. die Kommentierung bei Heinz Rölleke, vgl. Fußnote 2.

[17] Zu dieser Folgerung kommt im Anschluß an die Interpretation von Heinrich Henel der Beitrag von Maruta Lietina-Ray, Das Recht der öffentlichen Meinung, Über das Vorurteil in der Judenbuche, Zeitschrift für deutsche Philologie, Sonderheft 1979, Bd. 99, S. 99-109.

[18] I, S. 420.

[19] Diese Texte wurden bereits veröffentlicht in: Wilhelm Gössmann, Schülermanuskripte. Schriftliches Arbeiten auf der Sekundarstufe I, Düsseldorf 1979, S. 73 f.

[20] Vgl. Benno von Wiese 1956.

[21] Vgl. den Beitrag von Walter Huge, siehe Fußnote 11.

[22] Vgl. Wilhelm Gössmann, 1956, S. 122-137.

[23] I, S. 8.

[24] Vgl. Bernd Kortländer, Annette von Droste-Hülshoff und die deutsche Literatur. Kenntnis, Beurteilung, Beeinflussung, Münster 1979, S. 175.

[25] Vgl. den Beitrag von Winfried Woesler, Die Literarisierung eines Kriminalfalls, Zeitschrift für deutsche Philologie, Sonderheft 1979, Bd. 99, S. 5-21.

[26] Vgl. bes. HKA Bd. V, 1, S. 37, 39, 40.

[27] Der Ort der Judenbuche ist heute noch feststellbar. An der Stelle, wo sie stand, liegt heute noch eine größere Ansammlung von kleineren Feldsteinen, die von den Juden dort niedergelegt sein müssen, wenn sie diesen Ort zum Gedächtnis aufsuchten.

IX. Schreiben – worüber man Bescheid weiß
Landschaft Westfalen

[1] So der Kommentar von Winfried Woesler, II, S. 730; zur Bedeutung der Schiller-Lektüre für die Droste vgl. Bernd Kortländer, Annette von Droste-Hülshoff und die deutsche Literatur. Kenntnis, Beurteilung, Beeinflussung, Münster 1979, S. 131-135.

[2] Überblickt man den Sprachgebrauch des Wortes »fremd« in den Werken der Droste, dann ist man zunächst erstaunt, wie häufig es vorkommt. Meist steht es in Spannung zum Heimatlichen oder Eigenen, oft ist es auch eine Realität im dichterischen Bewußtsein selbst, das zur Auseinandersetzung Anlaß gibt, in der Form der Übernahme und Aneignung oder als Abgrenzung. Daneben wird das Wort »fremd« für alles Fernliegende verwandt.

[3] Welche Materialien die Droste hierzu gesammelt hat, dazu vgl. Walter Huge, Bei uns zu Lande auf dem Lande. Studien zur Arbeitsweise der Droste am Beispiel eines unbekannten Entwurfes, in: Kleine Beiträge zur Droste-Forschung 1972/73.

[4] Clemens Heselhaus, Die Autoren des »Malerischen und romantischen Westphalens«, in: Das malerische und romantische Westfalen. Aspekte eines Buches, hrsg. vom Landschaftsverband Westfalen-Lippe, Münster 1974, S. 180. – Anmerkungsweise sei hier noch erwähnt, daß die Schlacht im Loener Bruch, die als Auftragsarbeit für die Aschendorff-Ausgabe 1838 entstand, die Westfalen-Thematik aufgenommen hat. Der Anfangsvers lautet:

> 's ist Abend, und des Himmels Schein
> Spielt um Westfalens Eichenhain.
>
> (I, S. 357)

5 Über die Mitarbeit der Droste am »Malerischen und romantischen Westfalen« vgl. außer dem genannten Aufsatz von Heselhaus die Anmerkungen von Winfried Woesler, II, S. 797-803; I, S. 842-849.

6 Clemens Heselhaus, a. a. O., S. 182.

7 In der Folge von Immermann und der Droste entstand eine breite Westfalenliteratur, die in den »Dreizehnlinden« von Friedrich Wilhelm Weber, von der Wirkung her gesehen, einen Höhepunkt erlebte. Die Entstehungszeit liegt nach der Reichsgründung. Das Werk drückt Ressentiment und gleichzeitig ein rückwärts gewandtes Westfalenbewußtsein aus:

> Rügt es nicht, wenn ich den Helden
> In der Heimat Farben male;
> Dünkt er manchmal euch ein Träumer,
> Nun, er war ja ein Westfale:
> Zäh, doch bildsam, herb, doch ehrlich,
>
> Ganz wie ihr und eures gleichen,
> Ganz vom Eisen eurer Berge,
> Ganz vom Holze eurer Eichen.
>
> Heut noch ist bei euch wie nirgend
> Vaterbrauch und Art zu finden;
> Darum sei es euch gesungen,
> Dieses Lied von Dreizehnlinden.

*Paderborn 1978; S. 8, Strophen 24-26,
I. Aus dem Nethegau,
(zitiert nach der Schöningh-Ausgabe)*

8 Heinrich Heine, Sämtliche Werke, hrsg. von Klaus Briegleb, München 1976, Bd. I, S. 9.

9 Vgl. das Kapitel: Die Prosa der Briefe als Erzählkunst.

10 Jakob Wassermann in seinem Nachwort zu Karl Leberecht Immermann, Münchhausen, (Paul List Verlag) Leipzig, München 1924, S. 1000 f.

11 Vgl. hierzu: Rosemarie Weber, Westfälisches Volkstum in Leben und Werk der Dichterin Annette von Droste-Hülshoff, Münster 1966. Hier werden die »Westfälischen Schilderungen« mit einem außerliterarischen Ziel im Hinblick auf die gestellte Thematik untersucht.

12 Zum Teil abgedruckt in den Anmerkungen der Ausgabe Weydt/Woesler, I, S. 846 und 848 f.
So auch noch Friedrich Sengle: »Die ›Westfälischen Schilderungen‹ (1845) sollte man nicht als Dichtung betrachten. Die bestätigen gerade, daß die Droste sich nicht nur als Dichterin fühlt, sondern auch als gewissenhafte, ja im Sinne jener Zeit als wissenschaftliche Berichterstatterin über die volkskundlichen, wirtschaftlichen und geographischen Verhältnisse ihrer Heimatlandschaft.« (Biedermeierzeit. Die Dichter, Stuttgart 1980, S. 634).

13 I, S. 846.

14 Emil Staiger, Annette von Droste-Hülshoff, Frauenfeld 1962, S. 67 f.

15 Ronald Schneider, Annette von Droste-Hülshoff (Sammlung Metzler Literaturgeschichte), Stuttgart 1977, S. 76 f.

16 Dieses trifft selbst für einen Autor wie Heine zu, der in seinem »Wintermärchen« die Westfalenklischees wegen ihrer allgemeinen Bekanntheit gebraucht, um daran seine gesellschaftskritische Satire zu betreiben. Vgl. vor allem Caput IX bis XIII. – Sinnbildliche Deutungen für die verschiedenen Landschaften Westfalens weist auch Silvia Bonati Richner nach, sie sieht vor allem das Verhältnis von Mensch und Landschaft. Eine ihrer sinnbildlichen Deutungen lautet: »Könnte der Paderborner dem wilden Naturvolk angehören, so der Münsterländer der christlichen Gemeinde der Siedler«. (Der Feuermensch. Studien über das Verhältnis von Mensch und Landschaft in den erzählenden Werken der Annette von Droste-Hülshoff, Bern 1972, S. 24).

[17] Zur Darstellung des Phänomens Vorgesicht vgl. auch die ähnlich lautenden Ausführungen in »Bei uns zu Lande auf dem Lande«, II, S. 351 f.

[18] Das ungekürzte Zitat steht in der »Judenbuche« und lautet: »Denn wer nach seiner Überzeugung handelt, und sei sie noch so mangelhaft, kann nie ganz zugrunde gehen, wogegen nichts seelentötender wirkt, als gegen das innere Rechtsgefühl das äußere Recht in Anspruch zu nehmen.« (I, S. 484).

[19] Vgl. die Historisch-kritische Ausgabe des »Geistlichen Jahres«, hrsg. von Karl Schulte Kemminghausen und Winfried Woesler, Münster 1971, S. 141.

[20] Ein anderes, quasi politisches Ich-Verständnis sieht Alwin Binder in diesem Gedicht, in: Vormärz als Kontext. Zu Annette von Droste-Hülshoffs Gedicht »Das Ich der Mittelpunkt der Welt«, Beiträge zur Droste-Forschung Nr. 5, 1978-1982.

X. Konservativ oder liberal?
Heine und die Droste

[1] Die meisten heute noch üblichen Literaturgeschichten arbeiten mit einem übergeordneten Epochenbegriff, dem sie dann die einzelnen Autoren additiv einordnen. Vgl. z. B. Helmut de Boer und Richard Newald, Geschichte der deutschen Literatur. Von den Anfängen bis zur Gegenwart, München (seit) 1949. Da eine solche Zuordnung vielen problematisch erscheint, greift man zur Lexikographie, die überhaupt keinen Anspruch auf Zusammengehörigkeit der einzelnen Autoren mehr legt.

[2] Brief an Levin Schücking vom 6. 2. 1844, Briefe II, S. 282, vgl. auch S. 190. Das Heine-Autograph befindet sich in der Sammlung des Droste-Archivs der Universität Münster. Es ist ein einseitig beschriebener Brief Heinrich Heines an Gustav Kolb, den Redakteur der Augsburger Allgemeinen Zeitung. Die Droste nahm Kontakt mit Kolb auf, als ihre 1944 bei Cotta erschienene Gedichtausgabe vorbereitet wurde. Auf der Rückseite des Blattes steht von der Hand der Droste: Heine.

[3] Vgl. Elise von Hohenhausen an K. A. Varnhagen von Ense, 24. Okt. 1852, in: Begegnungen mit Heine. Berichte der Zeitgenossen, hrsg. von Michael Werner, Bd. II, Hamburg 1973, S. 313 f.

[4] Vgl. Am sechsten Sonntage nach Ostern, I, S. 633.

[5] Heinrich Heine, Sämtliche Schriften, hrsg. von Klaus Briegleb, (Hanser-Verlag) München 1976, Bd. XI, Memoiren, S. 557.

[6] Heinrich Heine, Bd. III, Die Bäder von Lucca, S. 417.

[7] Vgl. Elisabeth Gössmann, Antiqui und moderni. Das Mittelalter auf der Suche nach seiner Identität (= Mitteilungen des Grabmann-Instituts), Paderborn 1974.

[8] Heinrich Heine, Bd. XI, Geständnisse, S. 447.

[9] Besonders aufschlußreich ist ihr Brief an ihre Mutter vom 9. 2. 1838, I, S. 267-281.

[10] Heinrich Heine, Bd. VII, Ludwig Börne, S. 141.

[11] Vgl. Josefine Nettesheim, Die Droste und der Kölner Dombau. Eine geistesgeschichtliche Studie zu dem Gedicht »Die Stadt und der Dom«, in: Droste-Jahrbuch II, 1950, S. 120-131.

[12] Heinrich Heine, Bd. VII, Deutschland. Ein Wintermärchen, S. 584 f. – Einzelheiten über Heines Verhältnis zum Kölner Dombau finden sich in Wilhelm Gössmann und Winfried Woesler, Politische Dichtung im Unterricht, Deutschland. Ein Wintermärchen von Heinrich Heine, Düsseldorf 1974. – Einen chronologischen Abriß von Heines sich wandelndem Verhältnis zur Kölner-Dombaubewegung bietet Eberhard Galley, Heine und der Kölner Dom, in: Deutsche Vierteljahrsschrift für Literaturwissenschaft und Geistesgeschichte, Jg. 32 (1958), Heft 1, S. 99-110. Für die Droste vgl. S. 86 f.

[13] Zu diesem Themenkreis vgl. den von M. Greiffenhagen herausgegebenen Band »Emanzipation«, Hamburg 1973. Während der Begriff der Emanzipation wesentlich von der proletarischen Bewegung aufgegriffen wurde, ist der Begriff der Liberalität viel enger mit dem Bürgertum verbunden.

14 Vgl. Briefe I, S. 408.
15 In dem Gedicht »Auch ein Beruf« gehört ein »hagrer Jud gebleichten Haares« zu der kleinen Gruppe, mit der die Dichterin sich verbunden fühlt und gemeinsam mit ihr unter dem Baum, der »nur auf Gottes Wink entsprossen«, Schutz vor dem Wettersturm der Zeit sucht. Bd. I, S. 469.
16 Vgl. hierzu die Schrift »Einleitung zu Kahldorf über den Adel« und »Die Nordsee III«. Später wird die Kritik am Adel von der Kritik am Geldbürgertum abgelöst, da Heine hierin die eigentliche Machtkumulation erkannte.
17 Heinrich Heine, Bd. IX, Lutezia. Erster Teil (30. April 1940), S. 258.
18 Ein besonderes Beispiel ist hierfür seine Schrift »Shakespeares Mädchen und Frauen«. Man müßte aber auch die Nachzeichnung bzw. Karikierung von zeitgenössischen Frauengestalten hinzunehmen, wie etwa die der George Sand.
19 Heinrich Heine, Bd. III, Englische Fragmente, S. 585.
20 Heinrich Heine, Bd. IX, Lutezia. Zweiter Teil. Anhang (Gefängnisreform und Strafgesetzgebung), S. 513-519.
21 Heinrich Heine, Bd. VII, Ludwig Börne. Eine Denkschrift, S. 88.
22 Heinrich Heine, Bd. III, Einleitung zu Kahldorf über den Adel, S. 667.
23 Eine Zusammenfassung bietet der Band: Konservativismus, hrsg. von Hans Gerd Schumann, Köln 1974.
24 Karl Mannheim, Das konservative Denken, Soziologische Beiträge zum Werden des politisch-historischen Denkens in Deutschland, in: Konservativismus, a. a. O., S. 26-29.
25 Vgl. Wilhelm Gössmann und Joseph A. Kruse (Hrsg.), Der späte Heine, Hamburg 1983.
26 Ein bezeichnendes Beispiel hierfür ist die Diskussion um das Heine-Denkmal von Bert Gerresheim, für das die Totenmaske zur Vorlage genommen wurde. Viele wehren sich dagegen, daß ein Denkmal den kranken und sterbenden Heine in den Vordergrund rückt.
27 Vgl. M. Terhechte, Das Krankheitsschicksal der Annette von Droste-Hülshoff, in: Jahrbuch der Droste-Gesellschaft, Bd. III, Münster 1959, S. 129-136.
28 Die Ausgabe von Weydt und Woesler läßt die Überschrift »Die ächzende Kreatur« weg, stellt das Gedicht als unvollendet heraus und schreibt dazu: »Das Gedicht von der seufzenden Kreatur, wie es Schlüter nannte, ist das letzte größere dichterische Unternehmen der Droste, das uns bekannt ist. Schon der optische Eindruck des Manuskripts deutet auf die Sorgfalt hin, mit der die Droste versucht hat, wieder jene Dichte der Atmosphäre und Geschlossenheit der Bildwelt zu beschwören, die ihre Lyrik der Gedichte 1844 auszeichnen. Sie hat an dem Gedicht – berücksichtigt man seinen Charakter als Zwischenreinschrift – außergewöhnlich intensiv gearbeitet . . . Viele Dinge trafen in jener Zeit zusammen: zunächst ihre Krankheit und die zunehmende Entfremdung von ihren Bekannten, die fatale Sensation, die durch ihre »Westfälischen Schilderungen« verursacht wurde und den massiven Druck der Familie zur Folge hatte, später die Veröffentlichung des Romans »Die Ritterbürtigen« (1846) durch Schücking und seine – von ihr wohl nicht gelesene, ihr aber von verschiedener Seite kolportierte – Charakteristik in Kinkels Jahrbuch »Vom Rhein«, erschienen schon 1846) – alle diese Dinge trieben sie schließlich in die Isolation, in die zum Schluß nur noch Elise Rüdiger und ihre Familie eindringen konnten.« (Bd. II, S. 747/746).
29 Noch eine biographische Nachnotiz. Es gibt einen Ort, Bonn-Plittersdorf, den Heine und die Droste sehr geschätzt haben, wo sie sich hätten treffen können. Es ist der noch heute erhaltene »Schaumburger Hof«, in dessen unmittelbarer Nähe der Auerhof liegt, wo die Droste ihre Freundin Sibylle Mertens auf dem Krankenlager gepflegt hat. Zu der »Schenke von Godesberg«, wie Heine die Weinstube genannt hat, sehnt er sich von seiner Matratzengruft aus ins jugendliche Leben zurück. Vgl. das Gedicht »Mir lodert und wogt im Hirn eine Flut«, aus den »Lamentationen«, Heinrich Heine, Bd. XI, S. 328-330.
30 Heinrich Heine, Bd. XI, S. 332 f.

237

Schlußbetrachtung:
Die Modernität der Droste

[1] Aus dem Gedicht »Am Turme«, I, S. 68 f.
[2] Christa Wolf, Kein Ort. Nirgends / Der Schatten eines Traumes. Karoline von Günderrode – Ein Entwurf, 1979, S. 168 f.
[3] Sarah Kirsch, Landaufenthalt, Ebenhausen bei München, 1969, S. 66.
[4] Vgl. hierzu Monika Salmen, Das Autorbewußtsein als Voraussetzung für Verständnis und Vermittlung des literarischen Werks Annette von Droste-Hülshoffs, Diss. Düsseldorf 1984.
[5] Aus dem Gedicht »Lebt wohl«, I, S. 434.

Literaturverzeichnis

Ausgaben

Annette von Droste-Hülshoff, Sämtliche Werke, hrsg. von Karl Schulte Kemminghausen in Verbindung mit Bertha Badt und Kurt Pinthus, 4 Bde., München 1925-1930.
Annette von Droste-Hülshoff, Sämtliche Werke, hrsg. von Clemens Heselhaus, München 1966 (Entstehungsgeschichtliche Anordnung).
Annette von Droste-Hülshoff, Sämtliche Werke in 2 Bänden. Nach dem Text der Originaldrucke und Handschriften, hrsg. von Günther Weydt und Winfried Woesler, Bd. 1 München 1973, Bd. 2 1978 (Ausführliche Anmerkungen).
Annette von Droste-Hülshoff, Historisch-kritische Ausgabe, Werke – Briefwechsel, in 23 Bänden, hrsg. von Winfried Woesler, Tübingen, erscheint seit 1978.
Bereits erschienen:
  III, 1,2 Epen, Text, Apparat, bearb. von Lothar Jordan
  IV, 1   Geistliche Dichtung, Text, bearb. von Winfried Woesler
  V, 1,2   Prosa, Text, Apparat, bearb. von Walter Huge
  VI, 1   Dramatisches, Text, bearb. von Stephan Berning
  XIV, 1   Droste-Bibliographie, bearb. von Aloys Haverbusch
Die Briefe der Annette von Droste-Hülshoff, Gesamtausgabe, hrsg. von Karl Schulte Kemminghausen, 2 Bde., Jena 1944. 2. unveränd. Aufl. Darmstadt 1968.

Periodika

Jahrbuch der Droste-Gesellschaft, hrsg. von Clemens Heselhaus, (Regensburg) Münster: Bd. 1, 1947; Bd. 2, 1948/50; Bd. 3, 1959; Bd. 4, 1962; Bd. 5, 1972; (wird wieder fortgesetzt).
Beiträge zur Droste-Forschung, hrsg. von Winfried Woesler, Bd. 1, 1971: Münster 1970; Bd. 2, 1972/73: Dülmen 1973; Bd. 3, 1974/75: Dülmen 1974; Bd. 4, 1976/77: Dülmen 1977; Bd. 5, 1978-82: Osnabrück 1982 (insbesondere Arbeiten der Droste-Forschungsstelle).

Forschungsberichte

Günter Häntzschel, Annette von Droste-Hülshoff, in: Zur Literatur der Restaurationsepoche 1815-1848, hrsg. von Jost Hermand und Manfred Windfuhr, Teil I: Forschungsreferate, Stuttgart 1970, S. 151-201.
Bernd Kortländer und Winfried Woesler, Der Briefwechsel der Droste, Forschungsbericht 1944-1976, in: Beiträge zur Droste-Forschung 4, Dülmen 1977, S. 176-188.
Aloys Haverbusch, Droste-Bibliographie, innerhalb der Reihe der Historisch-kritischen Ausgabe, Bd. XIV, 1, 2, Tübingen 1980.
Ronald Schneider, Annette von Droste-Hülshoff, Stuttgart 1977 (Sammlung Metzler, Bd. 153).
Winfried Woesler (Hrsg.), Modellfall der Rezeptionsforschung Droste-Rezeption im 19. Jahrhundert. Dokumentation, Analysen, Biographie, erstellt in Zusammenarbeit mit Aloys Haverbusch und Lothar Jordan, Bd. 1-2, Frankfurt 1980.

Biographien

Peter Berglar, Annette von Droste-Hülshoff in Selbstzeugnissen und Bilddokumenten, Hamburg 1967 (rowohlts monographien 130).

Clemens Heselhaus, Annette von Droste-Hülshoff, Werk und Leben, Düsseldorf 1971.

Karl Schulte Kemminghausen / Winfried Woesler, Annette von Droste-Hülshoff, 4. in Text und Bild völlig veränderte Aufl. München 1981 (Bildband).

Christoph Bernhard Schlüter, Nekrolog auf Annette von Droste-Hülshoff, in: Sonntagsblatt für katholische Christen, Münster, Nr. 26 u. 27, 1848, abgedruckt in: Winfried Woesler, Modellfall der Rezeptionsforschung, S. 104-109.

Elise Rüdiger, Annette von Droste-Hülshoff, in: Morgenblatt für gebildete Leser, Stuttgart, Nr. 164-166, 1848, abgedruckt in: Winfried Woesler, Modellfall der Rezeptionsforschung, S. 109-115.

Levin Schücking, Annette von Droste. Ein Lebensbild, Hannover 1862. Mit ausführlichem Nachwort neu hrsg. von Levin L. Schücking, Stuttgart 1964.

Hermann Hüffer, Annette von Droste-Hülshoff und ihre Werke, 3. Ausg., bearb. von Hermann Cardauns, 1911.

Doris Maurer, Annette von Droste-Hülshoff. Ein Leben zwischen Auflehnung und Gehorsam, Bonn 1982.

Bodo Plachta, »Besser rein altadlig Blut als alles Geld und Gut«. Zu den Einkünften der Annette von Droste-Hülshoff, in: Beiträge zur Droste-Forschung 5, 1978/82, S. 129-143.

Walter Gödden, Droste-Chronik. Sie entstand im Rahmen der Historisch-kritischen Droste-Ausgabe und erscheint demnächst.

Monographien

Stephan Berning, Sinnbildsprache. Zur Bildstruktur des Geistlichen Jahrs der Annette von Droste-Hülshoff, Tübingen 1975 (Studien zur Deutschen Literatur, Bd. 41).

Arthur Brall, Vergangenheit und Vergänglichkeit. Zur Zeiterfahrung und Zeitdeutung im Werk Annettes von Droste-Hülshoffs, Marburg 1975.

Anna Brandes, Adele Schopenhauer in den geistigen Beziehungen zu ihrer Zeit, Frankfurt 1930.

Silvia Bonati Richner, Der Feuermensch. Studien über das Verhältnis von Mensch und Landschaft in den erzählenden Werken der Annette von Droste-Hülshoff, Bern 1972.

Edgar Herbert Eilers, Probleme religiöser Existenz im Geistlichen Jahr. Die Droste und Sören Kierkegaard, Werl 1953.

Annelinde Esche, Elise Rüdiger geb. von Hohenhausen. Ein Bild ihres Lebens und Schaffens, Emsdetten 1939.

Wilhelm Gössmann, Das Schuldproblem im Werk Annette von Droste-Hülshoffs, München 1956.

Günter Häntzschel, Tradition und Originalität. Allegorische Darstellung im Werk Annette von Droste-Hülshoffs, Stuttgart 1968.

Clemens Heselhaus, Annette von Droste-Hülshoff. Die Entdeckung des Seins in der Dichtung des 19. Jahrhunderts, Halle 1943.

Ders., Annette und Levin, Die Schücking-Gedichte der Droste, Münster 1948 (Schriften der Droste-Gesellschaft 8).

Walter Hinck, Die deutsche Ballade von Bürger bis Brecht, Göttingen 1968 (Zu den Drosteschen Balladen vgl. insbes. S. 70-86).

Heinrich Hubert Houben, Die Rheingräfin. Das Leben der Kölnerin Sibylle Mertens-Schaffhausen, Essen 1935.

Walter Huge, Annette von Droste-Hülshoff, Die Judenbuche. Ein Sittengemälde aus dem gebirgigten Westphalen. Phil. Diss. Münster 1977.

Dominique Jehl, Le monde religieux et poétique d'Annette von Droste-Hülshoff, Paris 1965.

Bernd Kortländer, Annette von Droste-Hülshoff und die deutsche Literatur. Kenntnis, Beurteilung, Beeinflussung, Münster 1979.

Clemens Möllenbrock, Die religiöse Lyrik der Droste und die Theologie der Zeit. Versuch einer theologischen Gesamtinterpretation und theologiegeschichtlichen Einordnung des »Geistlichen Jahres«, Berlin 1935.

Karl Philipp Moritz, Droste-Hülshoff, Die Judenbuche. Sittengemälde und Kriminalnovelle, Paderborn 1980 (Modellanalysen: Literatur).

Josefine Nettesheim, Die geistige Welt der Dichterin Annette von Droste zu Hülshoff, Münster 1967.

Dies. (Hrsg.), Schlüter und die Droste. Dokumente einer Freundschaft. Briefe von Christoph Bernhard Schlüter an und über Annette von Droste-Hülshoff, Münster 1956.

Heinz Rölleke, Annette von Droste-Hülshoff; Die Judenbuche, Bad Homburg 1970 (Commentatio Bd. 1).

Ronald Schneider, Realismus und Restauration. Untersuchungen zu Poetik und epischem Werk der Annette von Droste-Hülshoff, Kronberg/Ts. 1976.

Cornelius Schröder, Annette von Droste-Hülshoff, Das Geistliche Jahr. Einführung und Textgestalt, Münster 1939, 2. Aufl. 1951.

Levin Schücking und Ferdinand Freiligrath, Das malerische und romantische Westfalen, neu bearbeitet von Levin Ludwig Schücking, Paderborn 1898.

Das malerische und romantische Westfalen. Aspekte eines Buches, hrsg. vom Landschaftsverband Westfalen-Lippe, Münster 1974.

Friedrich Sengle, Biedermeierzeit. Deutsche Literatur im Spannungsfeld zwischen Restauration und Revolution 1815-1848, Bd. III: Die Dichter, Stuttgart 1980 (Droste-Kapitel S. 592-639).

Sonderheft der Zeitschrift für deutsche Philologie, Bd. 99: Annette von Droste-Hülshoff, ›Die Judenbuche‹. Neue Studien und Interpretationen, hrsg. von Walter Huge und Winfried Woesler, Berlin 1980.

Emil Staiger, Annette von Droste-Hülshoff, Zürich 1933, 2. Aufl. 1962.

Rosemarie Weber, Westfälisches Volkstum in Leben und Werk der Dichterin Annette von Droste-Hülshoff, Münster 1966.

Günther Weydt, Naturschilderungen bei Annette von Droste-Hülshoff und Adalbert Stifter, Berlin 1930.

Benno von Wiese, Die deutsche Novelle von Goethe bis Kafka. Interpretationen, Bd. 1, Düsseldorf 1956 (zur »Judenbuche« S. 154-175).

Marga Wilfert, Die Mutter der Droste. Eine literarische und psychologische Untersuchung im Hinblick auf die Dichterin, Münster 1942.

Aufsätze

Alwin Binder, Vormärz als Kontext. Zu Annette von Droste-Hülshoffs Gedicht »Das Ich der Mittelpunkt der Welt«, in: Beiträge zur Droste-Forschung 5, 1978/82, S. 62-83.

Renate Böschenstein-Schäfer, Die Struktur des Idyllischen im Werk der Annette von Droste-Hülshoff, in: Beiträge zur Droste-Forschung 3, 1974/75, S. 25-49.

Elisabeth Gössmann, Annette von Droste-Hülshoff. Die Frau in der Auseinandersetzung mit ihrem Selbst, in: Die Frau und ihr Auftrag, Freiburg, 2. Aufl. 1965, S. 112-148.

Heide Heinz, Die fromme Hexe. Annette von Droste-Hülshoff: Am sechsten Sonntage nach Pfingsten, in: Die Eule 5, 1981, S. 3-41.

Heinrich Henel, Annette von Droste-Hülshoff. Erzählstil und Wirklichkeit, in: Festschrift für Bernhard Blume, hrsg. von Egon Schwarz u. a., Göttingen 1967, S. 146-172.

Clemens Heselhaus, Das Geistliche Jahr der Droste, in: Jahrbuch der Droste-Gesellschaft 2, 1948/50, S. 88-115.

Ders., Die Zeitbilder der Droste, in: Jahrbuch der Droste-Gesellschaft 4, 1962, S. 79-104.

Ders., »Das Spiegelbild«, in: Die deutsche Lyrik, hrsg. von Benno von Wiese, Bd. 2, Düsseldorf 1956, S. 168-173.

Lore Hoffmann, Studie zum Erzählstil der »Judenbuche«, in: Jahrbuch der Droste-Gesellschaft 2, 1948/50, S. 137-147.

Walter Huge, »Bei uns zu Lande auf dem Lande.« Studien zur Arbeitsweise der Droste am Beispiel eines unbekannten Entwurfs, in: Beiträge zur Droste-Forschung 2, 1972/73, S. 119-138.

Ders., Die Prosa der Droste im Urteil des 19. Jahrhunderts, in: Beiträge zur Droste-Forschung 3, 1974/75, S. 50-71.

Lothar Jordan, Droste-Rezeption und Katholizismus im Kulturkampf, in: Beiträge zur Droste-Forschung 4, 1976/77, S. 79-108.

Armin Kansteiner, Der »Musiktheoretiker« Max von Droste-Hülshoff und seine Schülerin Annette. Ein Beitrag zur Grundlage des kompositorischen Schaffens der Dichterin, in: Beiträge zur Droste-Forschung 3, 1964/75, S. 107-123.

Bernd Kortländer und Axel Marquard, Poetische Kontaktstellen. Die Anregungen Ch. B. Schlüters zu Gedichten der Droste, in: Beiträge zur Droste-Forschung 4, 1976/77, S. 22-52.

Ingrid Lotze, Annette von Droste-Hülshoffs Epos »Des Arztes Vermächtnis«, in: The German Quaterly 46, 1973, S. 345-367.

Axel Marquard, »Das Wort« und der Brief der Droste an Melchior von Diepenbrock (Mai 1845), in: Beiträge zur Droste-Forschung 4, 1976/77, S. 53-66.

Josefine Nettesheim, Die Droste und der Kölner Dombau. Eine geistesgeschichtliche Studie zu dem Gedicht »Die Stadt und der Dom«, in: Jahrbuch der Droste-Gesellschaft 2, 1948/50, S. 120-131.

Heinz Rölleke, Erzähltes Mysterium. Studie zur »Judenbuche« der Annette von Droste-Hülshoff, in: Deutsche Vierteljahresschrift für Literaturwissenschaft und Geistesgeschichte 42, 1968, S. 399-426.

Erwin Rotermund, Die Dichtergedichte der Droste, in: Jahrbuch der Droste-Gesellschaft 4, 1962, S. 53-78.

Margret Terhechte, Das Krankheitsschicksal der Annette von Droste-Hülshoff, in: Jahrbuch der Droste-Gesellschaft 3, 1959, S. 129-136.

Benno von Wiese, Die Balladen der Annette von Droste-Hülshoff, in: Jahrbuch der Droste-Gesellschaft 1, 1947, S. 26-50.

***

Folgende eigene Aufsätze wurden in überarbeiteter Form einbezogen:

Geisterfahrung. Am Pfingstsonntage, in: Jahrbuch der Droste-Gesellschaft 4, 1962, S. 105-120.

Das Geistliche Jahr Annette von Droste-Hülshoffs, in: Hochland 1963, S. 448-457.

Das politische Zeitbewußtsein der Droste, in: Jahrbuch der Droste-Gesellschaft 5, 1972, S. 102-122.

Konservativ oder liberal? Heine und die Droste, in: Heine-Jahrbuch, Bd. 15, 1976, S. 115-139.

Die Judenbuche. Eine Geschichte der Nicht-Heimkehr, in: Zeitschrift für Deutsche Philologie (Sonderheft Bd. 99), 1979, S. 132-143.

Trunkenheit und Desillusion. Das poetische Ich der Droste, in: Zeitschrift für Deutsche Philologie, Bd. 101, 1982, S. 506-527.

Weitere Bücher
von Wilhelm Gössmann

Deutsche Kulturgeschichte im Grundriß
Brosch., 194 Seiten, 5. Aufl.
Max Hueber Verlag München

Geständnisse, Heine im Bewußtsein heutiger Autoren
Brosch., 276 Seiten (Hrsg.)
Droste Verlag Düsseldorf

Der späte Heine 1848-1856
Literatur - Politik - Religion
Brosch., 220 Seiten (Hrsg. mit J. Kruse)
Hoffmann und Campe Hamburg

Religion: das Menschenleben
Literarische Wiedergabe biblischer Erfahrungen
Brosch., 140 Seiten
Verlag Butzon & Bercker, Kevelaer

Schülermanuskripte
Schriftliches Arbeiten auf der Sekundarstufe I
Brosch., 157 Seiten
Pädagogischer Verlag Schwann, Düsseldorf

Lernen ist verrückt – oder Schule lebenslänglich
Eine literarische Inspektion
Brosch., 101 Seiten
Erb Verlag Düsseldorf